엘리어트 파동 이론

엘리어트 파동 이론

김중근 지음

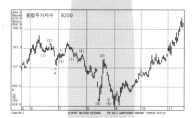

이 책을 내면서

"사람은 무엇으로 사는가?"

천사 미카엘은 하느님의 노여움을 사서 지상으로 쫓겨 오게 된다. 그리고 그는 세 가지 질문에 대한 답을 얻지 못하면 다시는 하늘나라로 돌아갈 수 없는 처지이다. 천사 미카엘에게 던져진 세 가지 질문이란 '사람은 무엇으로 사는가', '사람에게서 필요한 것은 무엇인가?', 그리고 '사람에게 주어져 있지 않은 것은 무엇인가?'라는 질문이다. 지상을 떠돌던 천사 미카엘은, 지극히 가난한 생활이지만 서로 아끼고 사랑하며 살아가는 어느 한 구둣방 가족들을 만나면서 처음 두 가지 질문의 답을 얻게 된다. 사람은 무엇으로 사는가? 서로 사랑함으로써. 사람에게 필요한 것은 무엇인가? 서로 사랑하는 일이. 그리고 마지막으로 천사 미카엘은 바로 내일 죽는다는 것도 모르는 채 최고급의 구두를 주문하는 거만한 부자를 보고 마지막 질문의 해답도 얻게 된다. 사람에게 주어져 있지 않은 것은 무엇인가? 그것은 바로 앞날의 일을 미리 알아보는 일이다.

필자의 학창 시절 감명 깊게 읽었던 톨스토이의 우화 '사람은 무엇으로 사는가'의 줄거리이다. 불현듯 이 이야기가 새삼스럽게 생각나는 것은 톨스토이의 마지막 말, 즉 사람에게는 앞날을 예측하는 힘이 없다는 말이 생각나서이다. 과연 그럴까? 정말로 우리 인간들은 앞날을 예측할 수 없을까? 얼핏 생각하면 톨스토이의 말이 옳은 것처럼 느껴지기도 한다. 아마도 대부분의 사람들은 톨스토이의 말에 동의할 것이다. 우리는 내일, 아니 5분 후에 어떤 일이 벌어질지도 예측하지 못한다. 어느 누가 내일의 경마에서 1등 말은 '번개', 2등 말은 '날쌘돌이', 3등 말은 '남궁동자'가 될 것이라고 감히 예측할 수 있을 것이며, 또한 매주 일요일 발표되는 주택 복권의 1억 5천만 원짜리 1등은 1조에 234567번이 될 것이라고 족집게처럼 예언할 수 있단 말인가? 하지만 달리 생각해 보면, 우리가 전혀 내일의 일을 예측할 수 없는 것만도 아니다. 대부분의 사람들이, 인간은 앞날의 일을 예측할 수 없다는 말에 동의하면서도 일기 예보는 꼬박꼬박 믿지 않는가? 우리들은 매일 아침 출근하기 전 방송에서 오후에 비가 오겠다는 일기 예보를 들으면 우산을 미리 챙길 것이고, 이번 주말에 태풍이 예상된다면 주말로 계획된 야유회를 한 주일 연기하기도 하는 것이다. 이처럼 얼핏 보기에 인간의 능력으로는 앞날을 예견하기 힘든 것처럼 생각되지만, 우리들의 일상에는 알게 모르게 앞날을 예측하려는 시도가 끊이지 않고 있다.

이 책의 주제가 되는 엘리어트 파동 이론은 19세기 말에 엘리어트라는 사람에 의하여 발견된 주식 시장의 움직임에 관한 법칙이다. 이 이론은 엘리어트가 죽은 이후 자칫 사장되어 버릴 위기를 겪기도 하였으나, 1987년에 있었던 미국 월 스트리트의 주가 대폭락(Black Monday)을 정확하게 예견한 다음부터 주가 움직임을 예측하는 효과적인 기법으로 각광받게 되었다.

엘리어트는, 우리가 그 이유를 정확히는 알 수 없으나, 우리를 둘러싼 우주 또는 삼라만상을 움직이는 어떤 법칙이 존재하고 있음을 경험으로 알 수 있다고 하였다. 해가 지고 해가 뜨며, 봄이 오고 여름이 오고 가을과 겨울이 연이어 나타나고, 밤과 낮의 변화, 춥고 더운 계절의 변화가 질서 있게 나타나는 것은 이러한 삼라만상을 움직이는 법칙이 없고서야 불가능한 일인 것이다. 그리고 우리들의 주된 관심사가 되는 주식 시장에서의 주가도 인간에 의하여 움직여지고 또한 삼라만상을 구성하는 일부분이 되므로, 당연히 우주 또는 삼라만상을 지배하는 법칙이 주식 시장에도 적용될 것임은 틀림없는 사실이다. 엘리어트는 단순히 경험적 직관적으로 주식 시장의 움직임을 지배하는 법칙을 발견한 것이 아니라, 과거 75년 동안의 방대한 주가 움직임을 월간, 주간, 일간, 시간, 심지어는 30분 단위까지의 세밀한 자료들로 모아서 오랜 시간 연구 검토한 끝에 주식 시장의 주가 움직임에 대한 법칙을 발견해 낸 것이다.

필자가 아는 한, 엘리어트 이론처럼 주가의 움직임을 명확하게 설명하고, 또한 앞날의 주가 움직임을 정확하게 예측하는 이론은 아직 본 일이 없다. 따라서, 필자가 엘리어트 이론을 이처럼 하나의 책으로 정리하여 내놓기로 결심하게 된 것도, 주식 시장에 나도는 소문에 우왕좌왕하거나 소신 없이 사고 팔기만을 되풀이하는 일반 투자자들에게 조금이나마 도움이 될 수 있을 것이라는 생각에서였다. 하지만 막상 책으로 완성되고 보니 오히려 혼란만을 더하는 일이 되지 않을까 적잖이 두렵기까지 하다. 이전의 졸저 '국제 금융 시장의 기술적 분석'에 기울여 주었던 관심처럼 독자 여러분들의 관심과 비평을 바라마지 않으며, 나중에 개정을 거듭하면서 더욱 알찬 책으로 만들 것을 지금 약속드리는 바이다.

이 책을 내기까지는 많은 사람들의 도움이 있었다. 우선 필자가 근무하는 파리바 은행 자금부의 여러 직원들은 음으로 양으로 필자의 작업에 큰 도움이 되었고, 이 책에 실린 주가 차트를 사용하도록 물심 양면으로 애써 준 BLASH INFORMATION의 백경훈 사장님의 도움도 컸음을 여기 밝혀 두고자 한다. 또한 '주간 매경'의 노성호 기자, 그리고 금융 연수원에서 필자의 강의를 듣고 여러 가지 좋은 아이디어를 제공해 준 여러 연수생들에게도 감사의 말을 전하며, 이 책을 출판하는 데 많은 도움을 준 사계절 출판사와 그 외 관계자 여러분께 감사의 말을 전한다.

또한 필자의 아들 광일과 사랑하는 아내 미선에게 고마움을 전한다. 특히, 아내의 말없는 내조와 변함없는 사랑이 없었다면 이 작업은 가능하지 못했을 것이다. 하지만 가장 큰 감사의 인사는 필자의 부모님에게 전해져야 할 것이다. 당신들의 크나큰 사랑과 희생에 의해 지금의 필자가 존재하는 것이기에, 마땅히 이 책을 필자의 부모님께 바치고자 한다.

아버님, 어머님, 감사합니다.

1994년 8월
목동에서

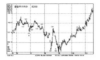

차례

엘리어트 파동 이론

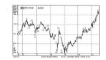

엘리어트 파동 이론

제1장
엘리어트 파동 이론의 등장

짧은 읽을거리   주식 시장은 사춘기 소녀의 마음과 같다!

철도 노동자에서 증권 연구가로

'암흑의 월요일'과 엘리어트 파동 이론

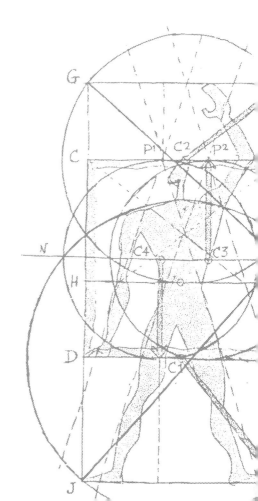

주식 시장은 사춘기 소녀의 마음과 같다!

 나는 얼마 전 한 잡지의 기고문에서, "주식 시장은 토라지기 쉬운 사춘기 소녀의 마음과 같다."는 표현을 쓴 적이 있다. 지금 생각해 봐도 썩 잘된 비유였던 것 같다. 주식 시장에서 거래를 오랫동안 해 본 사람들이라면 아마도 이 비유의 의미를 알아차릴 수 있을 것이다. 많은 사람들이 주가가 상승할 것이라고 믿고 있는데 실제의 주가는 오히려 큰 폭으로 하락하는 날을 본 것이 어디 하루 이틀이며, 반대로 이제는 다 틀렸다고 낙담하고 있는데 예상 외로 연일 주가가 폭등하는 사태를 맞이한 것은 또 몇 번이나 될까? 아마도 "주가는 아무리 봐도 잘 모르겠다."라는 고백을 스스로 하지 않을 수 없었을 것이다. 물론, 주식 거래를 처음 시작하는 사람들이나 아니면 스스로 무모하다고 생각하는 사람들이라면, 고집이나 우격다짐으로 버텨 나갈 수 있을지 모르겠다. 하지만 대다수의 사람들에게는 아마도 주식 거래란, 하면 할수록 점점 더 어려워지고 힘들어지는 일일 것이다.

그럼에도 불구하고 왜 우리는 주식을 사고 파는 일을 그만두지 못하는가? 사람에 따라 나름대로의 이유는 다 있겠지만, 아마도 인간이라면 알게 모르게 가지고 있는 '도박 본능'을 주식 투자를 통해 일말이나마 채울 수 있기 때문이 아닐까? 물론, 주식 거래가 도박이라는 말은 분명히 아니다. 또한 주식 시장이라는 곳은 몽땅 도둑놈이나 투기꾼들이 득실대는 곳이므로 없어져야 마땅하다고 주장하는 바도 전혀 아니다. 자본주의 경제가 만들어 놓은 최대의 발명품이라는 찬사도 있으니 만큼, 주식 시장은 그 자체만으로도 충분히 존재의 타당성을 가진다. 굳이 경제학 교과서를 들먹이지 않더라도, 주식 시장은 안정된 자금을 기업에 공급하는 역할을 한다거나, 또는 건전한 투자 활동을 북돋는 역할을 한다는 것쯤은 누구나가 다 아는 이야기일 것이다. 그러나 주식 시장에 투자하는 사람들에게서 '국민 경제에 이바지하기 위하여', 혹은 '기업에 투자함으로써 산업 발전을 이루기 위하여' 주식 거래를 한다는 대답을 듣는다면 그것은 분명히 위선이거나 아니면 정신나간 사람의 말일 것이다.

나의 투자 행위로 인한 결과가 궁극적으로는 국가 발전이요, 신경제에 이바지하는 길이 될지는 몰라도, 지금 이 순간 우리가 가지는 최대의 목표는 무엇인가? 그것은 숨길 것도 없이 최대의 투자 수익이다. 투자에 대해서 최대의 이익을 얻고 싶어하는 것은 모든 사람들이 바라는 일이며, 그것은 결코 부끄럽거나 감출 일이 아니다. 최대의 수익을 얻기 위하여 사람들은 저마다의 방법을 동원한다. 나름대로 주가를 분석하기도 하고, 증권 회사의 대리나 차장으로부터 자문을 구하기도 한다. 또 다른 사람들은 친구나 어떤 끈을 이용하여 고급 정보를 빼내려고 노력하기도 하고, 투자 자문 회사라는 곳에 가서 '전문가'들의 조언을 얻기도 한다. 그것은 미화될 일도 아니지만, 그렇다고 매도당할 일도 아닌, 지극히 당연한 행위다.

사설이 조금 길었지만, 나는 지금부터 엘리어트라는 한 천재의 이야기를 통하여 주식 시장을 예측하는 방법을 설명하고자 한다. 미리 이야기해 두지만, 엘리어트의 이론을 완벽하게 이해하는 것은 그리 간단한 일이 아니다. 어쩌면 복잡하고 난해하게만 느껴지는 일이어서 도중에 집어치우고 싶은 생각을 갖게 될지도 모른다. 엘리어트의 이론을 비판하는 많은 사람들은 그의 이론에 수많은 예외가 존재하며, 난해하기 그지없고, 앞날을 예측하는 이론이기보다는 지나간 일을 설명해 주는 도구에 지나지 않을 따름이라고 이야기한다. 아마도 그 말이 부분적으로는 사실일지도 모른다. 그러나 그럼에도 불구하고 엘리어트 이론을 알아 두는 것은 틀림없이 주식 투자에 큰 도움이 될 것이다. 나의 경험으로는, 엘리어트 이론처럼 주식 시장의 흐름을 완벽하게 미리 일러 주는 이론은 아직 본 일이 없다. 그리고 이미 우리보다 앞서 엘리어트 이론을 연구한 수많은 다른 사람들이 엘리어트 이론의 가치를 증언해 주고 있다. 그러나 역시 선택은 여러분의 몫이다. 대충 이쯤에서 미리 포기해 버리고 그 시간에 TV 연속극이나 쳐다볼 것이냐, 아니면 이 책을 계속 읽어 갈 것이냐는 이제 여러분에게 달렸다.

철도 노동자에서 증권 연구가로

1934년 12월 2일, 미국의 디트로이트에서 주간으로 발행되는 주식 투자 전문지의 편집장인 콜린스에게 캘리포니아에 사는 엘리어트(Ralph Nelson Elliott)라는 낯선 사람의 편지가 도착했다. 통상적인 독자들의 편지와는 달리 이 편지는 여러 모로 독특했다. 이 편지에서 엘리어트는 자신을 이 주식 투자 전문지의 오랜 독자라고 소개하면서, 당시에 널리 퍼져 있던 주가 예측 이론인 다우 이론이 종종 틀리는 경우가 많다는 점을 지적했다. 그리고는 자신이 바로 주식 시장을 정확하게 예측하는, 새로운 3가지 법칙을 발견했으며, 자신의 이러한 새 이론에 따르면 최근 (1934년)의 주가 강세는 조만간 대폭락으로 이어질 것이라고 예언했다. 또한 자신만만하게도, 이것은 단순한 자신의 '의견'이 아니라 '법칙에 의한 당연한 결과'라고 이야기하며, 만약 콜린스가 디트로이트까지의 왕복 여비를 제공해 준다면 기꺼이 자기가 가서 직접 자신의 이론을 설명하겠노라고 덧붙였다.

만약 여러분이 콜린스의 입장이라면 어떤 반응을 보였을까? 모르긴 몰라도 아마 대다수의 사람들은 "어디 별 미친 사람 다 보겠네."라며 무시해 버릴 것이다. 그래도 콜린스는 보통 사람들보다는 좀 나은 구석이 있었던지 의례적인 답장을 보냈다. "당신의 글은 잘 읽어 보았으며, 우리 신문에 관심을 보여 주어서 고맙다."는 정도의 답장이었다. 사실 엘리어트는 자신의 이론을 세상에 널리 알리겠다는 의도를 가진 것은 아니었다. 오히려 경제적으로 곤궁에 빠져 있었던 만큼, 자신의 새로운 이론을 바탕으로 콜린스의 회사에 취직하겠다는 속셈이었던 것이다. 콜린스의 거의 형식적인 답장에도 엘리어트는 좌절하지 않았다. 오히려 그는 지속적으로 편지로, 또는 급할 때는 전보로, 자신의 이론이 말해 주는 주식 시장의 앞날을 콜린스에게 전해 주었다.

1935년 미국의 주식 시장은 과연 엘리어트의 예언대로 대폭락을 겪었다. 다우존스 철도 산업의 평균 지수는 1934년의 최저 수준마저 돌파하여 하락하였으며, 동시에 다우존스 산업의 평균 지수는 11 %나 폭락하였다. 1929년에 한 번의 대폭락을 경험한 바 있는 투자자들은 극도로 불안해했다. 바로 이 때 콜린스는 한 장의 전보를 받았다. 엘리어트로부터 날아 온 그 급전은, 주식 시장의 하락은 이제 끝나고 새로운 상승이 시작되었다는 주장을 담고 있었다. 콜린스가 전보를 읽고 있는 순간, 벌써 주가는 바닥에서 벗어나 힘차게 상승 국면으로 치닫고 있었다. 콜린스는 그 전보가 이미 두 시간 전에 송신된 것이라는 사실을 발견하고는 엘리어트의 정확함에 다시 한 번 경탄하게 되었다.

이제 여러분들은 엘리어트가 팔자를 고치게 되었다고 생각할 것이다. 콜린스가 엘리어트를 초청하게 되고, 그래서 엘리어트는 콜린스의 회사에 취직하여 잘 살게 되었다고. 그렇지만 결과는 그렇게 전개되지 않았다. 사실은 소설보다도 더 흥미진진하다. 콜린스는 엘리어트를 자신의 회사에 취직시키지 않았다. 콜린스는 엘리어트를 자신의 회사에 취직시켜서 엘리어트의 독특한 이론을 세상에 널리 알리기보다는, 엘리어트에게 일정한 투자 자산을 떼어 주고는 엘리어트의 방식대로 그것을 관리하게 하였다. 콜린스는 엘리어트 이론의 정확함에 매료된 나머지, 그 이론이

다른 사람들에게 알려지는 것을 무척 꺼려했던 것으로 전해진다. 그는 이 독창적인 이론을 자신만이 독점하고 싶어했던 것이다. 따라서, 그는 엘리어트가 자신의 이론을 책으로 펴내고자 했을 때에도 이를 강력하게 반대한 것으로 알려져 있다. 지금까지 알려진 엘리어트의 저서는 '파동 이론(The Wave Principle)'과 '자연의 법칙 ── 우주의 신비(Nature's Law ── The Secret of the Universe)' 단 두 권뿐이며, 그나마 이 두 책의 어디에도 그것이 상업적인 목적으로 대중들을 위하여 출판되었다는 흔적은 발견되지 않는다. 아마도 엘리어트가 하도 완강하게 자신의 책을 출간할 것을 주장하자, 어쩔 수 없이 콜린스가 아주 소량의 책을 한정본으로만 인쇄한 것이라 추정된다.

　여기서 잠깐, 엘리어트라는 사람에 대해 살펴보기로 하자. 엘리어트는 1871년 미국 로스앤젤레스에서 태어났다. 그 당시는 골드러시에 이은 철도 건설 붐이 한창일 때였으므로, 그는 첫 직장으로 철도 회사를 택하게 되었다. 철도 회사에서 처음에는 철도 보수원이나 전보수, 배차원, 역무원 같은 육체 노동에 종사했다. 1896년경, 엘리어트는 보다 전문적인 직업에 종사하기 위하여 경리 관계 일을 배우게 되는데, 오래지 않아 그는 철도 회계 분야에서 전문가가 되었다. 이후 그는 미국을 떠나 25년 동안 멕시코, 니카라과 등 중남미 국가의 철도 회사에서 경리 담당 중역으로 일을 했다. 그러나 1927년, 과테말라 철도 회사의 감사직을 끝으로 그는 고향 로스앤젤레스로 돌아오게 되는데, 그것은 열대 지방에서 얻은 풍토병인 말라리아로 그의 건강이 극도로 쇠약해졌기 때문이다.

56세의 나이에, 건강 때문에 일찍 직장에서 물러난 노인네들이라면 아마도 벽난로 앞의 흔들의자에 앉아서 잡지를 뒤적이거나, 화초 가꾸기에 열성적이거나, 그것도 아니면 종교에 몰두하는 것이 일반적일 것이다. 그러나 엘리어트는 그런 소박한 일들 대신에 지적인 욕구를 충족시키는 일에 대부분의 시간을 할애했다. 그는 과거 75년 동안의 주가 움직임에 대한 모든 데이터(연간, 월간, 주간, 시간, 심지어 30분마다의 움직임까지)를 모아서, 이를 연구 분석한 끝에 자신만의 이론을 정립한 것이다.

엘리어트가 콜린스를 만나게 된 이후의 일은 이미 설명한 바와 같다. 엘리어트는 1948년 1월, 세상을 뜨게 된다.

'암흑의 월요일'과 엘리어트 파동 이론

엘리어트가 세상을 뜬 후, 그의 이론도 그와 마찬가지의 운명을 맞이할 뻔하였다. 엘리어트 이론을 믿는 당시의 일부 사람들은 그의 이론을 세상에 널리 알리는 데 소극적이었으며, 엘리어트가 남긴 글이나 저서의 숫자도 극히 한정되어 있었으므로 엘리어트의 독창적인 이론이 사람들의 지속적인 관심 속에서 계속 발전되는 것은 애당초 불가능한 일이었다.

그러나 이 때, 해밀튼 볼턴(Hamilton Bolton)이라는 사람이 나타나 마치 진흙 속에 묻힌 진주를 캐내듯 엘리어트 이론을 세상에 알리는 데 결정적인 역할을 하게 된다. 그는 당시에 볼턴 트렘블리사의 사장으로 있었는데, 이 회사는 '신용 분석(Bank Credit

Analyst)'이라는 금융 잡지를 발행하고 있었다. 볼턴은 엘리어트 이론에 매료된 나머지, 이것을 세상에 널리 알리기로 마음먹었다. 따라서, 그는 잡지사 사장으로서의 지위를 십분 활용하여 매년 자기 회사가 펴내는 잡지의 부록으로 엘리어트 이론을 소개하였다. 볼턴이 처음으로 엘리어트 이론을 잡지에 싣기 시작한 것은 엘리어트 사후 5년째인 1953년부터였다. 이 잡지는 꽤 많은 독자들을 가지고 있었는데, 여기에 소개된 신선한 이론은 큰 반향을 일으키면서 급기야 세상에 널리 퍼지게 되었다.

이 정도까지의 일이라면 그렇게 드라마틱하지도 않을 것이다. 그리고 만약 엘리어트 이론이 볼턴에 의해서 단순히 소개되는 정도에 그쳤더라면, 이 이론은——사람들이 흔히 알고 있는 이동 평균법과 같이——주식 시장을 예측하는 수많은 방법 중의 하나쯤으로 여겨졌을지도 모른다. 하지만 엘리어트 이론이 지금과 같이 주식 시장의 여러 예측 기법 중에서 으뜸의 위치를 차지하는 결정적인 계기가 된 것은 '암흑의 월요일(Black Monday)'이라 불리는 미국 증권 시장의 대폭락 사태였다.

1987년 10월, 미국의 주식 시장은 사상 최악의 폭락 사태를 경험했다. 이전까지 완만하게 상승 추세를 보이던 모든 주식의 가격이 붕괴되어 끝없는 하락을 거듭하였다. 우리 나라처럼 하루의 주가 움직임이 상한가, 하한가로 제한되는 시장이 아니어서, 그 날 하루만의 하락폭이 이전 6개월 동안의 상승폭과 거의 맞먹을 정도가 되었다. 엄청난 손해를 본 한 투자자가 자신에게 주식 매입을 권한 증권 회사 직원을 총으로 쏴 죽이는 사태까지도 벌어졌다.

이후에 학자들이나 전문가들의 연구에서, 그 날의 폭락 사태
는 미국 증권 시장의 컴퓨터로 자동화된 거래 시스템에 문제가
있었다는 이야기도 나오고 있다. 그러나 사전에 이러한 폭락 사
태를 예견한 사람은 극소수였다. '암흑의 월요일' 사태가 있기
전만 하더라도 대부분의 투자 전문가들은 "미국의 경기는 완만
하나마 회복되는 기미를 보이고 있으며, 또한 미국 달러화의 금
리도 서서히 하향 안정세로 나아가고 있으므로 미국 주식 시장
의 주가는 점진적인 상승이 예상된다."고 말하고 있었다. 그런데
엘리어트의 이론들을 현대적인 언어로 다시 정리하여 '엘리어트

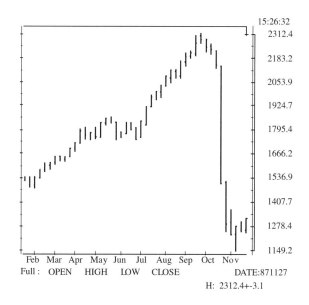

〈그림 1-1〉 '암흑의 월요일'의 미국 주가 대폭락

파동 이론(Elliott Wave Principle)'이란 책을 쓴 프레히터(Robert Prechter)만이 거의 유일하게 엘리어트 이론을 토대로 주가가 머지않아 폭락할지도 모른다고 예측하였던 것이다. 알다시피 그의 예측은 적중하였고, 프레히터가 자신의 예측 근거로 사용한 엘리어트 이론은 이러한 최악의 주가 폭락 사태를 경험한 이후 주식 시장을 예측하는 최상의 예측 도구로서 각광을 받게 되었다.

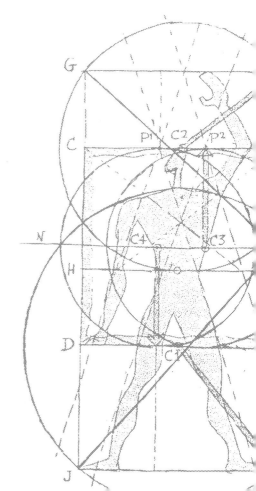

짧은 읽을거리

왜 유독 ‘5’라는 숫자를 쓰는가?

엘리어트의 이론을 처음 대하는 사람들이 가지는 가장 기초적인 의문은 왜 하필이면 ‘5파 상승, 3파 하락’인가 하는 점일 것이다. 왜 7파 상승, 5파 하락이나 13파 상승, 9파 하락 같은 숫자들의 조합이 아니고 유독 ‘5’라는 숫자를 쓰고 있는가? 이 점에 대해서 엘리어트는 다음과 같이 밝히고 있다.

“왜 파동의 숫자가 5가 아닌 다른 숫자는 될 수 없느냐 하는 것이 바로 우주의 신비 중 하나다. 그러나 어떤 설명도 시도되어서는 안 된다. 그리고 사실을 있는 그대로 받아들여야 할 것이다. 세상을 둘러보면 5라는 숫자가 현저하게 두드러진다는 사실을 발견할 수 있다. 예를 들어 사람의 몸을 살펴본다면, 인간의 몸은 몸통에서부터 모두 5부분——머리, 두 다리, 두 팔——으로 나누어져 있으며, 또한 사람의 머리도 두 눈, 두 귀, 그리고 코의 다섯 부분으로 구분된다. 양쪽 팔에서 갈라지는 손가락도 다섯 개이며 발가락도 또한 다섯 개이다. 인간의 5감——미각, 후각, 시각, 촉각, 그리고 청각도 마찬가지 예에 속할 것이며, 이와 같은 실례는 다른 어디에서나 찾아볼 수 있다."

사실 엘리어트 이론의 많은 부분이 '왜?'라는 설명을 거부하고 있다. 왜 5개의 파동이어야 하는지부터 시작하여, 다음 장에서 바로 언급하겠지만 왜 3번 파동이 제일 짧은 파동이어서는 안 되는지, 또한 왜 하필이면 50%나 75% 같이 우리 눈에 익은 '매끈한' 숫자가 아니라 38.2%나 61.8% 같은 '이상한' 숫자들을 엘리어트는 유독 선호하는지 구체적인 설명을 하지 못하고 있는 것이다.

하지만 바로 그런 점이 엘리어트 이론의 또 다른 매력이기도 하다. '왜?'라는 의문을 품는 것도 중요하지만, 우선 엘리어트의 이론을 있는 그대로 알아보는 것도 중요한 일일 수 있다. 왜냐하면, 우리보다 앞선 수많은 사람들이 엘리어트의 이론에 의문을 가졌었지만, 그럼에도 불구하고 엘리어트의 이론을 이용하여 주가의 예측에 혁혁한 성과를 올렸다는 점이 우리를 고무하기 때문이다.

시장에서의 가격 변화와 대자연의 법칙

우리가 살고 있는 지구, 또는 시야를 넓혀서 우주 혹은 삼라만상을 지배하는 법칙이 존재한다는 것은 명백한 사실이다. 만약 이러한 법칙이 없다면 혼돈(chaos)만이 있을 따름이라는 것 또한 자명하다. 법칙이라는 것의 본질은 질서 또는 일관성이므로, 모든 일들은 반복된다고 말할 수도 있다. 바꾸어 말해, 우리가 법칙을 잘 알고 있으면 앞으로 어떤 일이 벌어질지 미리 알아낼 수 있다는 논리도 가능하게 된다.

콜럼버스는 지구가 둥글다는 법칙을 알고 있었으므로 유럽에서 계속 서쪽으로 서쪽으로 항해를 해 나가면 언젠가는 다시 유럽으로 돌아오게 된다고 예측하였다. 그는 비록 자신의 예측 결과를 보지 못하고 중도에서 죽었지만, 그와 같이 항해하던 동료들에 의해 자신의 예측이 옳았음을 증명해 보이고 있다. 핼리는 1682년에 나타난 혜성의 궤도를 토대로 이 혜성의 주기가 76년이라는 법칙을 알아냈고, 이 법칙을 토대로 핼리 혜성은 1759년, 1836년,……, 1990년에 다시 돌아올 것이라고 예측했던 것이다. 그리고 그의 예측은 정확하게 사실임이 입증되었다. 또, 마르코니를 생각해 보자. 그는 자신의 연구 결과를 근거로 전선이 없더라도 소리를 전달할 수 있다고 예측하였고, 과연 지금 우리는 그의 예측대로 안방에서나 차 안에서 라디오 방송의 뉴스나 음악을 즐기고 있다. 우리는 이와 같은 예를 수없이 더 찾아볼 수 있다. 이런 사람들은 어떻게 앞날의 일, 즉 서쪽으로 계속 가면 결국은 다시 유럽으로 돌아올 것이고, 핼리 혜성이 1990년에 다시 나타날 것이며, 또 전선 가닥 없이 음성을 전달할 수 있다는 사실을 예측할 수 있었던가? 그것은 법칙을 알았기 때문이다. 법칙만 알아낸다면 앞날을 예측한다는 것은 아주 쉽다. 단순히 기계적인 방법에 의해서 우리도 앞날을 손쉽게 예측할 수 있는 것이다. 자, 과연 여러분은 이 의견에 100 % 동의하는가? 법칙만 알아낼 수 있다면 미래를 예측하기는 쉽다는 사실에는 아마 동의할 것이다. 그러나 우리가 어떻게, 무슨 재주로 이런 어마어마한 법칙들을 알아낸다는 말인가? 더구나 우리의 관심사는 거창한 물리학이나 천문학도 아닌, 주식 시장의 주가 움직임을 예측하는 일인데……

백보를 양보하여, 우리는 콜럼버스 같은 용감한 탐험가도 아니고, 핼리나 마르코니같이 천재적인 과학자도 아니다. 그러나 우리는 오랜 기간의 관찰이나 경험에 의하여 어떠한 일들이 계속적으로, 반복적으로 일어난다는 것(다시 말해 질서 또는 일관성)을 알아낼 수는 있을 것이다. 유치원에 다니는 어린아이에게 이렇게 물어 보았다고 하자. "얘야, 너 내일 해가 어느 쪽에서 뜰 것 같니?" 그 애는 어떻게 대답할까? 틀림없이 "동쪽에서요."라고 대답할 것이다. 이 유치원에 다니는 어린아이가 지구의 자전이 어떻고 지구의 공전이 어떻고 하는 어려운 '법칙'은 모를 것임에 틀림없다. 그럼에도 이 아이가 내일 해가 동쪽에서 뜰 것이라고 '예측'(물론! 내일 일어날 일을 오늘 미리 이야기하는 것이 예측이 아니고 무엇인가?)하는 것은 순전히 그의 경험에서이리라. 어제도 해가 동쪽에서 떴고, 그저께도 동쪽이었으며, 일주일 전도 그랬고, 한 달 전도 그랬으므로 내일도 틀림없이 해는 동쪽에서 뜰 것이라고……

엘리어트는 모든 시장에서의 가격 변화는 대자연의 법칙과 조화를 이루고 있으며, 이러한 대자연의 법칙을 따르는 것이 바로 가격 변화의 예측을 가능하게 하는 방법이라고 하였다. 이러한 대자연의 법칙이란 해가 뜨고 지고, 달이 차고 이지러지며, 바람이 불어 오고 불어 가며, 강물이 흘러 바다가 되는 것처럼 만고 불변의 반복되는 법칙을 말한다. 앞에서 설명한 바와 마찬가지로 엘리어트는, 우리가 그 이유를 잘 알 수는 없지만 오랜 관찰과 경험에 의하여 해가 뜨고 지는 것 같은 현상들이 반복되는 것을 알고 있다고 하였다. 주식 시장을 구성하는 사람들(human being)도 해나 달과 같은 자연물(natural objectives)에 불과하므로, 사람들의 행동에도 반드시 반복되는 법칙이 존재하기 마련이며, 그래서 이와 같이 반복되는 법칙을 잘 연구하는 것이 주가의 움직임을 예측하는 방법이라고 설명하고 있는 것이다.

작용과 반작용, 충격 파동과 조정 파동

유명한 역사학자 토인비는 모든 역사의 발전 과정을 도전(challenge)과 응전(response)이라는 개념으로 해석하였다. 어떤 일이 일어나면 반드시 이와는 반대되는 움직임이 나타나기 마련이며, 이러한 도전과 응전을 통해 역사는 발전해 나간다고 설명하고 있는 것이다. 이러한 개념은 또한 작용과 반작용이라는 물리학적인 용어로도 대체할 수 있을 것이다. 갑자기 토인비의 이야기를 왜 하느냐 하면, 주식 시장의 움직임도 이와 유사하다는 것을 설명하기 위해서이다. 우리가 상식적으로 판단해 보더라도, 주가의 움직임이 상승이면 상승, 하락이면 하락, 어느 한 방향으로만 계속되는 일은 드물다. 오히려 주가가 얼마 동안 상승하면 곧 이어 하락 움직임이 이어지고, 반대로 하락 움직임이 며칠 진행되는가 하면 바로 이에 반발하는 상승 움직임이 전개되는 것이 더 일반적이다. 따라서, 주가는 한 방향으로 곧장 움직이기보다는 오르락 내리락을 반복하면서 어느 방향으로 서서히 움직여 나가는 것이다.

엘리어트가 발견한 가격 변동의 법칙도 이처럼 주식의 움직임이 등락을 반복한다는 것에 기초를 두고 있다. 엘리어트는 주가의 움직임에 일정한 리듬이 반복된다고 설명하고 있다. 엘리어트가 발견한 완전한 형태의 리듬은 5개의 상승 움직임과 3개의 하락 움직임으로 구성되고 있다. 다시 말해서, 한 번의 주가 움직임(cycle)에는 모두 8개의 상하 움직임이 존재한다는 것이다. 엘리어트는 각각의 움직임을 파동(wave)이라는 말로 표현하고 있다. 그러므로 엘리어트의 표현대로라면 우리는 5개의 상승 파동과 3개의 하락 파동을 한 주기에서 경험하게 되는 것이다.

또한 상승 국면에서의 5개의 파동은 각각 1번에서 5번까지의 파동으로 분류할 수 있는데, 1번, 3번, 5번 파동은 상승 파동이며 2번과 4번 파동은 하락 파동이다. 이 때 상승하는 파동인 1번, 3번, 5번 파동을 충격 파동(impulse wave)이라고 하며, 반대로 하락하는 파동인 2번과 4번 파동을 조정 파동(corrective wave)이라고 이름짓는다.

왜 충격 파동이라고 이름짓는가 하면, 1번 파동부터 5번 파동까지 전체적으로 보아 상승 움직임일 때 1번, 3번, 5번 파동은 각각 주가를 새로운 영역으로 끌어올리는 역할을 함으로써 주식 시장에 새로운 충격(impulse)을 가하는 파동들이 되기 때문이다. 그리고 2번 파동과 4번 파동은 1번 파동과 3번 파동에 의하여 주도되는 상승 움직임에 반발하는 하락 움직임이므로, 시장에 주어진 충격을 다소간 완화하고 조정(correction)한다는 의미에서 조정 파동이라고 이름붙여진다.

그리고 이미 설명한 바와 마찬가지로, 엘리어트의 완전한 리듬은 상승 국면의 5개의 파동에 이어서 하락 국면의 3개의 파동이 계속된다. 이러한 하락 국면은 전체적으로 보아 1번 파동에서 5번 파동까지 계속된 하나의 커다란 상승 움직임을 조정하는 국면이기도 하다. 그러므로 우리는 이들 3파동을 분류할 때 5번 파동에 이어서 6번, 7번 하는 식으로 분류하지 않고, 아라

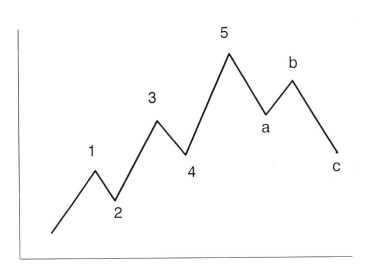

〈그림 2-1〉 엘리어트의 기본적인 파동 패턴 : 엘리어트에 따르면 완전한 의미의 한 사이클은 상승 국면의 5개의 파동과 하락 국면의 3개의 파동으로 구성된다.

비아 숫자 대신 알파벳을 이용하여 각각 a 파동, b 파동, c 파동으로 분류한다. 또한 1번 파동과 3번 파동, 그리고 5번 파동을 충격 파동이라 하고, 2번 파동과 4번 파동을 조정 파동이라 구분하였던 것처럼 a, b, c 파동을 충격 파동과 조정 파동으로 다시 잘게 나누어 생각해 보자. 이 때 a 파동에서 시작하여 c 파동으로 끝나는 전체적인 움직임이 하락 움직임이므로 a 파동과 c 파동이 충격 파동이 되는 것이고, 따라서 b 파동은 조정 파동이 된다.

결국 엘리어트의 완전한 하나의 사이클은 1번 파동, 2번 파동, 3번 파동, 4번 파동, 5번 파동, 그리고 a 파동, b 파동, c 파동으로 끝나게 되는 것이다. 또 한 가지, 상승 파동이면 무조건 충격 파동이고 하락 파동이면 무조건 조정 파동이 되는 것은 아니다. 위에서는 설명의 편의를 위하여 전체적인 움직임이 상승 움직임인 경우를 예로 들었지만, 충격 파동과 조정 파동의 구분은 전체적인 시장의 움직임과 같은 방향이냐 아니냐에 달려 있다. 다시 말해, 전체적인 시장의 움직임이 하락 국면이라면 하락 파동이 충격 파동이 되는 것이며, 반대로 전체적인 움직임이 상승 국면이라면 상승 파동이 충격 파동이 되는 것임은 두말 할 나위가 없다. 그런데 이 개념은 아주 중요한 것이므로 반드시 알아 두어야 한다. 나중에 자세히 설명하겠지만, 충격 파동이냐 조정 파동이냐 하는 것은 파동의 세분에서 파동이 5개로 구성되느냐, 아니면 3개로 구성되느냐를 결정하는 근거가 된다. 잘못 이해하면 예측을 거꾸로 하는 결과를 초래하므로 조심해야 한다는 점을 다시 한 번 강조해 둔다.

3, 5, 8, 13······ 숫자의 신비

　증권 시장의 격언 중에서 "숲을 먼저 보고 나무를 보라."는 말이 있다. 전체 움직임을 먼저 파악한 이후에 개별 종목의 움직임을 파악하라는 이야기일 것이다. 지금부터 설명하는 파동을 세분해 나가는 방법도 결국은 나무와 숲의 개념과 일맥 상통한다. 어떻게 전체를 바라보고, 또한 어떻게 부분을 알아보느냐? 자, 시작해 보자.

　앞서 〈그림 2-1〉에서 보는 바와 같이 1번 파동부터 5번 파동까지는 전체적으로 보아 하나의 커다란 상승 파동이다. 또한 a파동에서 c파동까지는 하나의 커다란 하락 파동으로 볼 수 있다. 그런데 하나의 커다란 상승 파동은 몇 개의 파동으로 구성되어 있는가? 5개의 파동이다. 그리고 하나의 커다란 하락 파동은 3개의 파동으로 구성되어 있음을 이미 우리는 알고 있다. 말을 조금 바꾼다면, 하나의 큰 상승 파동은 5개의 작은 파동으로 '세분'된다고 말할 수 있을 것이며, 하나의 큰 하락 파동은 3개의 파동으로 세분된다고 할 수 있을 것이다. 이 때 우리는 하나의 커다란 상승 파동(1번에서 5번까지의 파동)을 충격 파동이라고 말할 수 있겠고, 또한 하나의 큰 하락 파동(a파동에서 c파동까지)을 큰 상승 파동을 조정하는 조정 파동이라고 말할 수 있을 것이다. 다시 말해, 충격 파동은 5개의 파동으로 세분할 수 있고, 조정 파동은 3개의 파동으로 세분할 수 있다는 이야기다.

　마찬가지의 논리를 1번 파동과 2번 파동의 경우에 적용시켜 보자. 1번 파동은 충격 파동이므로 5개의 한 단계 낮은 파동으로 나눌 수 있을 것이며, 2번 파동은 1번 파동을 조정하는 파동 이므로 3개의 한 단계 낮은 파동으로 세분할 수 있을 것이다. 같은 방법으로 3번 파동과 5번 파동은 충격 파동이므로 5개의 파동으로, 그리고 4번 파동은 3개의 한 단계 낮은 파동으로 세분할 수 있을 것이다.

  a, b, c 파동의 경우는 어떻게 될까? 앞서 무조건 상승 파동은 충격 파동이고 하락 파동은 조정 파동이라고 생각하면 안 된다고 강조한 이유가 여기에 있다. 먼저 a 파동을 생각해 보자. 하락 파동이므로 조정 파동일까? 아니다. 그렇지 않다. a 파동에서

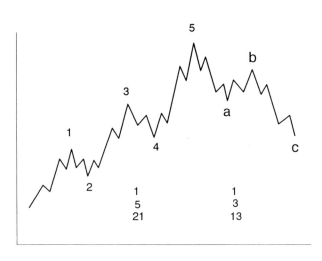

〈그림 2-2〉 파동의 세분 : 기본적인 파동을 1차, 2차에 걸쳐 세분하면 모두 34개의 파동으로 나눌 수 있다.

c 파동까지의 움직임 전체가 하락 움직임이므로 a 파동은 충격 파동이 되는 것이다. 따라서, 5 개의 한 단계 낮은 파동으로 세분할 수 있다. 그리고 같은 이치로 b 파동은 조정 파동이 되는 것이며, c 파동은 다시 충격 파동이 되는 것이다.

결국 상승-하락의 하나의 큰 사이클을 세분해 보면, 5 개의 파동과 3 개의 파동, 합하여 8 개의 파동으로 나누어진다. 그리고 한 단계 더 내려 가면 전체 파동은 5+3+5+3+5+5+3+5=34 개의 파동으로 세분된다. 또한 34 개의 작은 파동들을 다시 각각 한 단계 더 낮추어서 나누면, 전부 144 개의 미세한 파동으로 더 잘게 세분할 수 있는 것이다.

참고로 파동을 한 단계씩 세분해서 생기는 파동들의 숫자를 요약하여 정리하면 다음의 표와 같다.

	상승 국면의 파동	하락 국면의 파동	합 계
기본적인 파동	1	1	2
1차 세분시	5	3	8
2차 세분시	21	13	34
3차 세분시	89	55	144

그런데 각각의 파동의 개수들을 나타낸 숫자인 3이나 5, 그리고 그 합인 8, 또는 파동을 한 단계씩 세분해서 나타난 결과인 13, 21, 34, 55, 89, 144 등의 숫자는 우리가 똑같은 방법을 이용하여 파동을 세분해서 얻어진 숫자이지만, 그냥 우연하게 얻어진 무작위의 숫자들이 아니라, 나중에 자세히 설명하게 될 피보

나치 수열(Fibonacci summation series)을 구성하는 숫자들이다.

앞서 설명한 내용만으로 이미 대부분의 사람들은 이제 파동을 세분하는 원칙을 충분히 인지하리라고 믿는다. 그러나 노파심에서 다시 한 번만 이야기한다면, 파동이 5개로 세분되느냐 아니면 3개로 세분되느냐는 순전히 그 파동보다 한 단계 높은 파동에 달려 있다는 점을 잊어서는 안 된다. 그것을 나타낸 것이 〈그림 2-3〉인데, 그림에서 보는 것처럼 3번 파동은 점선으로 표시된 (1)번 파동과 같은 방향, 즉 상승 움직임이다. 그러므로 3번 파동을 세분하면 5개의 파동으로 나눌 수 있게 되는 것이다. 마찬가지로 a파동의 경우를 한 번 살펴보자. a파동은 그보다 한 단계 높은 파동인 (2)번 파동과 같은 방향인 하락 움직임이다. 따라서, 하락 움직임에도 불구하고 여기서는 역시 5개의 파동으로 세분할 수 있는 것이다. 그리고 5개의 파동으로 세분되는 것은 충격 파동이고, 3개의 파동으로 세분되는 것은 조정 파동인 점은 누차 이야기한 바와 같다.

그렇다면 이제 우리는 다음에서 설명하는 원칙에 따라 파동을 한 단계 낮추어 세분해 볼 경우, 현재의 주가 움직임이 어떤 방향으로 전개될 것인지 미리 예견할 수 있게 된다.

첫 번째로, 5개의 파동으로 구성되는 하나의 움직임이 끝났다면, 지금부터 우리는 이제까지의 움직임과는 반대 방향의 움직임이 나타날 것이고, 또한 그 움직임은 3개의 파동으로 구성될 것임을 당연히 예상할 수 있다. 예를 들어 1번 파동 이후의 2번 파동이 그렇고, 3번 파동 이후의 4번 파동이 그렇다. 또한 a파동 이후의 b파동의 경우도 마찬가지다.

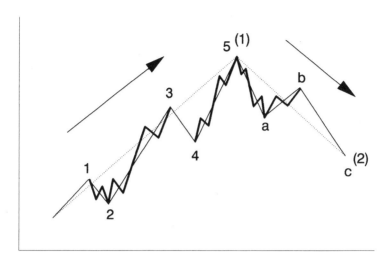

<그림 2-3> 파동의 구성 : 한 단계 높은 파동과 같은 방향으로 움직이는 파동은 5개의 파동으로 구성되며, 한 단계 높은 방향과 반대 방향으로 움직이는 파동은 3개의 파동으로 구성된다. 또한 5개의 파동이 완성되면 3개의 파동으로 구성되는 조정 움직임이 나타나게 되는데, 만약 이 때 5개의 파동에 이어서 다시 5개의 파동이 나타난다면 이것은 새로운 추세가 전개되는 신호로 인식되어야 한다.

두 번째로, 3개의 파동으로 생각되는 하나의 움직임이 끝났다면, 우리는 이 움직임을 조정 국면으로 생각하여도 무방하며, 또한 곧 이어 강력한 또 한 번의 움직임이 나타날 것으로 생각할 수 있다. 예를 들어 2번 파동 이후의 3번 파동, 4번 파동 이후의 5번 파동, 또는 b 파동 이후에 이어지는 c 파동을 생각해 보라.

세 번째로, 5개의 파동으로 구성되는 하나의 움직임이 끝나고, 다음에 이어지는 움직임이 3개의 파동이 아니라 5개의 파동으로 구성되고 있다면, 이것은 5개의 파동으로 구성되는 단순한 조정 국면이 아니라 새로운 추세가 시작되고 있다는 중요한 신호로 인식하여야 한다. 바꾸어 말하자면, 5개의 파동으로 구성되는 상승 움직임이 끝난 이후에 5개의 파동으로 구성되는 하락 움직임이 새로이 나타난다면, 이제 상승 추세는 끝났고 새로이 하락 추세가 시작된다고 생각해야 한다는 말이다. 예를 들어 보자. 〈그림 2-3〉에서 5번 파동은 5개의 파동으로 구성되어 있으며, 이어지는 a파동도 5개의 파동으로 구성되어 있다는 점을 확인할 수 있을 것이다. 그리고 1번 파동에서 시작하여 5번 파동으로 이어지는 하나의 상승 움직임은 이제 완전히 꺾이고 a파동, b파동, c파동으로 구성되는 하락 움직임이 도사리고 있는 것도 역시 그림에서 확인할 수 있을 것이다.

이상에서 설명한 것들이 앞서 이야기한 대로 숲을 먼저 보고 나무를 보라는 이야기와 일맥 상통하는 것이다. 한 단계 높은 파동의 움직임(숲)을 알아야만, 현재의 파동(나무)이 5개의 파동으로 구성될지, 아니면 3개의 파동으로 구성될지 파악할 수 있다.

몇 시간에서 수백 년에 이르는 파동의 등급

이제까지 우리는 파동을 잘게 쪼개어 나갈 수 있다고 이야기했었다. 이는 1번 파동에서 시작하여 마지막 c파동이 완성되는 데 걸리는 시간에 따라 독립적으로 하나의 완전한 5파-3파의 조합으로 되는 파동들이 존재한다는 말이다. 다시 말해, 완성되는 데 수백 년이 걸리는 파동을 다시 각각의 주기(1번 파동에서 c 파동까지)가 수십 년이 걸리는 파동으로 세분할 수 있다는 것이며, 또한 그 수십 년의 주기를 가지는 각각의 파동들도 다시 세분해 보면 각각 몇 년씩의 주기를 가지는 파동들로 나눌 수 있다는 것이다. 이러한 과정을 계속 반복해 나가면, 우리는 한 주기가 단지 몇 시간밖에 걸리지 않는 파동으로까지 세분해 나갈 수 있게 된다.

엘리어트는 이처럼 각각의 주기가 길고 짧음에 따른 파동의 크기를 파동의 등급(class)라는 말로 표현하였다. 그리고 이러한 파동의 등급을 다음과 같이 그 주기가 수백 년 이상에 이르는 초대형 장기 사이클(grand super cycle)로부터 그 주기가 단지 몇 시간에 불과한 초미세 사이클(sub-minuette cycle)까지 9단계로 나누어서 분류하고 있다.

초대형 장기 사이클(grand super cycle)
대형 장기 사이클(super cycle)
장기 사이클(cycle)
주 사이클(primary cycle)
중기 사이클(intermediate cycle)
부 사이클(minor cycle)
단기 사이클(minute cycle)
초단기 사이클(minuette cycle)
초미세 사이클(sub-minuette cycle)

그러므로 지금 바로 이 순간 주식 시장의 움직임이란, 한 주기가 수백 년에 이른다는 초대형 장기 사이클 속에서, 그 중의 하나인 대형 장기 사이클, 또 그것을 세분한 장기 사이클, 또 그것을 한 단계 낮은 파동으로 세분한 주 사이클에 속하며, 또한 세분을 계속해 나가면 이윽고 한 주기가 며칠만에 끝나는 초단기 사이클 안에서, 또 그 중 하나의 작은 초미세 사이클에 속한다는 말이 된다. 이것은 무슨 뜻인가? 마치 현 시점에서 우리의 존재라는 것이 넓디 넓은 우주 속에서도 은하계, 그 은하계 속에서도 태양계, 그 태양계 속에서도 지구, 그 지구 속에서도 아시아, 그 아시아 지역 속에서도 한국……에 위치하고 있다는 말과 유사하게 들리지 않는가? 이것이 바로 엘리어트가 말한, 삼라만상을 지배하는 법칙이라는 것이다. 비록 이제까지 주가가 하늘 높은 줄 모르고 상승하여 끝없이 올라갈 것처럼 보였지만 어느새 하락하는 추세로 바뀌어 버리거나, 아니면 바닥도 없이 끝없이 끝없이 추락할 것만 같던 주가의 움직임이 어느 순간부터 아연 초강세의 분위기로 바뀌는 것 모두, 커다란 초대형 장기 사이클 안에서 애초부터 예정되어 있던 방향으로 움직이는 것뿐이라는 말이다. 어떤가? 엘리어트의 이론이 조금은 신비스럽게 느껴지지 않는가? 엘리어트 이론의 신비스러움은 다음에 설명할 피보나치 수열에서도 다시 한 번 확인할 수 있으므로, 여기서는 이 정도에서 그치기로 하자.

생각해 보라. 우주 속에서, 은하계 속에서, 또 지구 안에서, 그 아시아 지역 안에서, 한국 안에서, 그리고 나. 얼마나 초라하고 미약한 존재가 되는가! 마찬가지로 우리가 매일 매일을 오를까 아니면 내릴까 하고 노심 초사해 하는 주가의 움직임이라는 것도, 사실 알고 보면 수백 년 이상 걸리는 사이클 속의 지극히 미세한 하나의 움직임일 뿐이다. 그러므로 주가 움직임에 따르는 우리의 기쁨이나 슬픔, 혹은 초조함이나 안타까움이 모두 다 부질없는 짓이라고 생각되지는 않는가? 하지만 다른 각도에서 다시 한 번 생각해 보자. 우리가 태양계에 대한 비밀을 알아내면 알아낼수록, 나아가 우주에 대한 비밀을 알아내면 더 알아낼수록, 우리는 그 속에 있는 나의 존재 가치를 보다 정확히 파악할 수 있다. 마찬가지로 우리가 한 단계 시야를 넓혀서 현재의 주가 움직임이 큰 파동 중에서 어떤 파동에 속하는지 정확히 알아낼 수만 있다면 우리는 지금의 주가를 확실히 파악할 수 있게 되는 것이며, 나아가서 그 큰 파동 안에서 미리 예정되어 있는 주가의 움직임을 앞질러 예측할 수 있게 되는 것이다.

다시 한 번 반복하지만, 우리는 무엇인가 삼라만상을 지배하는 법칙이 존재한다는 사실을 안다. 우리가 그 법칙을 알아내기만 한다면 앞날의 일을 예측한다는 것은 어려운 일이 아니다. 그런데 그 법칙이라는 것은 물리학이나 화학처럼 실험이나 과학적인 연구에 의해서 얻어질 수도 있지만, 또한 오랜 기간에 걸친 경험이나 관찰에 의해서도 얻어질 수 있다. 엘리어트는 과거 75년 동안의 주가 움직임을 면밀히 관찰하였으며, 여기서 하나의 법칙을 알아냈던 것이다. 그것은 모든 움직임은 파동으로 구성되며, 그 파동들은 5파-3파의 조합으로 이루어진다는 사실이다. 따라서, 현재 우리가 파동 중에서 어느 위치에 있는지만 알아낸다면 앞날을 예측하는 일도 보다 손쉬워질 것이라는 사실이 명백해진다.

자, 지금부터 엘리어트가 발견한, 삼라만상을 지배하는 법칙을 하나씩 배워 나가 보도록 하자.

엘리어트 이론의 핵심

이제까지 설명한 엘리어트의 파동 이론을 간략하게 요약하면 다음과 같다.

첫째, 모든 작용에는 반드시 반작용이 따르기 마련이다. 마찬가지로 주가의 움직임도 상승이 있으면 하락이 뒤를 잇는 것은 필연적이다. 그런데 완벽한 형태의 주가 움직임은 5개의 상승 파동과 3개의 하락 파동으로 구성된다.

둘째, 주된 추세의 방향과 같은 방향으로 움직이는 파동을 충격 파동이라고 하고, 추세와 반대되는 방향으로 움직이는 파동을 조정 파동이라고 한다.

셋째, 주된 추세가 상승 추세일 경우 1번 파동, 3번 파동, 5번 파동이 충격 파동으로서 상승 움직임을 나타내고, 2번 파동과 4번 파동은 조정 파동의 역할을 하게 되어 하락 움직임을 보인다. 그리고 5번 파동까지의 움직임이 끝나면 a, b, c 파동으로 구성되는 하락 추세가 이어지는데, 이들 파동 중에서 a파동과 c파동이 충격 파동으로서 하락의 방향으로 진행되고, b파동은 조정 파동으로 상승 움직임을 보인다.

넷째, 주된 추세의 움직임은 짧으면 몇 시간 안에, 그리고 길면 몇백 년에 걸쳐서 완성된다. 그러나 어떤 경우든 주된 추세의 움직임이 끝나면 반드시 3개의 파동으로 구성되는 조정 파동이 이어진다.

다섯째, 5개의 파동으로 구성되는 한 개의 충격 파동이 끝나고 이어서 3개의 파동으로 구성되는 하나의 조정 파동이 끝나면, 하나의 사이클이 완성된다. 그리고 이 사이클은 그보다 한 등급 높은 단계인 파동의 1번 및 2번 파동을 구성하는 것이 된다.

이것이 전부다. 얼핏 보더라도 그리 복잡한 이론은 아니지 않은가?

짧은 읽을거리
피라미드 건축의 비밀

엘리어트 이론을 연구해 가다 보면 저절로 느낄 수 있는 사실이지만, 엘리어트는 고대 이집트의 피라미드에 상당한 관심을 가졌던 모양이다. 그래서 그는 자신의 책 '자연의 법칙——우주의 신비(The Nature's Law——The secrets of the Universe)'에서 상당한 분량을 피라미드를 설명하는 데 할애하고 있다. 그런데 우리가 이 장에서 배우게 될 피보나치의 수열이라는 것도, 따지고 보면 피라미드나 고대 그리스의 파르테논 신전의 건축 기법에서 발견할 수 있는 것이다. 따라서, 단순히 상식을 늘린다는 차원에서도 피라미드 건축의 비밀을 알아 두는 것이 그리 나쁘지는 않아 보인다.

현재까지 남아 있는 피라미드 중에서 가장 크고 완전한 것으로는 기제(Gizeh)의 피라미드를 들 수 있다. 피라미드가 언제 지어졌는지에 대해서는 학자들마다 조금씩 견해가 다른데, 지금으로부터 5,000년 전인 노아의 방주 사건 이전부터 존재했었다는 학설이 있는가 하면, 지금으로부터 3,000년 전에 만들어졌다는 학설도 있다. 그러나 어떤 경우건 기원전 1,500년경부터 건축되었다는 것은 확실하다. 그리고 피라미드를 건축하는 데 평균 2.5톤짜리의 돌을 230만 개 쌓아 올린 것으로 알려져 있고, 그 무게는 어림잡아 5백만 톤이 넘는 것으로 추정된다. 우리가 어린 시절 세계에서 제일 높은 건물이라고 배웠던 엠파이어 스테이트 빌딩을 짓는 데 들어간 건축 자재의 무게가 30만 톤에 불과하다고 할 때, 이 피라미드의 규모는 실로 어마어마한 것이다.

그런데 피라미드의 진가는 이처럼 장대한 규모에 있는 것이 아니라, 이처럼 거대한 규모의 건축물임에도 불구하고 가로-세로-높이의 비율이 무척 안정적인 구도로 되어 있다는 점에 있다.

피라미드의 각 능선은 동서 남북을 가리키고 있는데, 기제의 피라미드를 예로 들면, 밑변은 정사각형으로서 783.3 피트에 달하고, 높이는 484.4 피트에 이르고 있다. 그런데 밑변과 높이의 비율은 바로 1 대 0.618로서 곧 배우게 될 황금 분할 비율과 일치하며, 또한 높이 484.4 피트를 인치로 환산하면 5,813 인치로서 바

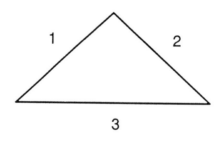

〈그림 3-1〉 피라미드를 수평으로 바라본 모양

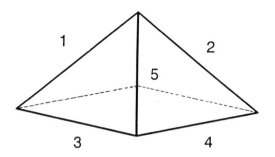

〈그림 3-2〉 피라미드를 위에서 비스듬히 바라본 모양

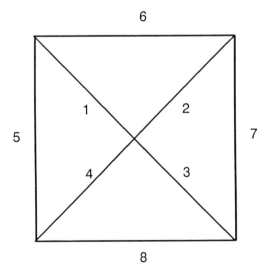

〈그림 3-3〉 피라미드를 정중앙에서 내려다본 모양

로 피보나치 수열인 5, 8, 13을 구성하고 있는 것이다.

그리고 엘리어트의 설명을 빌자면, 평지에서는 피라미드의 사면 어느 쪽에서 보더라도 오직 '3'개의 선만이 보일 뿐이며(그림 3-1), 피라미드보다 높은 위치에서 피라미드를 보게 되면 모두 '5'개의 선이 보이게 되고(그림 3-2), 또 하늘 높은 데서 피라미드를 내려다보면 모두 '8'개의 선이 나타나게 된다(그림 3-3).

이처럼 단순하게 보이는 피라미드에도 피보나치의 숫자들이 살아 숨쉬고 있는 것이다.

그러면 먼저, 엘리어트 이론의 출발점이 되는 피보나치 수열이란 과연 무엇을 말하는지 자세히 알아보기로 하자.

이집트 여행과 피보나치 수열의 발견

우리는 앞서 2장에서 살펴보았듯이, 엘리어트 파동 이론의 주골격이 5파와 3파의 조합으로 완성되고 있다는 사실을 알고 있다. 또한 각각의 파동들을 똑같은 원칙에 따라 충격 파동은 5개로 나누고 조정 파동은 3개의 파동으로 나누어서, 각각 21개의 한 단계 낮은 파동과 13개의 한 단계 낮은 파동으로 세분해 보았다. 또 한 번의 단계로 더 세분하면 각각 89개와 55개의 파동들로 세분됨도 이미 알고 있다. 그런데 이들 파동들의 개수, 즉 3, 5, 8, 21, 55, 89 하는 숫자들은 단순한 숫자들이 아닌, 피보나치 수열이라는 말도 잠깐 언급한 바 있다. 그러면 피보나치 수열이라는 낯선 숫자의 배열은 무엇을 나타내는가?

이탈리아의 피사 지역을 여행하는 관광객들은 누구나 비스듬히 세워진 채로 오랜 기간 서 있는 유명한 피사의 사탑에만 정신을 빼앗긴다. 정작 피사의 사탑에서 멀리 떨어지지 않은 곳에 위대한 수학자인 피보나치를 기념하는 자그마한 동상이 서 있다는 사실을 아는 관광객은 많지 않다. 피보나치(Leonardo Bigollio Fibonacci)는 12세기 이탈리아에 살았던 유명한 수학자이다. 왜 오늘날 피보나치를 위대한 수학자라고 일컫는가 하면, 이 사람이 현재 우리가 사용하고 있는 0, 1, 5, 9 같은 아라비아 숫자를 처음으로 유럽 지역에 소개한 사람이기 때문이기도 하다. 그 당시 중세 유럽 지역에서는 로마 숫자로 불리는 I, II, V, XI 같은 기호들로 숫자를 표현하고 있었다. 따라서, 큰 단위의 숫자를 표현하거나 계산해야 할 때에는 이들 영문자들을 길게 늘어놓아야 했기 때문에 대단히 불편하였고, 이로 인해 수학의 발전도 더디었다. 그러나 피보나치가 중동 지역을 여행하며, 거기서 배운 0이라는 개념이 도입된 아라비아 숫자를 유럽 지역에 소개한 이후에는 그러한 불편함이 사라졌고, 그의 공로 때문에 오늘날 수학이 이만큼 발전하였다 해도 과언이 아니다. 피보나치 수열은 그가 이집트를 여행하면서 발견한 것이라고 전해지는데, 당시에는 별다른 주목을 받지 못한 채 단순한 흥미거리 정도의 수준으로밖에 대접받지 못했던 것 같다. 그러나 최근 들어 수학의 영역이 퍼지 이론이나 카오스 이론같이 비선형 대수(non-linear mathematics) 쪽으로 발전해 나감에 따라, 그의 수열은 새롭게 조명을 받고 있다.

피보나치 수열의 구성

피보나치의 유명한 저서인 '산술 교본(Liber Abaci, Book of cal-culation)'에는 오늘날 보더라도 12세기에 연구되었다고는 믿기힘든 여러 가지 어려운 문제들——예를 들면 2원 3차 방정식 같은 문제들이 실려 있다. 그 중에서도 피보나치 수열의 탄생을 가져다 준 흥미 있는 문제는 바로 다음과 같다.

만약 1쌍의 토끼가 한 달이 지나면 새로운 토끼 1쌍을 낳는다고하자. 그리고 갓 태어난 어린 토끼는 태어난 지 한 달이 지나면 완전히 자라서 새끼를 낳을 수 있게 된다고 하자. 그러면 1년 후 1쌍의 토끼 가족에게서 태어난 토끼는 모두 몇 쌍일까?

잘 생각해 보지도 않고 한 달이면 1쌍, 열두 달이면 12쌍이라고 대답하는 사람은 없는지? 만약 그런 사람이 있다면 그 사람은 피보나치 수열을 배울 자격이 없는 사람이다. 이 문제는 의외로 복잡하여 차분하게 생각하지 않으면 풀어 낼 수 없다.

이 문제가 복잡해지는 이유는 한 달이 지나면 1쌍의 토끼가태어나지만, 또 한 달이 지나면 토끼 1쌍을 낳은 어미 토끼는 물론이고 그 전에 태어난 토끼들도 또 1쌍의 토끼를 낳으므로 토끼들의 번식이 기하 급수로 늘어나기 때문이다. 자, 그러면 찬찬히 생각해 보자. 먼저 한 달이 지나면 어미 토끼 부부(R1이라고하자.)는 1쌍의 토끼들(R2)을 낳을 것이다. 또 한 달이 지나면R1 부부는 또 1쌍의 토끼들(R3)을 낳을 것임에 틀림없다. 그러나 R2 부부는 아직 어려서 토끼를 낳을 수 없다. 그러므로 두 달째가 되더라도 토끼는 1쌍밖에 태어나지 못한다. 그러면 석 달째가 되면? R1 부부는 이번 달에도 변함없이 또 1쌍의 토끼들을 낳을 것이다(R4-1). 그리고 두 달 전에 태어난 R2 토끼 부부도 이제부터는 토끼 1쌍(R4-2)을 낳을 수 있게 될 것이다. 그러므로 석 달째가 되면 모두 2쌍의 토끼가 이 세상에 태어난다.

그리고 또 한 달이 금세 지나갔다. 모두 몇 쌍이 태어날까? R1 부부, R2 부부에게서 각각 1쌍씩, 그리고 마찬가지로 두 달 전에 태어났던 R3 부부도 이제는 어엿하게 1쌍의 토끼들을 낳아낸다. 그래서 넉 달째가 되면 모두 3쌍의 토끼가 태어나게 된다. 한 달만 더 해 보자. 다섯 달째가 되면 어떻게 될까? R1 부부, R2 부부, R3 부부에다가 이번에는 R4-1, R4-2 부부들도 가세하여 모두 5쌍의 새로운 아기 토끼들이 태어나게 되는 것이다.

이런 식으로 계속 토끼들이 태어난다면 1년 후에는 모두 144쌍의 귀여운 아기 토끼들이 세상에 태어나게 된다. 그리고 한 달이 지날 때마다 태어나는 토끼 쌍의 숫자를 계속 이어서 나타내면 다음과 같이 된다.

1, 1, 2, 3, 5, 8, 13, 21, 34, 55, 89, 144, 233, 377, 610,······

위와 같은 숫자의 배열을 피보나치 수열(Fibonacci summation series)이라고 한다.

피보나치 수열의 신비

피보나치 수열은 얼핏 보면 아무런 의미 없는 숫자들의 나열처럼 보인다. 우리가 고등 학교의 공통 수학 시간에 배운 등차 수열도 아니고, 그렇다고 등비 수열도 아니다. 그러나 자세히 들여다보면 피보나치 수열에는 다음과 같은 여러 가지 재미있는 특징들이 숨어 있다.

첫째, 이어지는 두 숫자를 더해 나가면 그 다음 숫자가 된다. 즉 3+5=8이며 13+21=34, 55+89=144가 된다.

둘째, 어느 숫자이건 하나 건너 숫자로 나누면 그 몫은 2가 되고, 나머지 값은 나눈 숫자의 바로 직전 숫자가 된다. 예를 들어 21을 8로 나누면 몫은 2이며 나머지는 5가 되는데, 이 5라는 숫자는 8의 하나 앞 숫자이다. 또한 144를 55로 나누더라도 그 몫은 2이며, 나머지는 55의 하나 앞 숫자인 34가 된다.

셋째, 바로 앞의 숫자를 뒤의 숫자로 나누면 그 값은 점점 1.618이라는 숫자에 접근한다. 즉 3/2=1.50, 21/12=1.614, 55/34=1.6176, 144/89=1.61797, 987/610=1.6180327로 되는 것이다.

넷째, 한 숫자를 하나 건너의 숫자로 나누면 그 값은 점점 2.618에 접근한다. 예를 들어 5/2=2.50, 21/8=2.625, 144/55=2.61818 등이 되는 것이다.

다섯째, 1.618의 역수는 0.618이며, 2.618의 역수는 0.382가 된다.

이 외에도 두 숫자의 비율을 나타내는 1.618, 0.618, 그리고

2.618, 0.382의 관계에서 다음과 같은 사실들을 살펴볼 수 있다.

$$2.618-1.618=1$$
$$1.618-0.618=1$$
$$1-0.618=0.382$$
$$2.618\times0.382=1$$
$$2.618\times0.618=1.618$$
$$1.618\times0.618=1$$
$$0.618\times0.618=0.382$$
$$1.618\times1.618=2.618$$

황금 분할 비율

여러분들은 중학교 시절 미술 시간에, 사람의 눈에 가장 편안하고 아름답게 보이는 비율을 황금 분할 비율(golden section proportion)이라고 한다는 것을 배웠을 것이다. 이 비율은 고대 이집트 시대에서부터 건축이나 회화 등에 사용되어 왔다. 황금 분할 비율이 가장 안정감 있는 구도라고 생각되었으므로, 현재 남아 있는 이집트의 기제(Gizeh)의 피라미드나 그리스 아테네의 파르테논 신전에도 그 비율이 사용되었던 것이다.

갑자기 고대 이집트의 황금 분할 비율을 들먹이는 이유는 차차 설명하기로 하고, 우선 황금 분할 비율을 작성하는 요령에 대해 설명해 보기로 하자. 옛날 고대 이집트 시대, 또는 기원전 그리스에는 지금 우리가 편하게 사용하고 있는 전자 계산기나 컴퓨터 같은 것들은 물론 존재하지 않았다. 따라서, 인류의 옛 조상들은 다음과 같은 방법으로 황금 분할 비율을 만들어 냈다.

먼저 그림과 같이 한 변의 길이가 2인 정사각형을 만든다. 그리고는 한 변의 중간점과 다른 꼭지점을 잇는 직선을 긋는다. 그런 다음, 한 변의 중간점에서 아까 그은 직선의 길이만큼 사각형의 한 변을 연장하여 직사각형을 만들면, 이 새로운 직사각형이 황금 분할 사각형이 되며, 또한 이 사각형의 가로-세로의 비율이 바로 황금 분할 비율이 되는 것이다.

그러면 이제, 우리가 현재 알고 있는 수학적인 지식을 이용하여 두 변의 비율을 숫자로 나타내 보자.

그림에서 C점과 D점의 거리를 2로 정했다. 정사각형이므로 B점과 D점 간의 거리도 당연히 2가 된다. 또한 E점과 D점의 거리는 정사각형 한 변의 절반이므로 1이 된다. 그러므로 우리가 알고 있는 피타고라스의 정리를 이용하여 B점과 E점 간의 거리를 구하면,

$(BE)^2 = (ED)^2 + (BD)^2$이므로 $(BE)^2 = 1^2 + 2^2 = 5$에서 BE의 길이는 $\sqrt{5}$가 되는 것이다.

따라서, 황금 분할 사각형의 가로-세로의 비율을 숫자로 나타내 보면,

$$\frac{1+\sqrt{5}}{2} = \frac{\sqrt{3.326}}{2} = 1.618$$

로 구할 수 있다.

어디선가 많이 보던 비율이 아닌가? 바로 그렇다. 앞서 우리

가 피보나치의 토끼들로부터 도출해 냈던 피보나치 수열에서 두 숫자 사이의 비율이 바로 황금 분할 비율인 것이다. 또한 앞서 우리가 살펴보았던 엘리어트 파동을 한 단계씩 세분하였을 때 얻어진 파동의 숫자들, 예를 들어 3파, 5파, 13파, 21파, 55파, 89파 등등이 바로 피보나치 수열인 것이다.

이처럼 엘리어트의 파동 이론은 저 멀리 이집트의 피라미드나 그리스의 파르테논 신전으로까지 이어지고 있다. 엘리어트가 "우리가 그 이유는 알 수 없으나, 삼라만상을 지배하는 법칙은 반드시 존재한다."고 한 바로 그 법칙이 이처럼 피보나치 수열

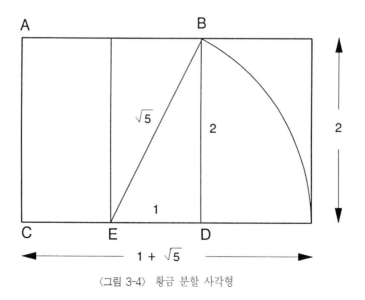

〈그림 3-4〉 황금 분할 사각형

속에 숨어 있는 것이다. 우리는 고대 이집트 사람들이 가로-세로의 비율에서 1대 1.5든지 아니면 1대 2가 아니고, 하필이면 1대 1.618이라는 숫자를 황금 분할 비율로 생각하였는지 그 이유를 알지는 못한다. 그러나 그 이유를 비록 알지는 못하더라도, 우리는 경험에 의하여 그 비율이야말로 인간의 눈에 가장 안정감이 있는 비율이라는 사실은 알고 있는 것이다.

피보나치 숫자와 생활 세계

엘리어트는 우리를 둘러싸고 있는 대자연, 더 나아가 우주 속에서 어디에서나 공통적으로 그것들의 원천이 되는 숫자로서 피보나치 수열을 발견할 수 있다고 하였다. 그는 '우주의 신비'라는 소제목을 붙인 그의 명저 '자연의 법칙'에서, 우리 주위에서 찾아볼 수 있는 피보나치 수열의 예를 여러 가지 들고 있다.

첫째, 사람의 몸은 완벽하게 5-3이라는 숫자의 조합으로 이루어지고 있다. 몸통에서부터 본다면 사람의 몸은 다섯 부분, 즉 머리, 두 팔, 두 다리로 구성되어 있다. 또한 이렇게 나누어진 각각의 부분은 다시 '한 단계 낮은' 3부분으로 나누어진다. 팔을 예로 들면, 팔꿈치를 기준으로 하여 두 부분과 손, 즉 3부분으로 나누어지지 않는가? 또한 손의 경우를 살펴보더라도 손가락은 5개이고, 각각의 손가락은 모두 세 마디로 나누어져 있다.

둘째로, 음악의 경우를 살펴보면 도에서 도까지 한 옥타브가 모두 8개의 음계로 되어 있다. 피아노를 한 번 보자. 흰 건반이

8개, 검은 건반이 5개, 합하여 13개의 건반이 있지 않은가? 또한 인간의 귀에 가장 아름답게 들리는 화음은 '도-미-솔', 또는 '도-파-라'와 같이 '세 개'의 음계로 구성되어 있으며, '도' 음과 '미' 음, 또는 '미' 음과 '솔' 음의 진동 비율은 0.618 대 1이다. 덧붙여서, 음악의 중요한 요소는 바로 멜로디, 리듬, 화음의 '삼' 요소이다.

셋째로, 미술을 보면 노랑, 빨강, 파랑의 '삼' 원색이 기본이며 이들 삼원색을 적절히 섞기만 하면 어떤 색이라도 만들 수 있다.

넷째로, 그 외에도 수많은 예를 살펴볼 수 있다. 즉 화학에서 원소의 숫자는 대략 89개이다. 독립 전쟁 이후 미국의 최초 주(州)의 숫자는 13개였다. 1852년 미국의 페리 제독이 일본을 방문하여 문호를 개방할 것을 요구한 지 '55' 년이 지난 1907년, 일본은 미국과 일촉 즉발의 대치 상태를 나타냈으며, 그 이후 '34' 년 또는 페리 제독 이후 '89' 년이 지난 1941년에 하와이의 진주만을 공습하였다. 또한 2차 대전 당시 동맹국은 독일, 일본, 이탈리아의 '3' 개국이었으며, 독일은 개전 직후 13개국을 점령하였으나 마지막 14번째 나라인 러시아는 점령하지 못했다. 또 무솔리니는 21년간 권력을 쥐고 있었다.

물론, 앞서 든 예 중에서는 억지도 더러 있다는 것을 부인하지 않겠다. 그러나 쉬운 말로 '우연의 일치'라고 하기에는 너무나도 많이, 우리의 일상 생활 속에서 피보나치 수열이 알게 모르게 살아 숨쉬고 있다는 것도 또한 사실이다. 따라서, 이러한 피보나치 수열과 주식 시장의 움직임을 절묘하게 결합한 엘리어트의 천재성이 우리를 다시 한 번 놀라게 하는 것이다.

피보나치 수열의 응용

엘리어트는 인간의 모든 행동은 패턴(pattern)과 비율(ratio)과 시간(time)이라는 세 가지의 요소로 구성되어 있는데, 이 모든 것이 피보나치의 수열과 합치한다고 했다. 그리고 주식 시장의 움직임 또한 인간의 행동에 의해서 만들어지는 것이므로 주가의 움직임도 당연히 패턴과 비율과 시간이라는 요소로 나누어 생각할 수 있으며, 마찬가지 이유로 피보나치의 수열과도 모든 것이 합치하게 된다. 그러면 엘리어트의 이론에서 피보나치의 수열은 어떻게 응용되고 있는지, 우리도 패턴, 비율, 시간이라는 측면에서 살펴보도록 하자.

1. 패 턴

재삼 설명할 것도 없이 엘리어트 파동 이론의 근간은, 모든 주식 시장의 움직임은 5파-3파로 구성되는 사이클을 반복하면서 움직인다는 것이다. 그리고 한 사이클은 그보다 낮은 등급의 여러 사이클로 세분할 수 있고, 또한 그보다 한 등급 높은 사이클의 일부를 구성하기도 한다는 것이다. 이것이 바로 엘리어트가 이야기한 패턴이다. 이 패턴 속에는 말할 것도 없이 피보나치 수열이 숨어 있다. 5파-3파라는 기본적인 파동의 구성도 이미 피보나치 수열이요, 우리가 앞서 살펴본 것처럼 이들 파동을 잘게 세분해 나갈 때 얻어지는 파동의 갯수들, 즉 21 개, 13 개의 한 등급 낮은 파동의 개수며, 또한 두 등급 낮은 파동으로 세분하였을 때 얻어지는 89 개, 55 개라는 파동의 숫자들도 모두 피보나치 수열에 속한다.

여기에는 절대로 예외라는 것이 존재하지 않는다. 무슨 말이냐 하면, 상승 국면의 움직임이 미약하게 되어 5 파의 상승 국면이 3 파로 끝난다든지, 아니면 한 개의 사이클이 7 개나 또는 10 개 같은 비피보나치 수열로는 절대로 생겨나지 않는다는 이야기다. 만약 파동을 세어 나갈 때 전체 파동의 숫자가 8 개가 아니고 7 개나 9 개가 된다면, 그것은 파동을 잘못 계산한 것이 명백하다.

2. 비 율

우리는 앞서 피보나치의 수열 속에서 황금 분할 비율을 도출해 냈다. 또한 우리는 황금 분할 비율이 먼 옛날 기원전 이집트 시대나 피타고라스, 아리스토텔레스가 살았던 그리스 시대 때부터 유래되었음을 피라미드나 파르테논 신전의 예를 보아서 알고 있다. 결국 이 비율은 인간의 행동을 지배하는 비율이며, 엘리어트 이론에서도 0.618, 1.618, 0.382, 2.618 등은 파동과 파동 간의 관계를 밝히는 데 중요한 비율들이다. 예를 들면, 2 번 파동은 1 번 파동의 38.2 % 또는 61.8 %의 길이만큼 형성된다는 식으로 이용된다. 따라서, 이러한 비율들을 잘 알고 있으면 지지선이나 저항선을 구하는 데 아주 효과적으로 이용할 수 있으며, 나아가 현재의 움직임이 어느 수준에서 끝날지를 미리 알아볼 수도 있게 된다.

나중에 각 파동의 특징들을 설명하면서 다시 다루겠지만, 여기서 피보나치의 비율이 엘리어트의 파동 속에서 어떻게 사용되고 있는지 다음 표를 통해 잠깐 맛이라도 보기로 하자.

파 동	피보나치 비율의 이용
2번 파동	1번 파동을 38.2%의 비율로 되돌리거나(retrace), 또는 61.8%의 비율로 되돌리려는 경향이 많음.
3번 파동	1번 파동의 1.618배의 길이로 형성되는 경우가 많음.
4번 파동	3번 파동을 38.2% 되돌리는 경우가 많음.
5번 파동	1번 파동의 길이와 같거나, 1번 파동에서 3번 파동까지 길이의 61.8%의 길이로 형성되는 경우가 많음.
b 파동	지그재그에서는 a 파동을 38.2% 또는 61.8%의 비율로 되돌림. 그리고 불규칙 패턴에서는 a 파동의 1.382배 또는 1.236배의 길이로 나타나는 경향이 있음.
삼각형 패턴	삼각형을 구성하는 각 파동들은 서로 서로 앞 파동의 61.8%의 길이로 결정되는 경우가 많음.

따라서, 각 파동 간의 비율이 피보나치 비율과 대부분 합치한다는 사실을 기억하고 있으면, 현재의 움직임이 어느 수준에서 끝날 것인지 미리 알 수 있게 된다. 예를 들어, 주가가 활발하게 움직이며 상승하던 3번 파동이 끝난 것이 확인되고, 이제는 4번 파동으로 들어섰음이 확실하다고 하자. 그리고 3번 파동에서의 상승 움직임이 주가 지수 500에서 750까지 이어졌다면, 지금부

터의 4번 파동은 3번 파동의 길이, 즉 750−500=250의 38.2％ 정도 하락할 것으로 예상할 수 있다. 따라서, 4번 파동은 750−(750−500)×0.382=654 수준까지 이어질 것이다.

그러나 여기서 반드시 밝혀 두고 싶은 것은 이 비율이 100％ 절대적인 비율은 아니라는 사실이다. 총기 있는 사람이라면 이미 눈치챘으리라 생각되지만, 앞의 표에서 표현을 "……로 형성되는 경향이 많다."라고 다소간 애매하게 한 것은 바로 이러한 이유에서이다. 특히 3번 파동의 경우는 이따금 추세가 격렬하게 형성되기도 하므로 피보나치 비율에 따른 단순한 계산만으로 목표치를 미리 설정해 두면 낭패를 볼 때가 많다. 하지만 이러한 약간의 약점에도 불구하고, 파동 간의 비율을 잘 알아 두면 주가 예측에 도움이 된다는 사실에는 역시 변함이 없다.

3. 시 간

엘리어트는 인간의 행동은 패턴, 비율, 시간의 3요소로 구성된다고 하였다. 그러나 엘리어트는 패턴과 비율에 대해서는 자세하게 설명을 하고 있지만, 유감스럽게도 시간이라는 요소에 대해서는 그리 명쾌하게 이야기하지 않고 있다. 단지, 앞서 그의 책에서 예로 든 역사 속에서 나오는 피보나치 수열, 즉 페리 제독의 일본 문호 개방 요구에서부터 일본의 진주만 폭격까지 89년이 지났다는 정도로만 서술하고 있다. 하지만 후세의 여러 연구에 의해 주식 시장에서 시간이라는 요소도 또한 피보나치 수열을 만족한다는 사실이 밝혀지고 있다. 한 파동을 형성하는 시간도 피보나치의 수열과 합치한다는 것이다.

파동이란 무엇인가 ? 그것은 바로 한 전환점에서 다음 전환점까지를 말하는 것이다. 전환점이란 상승 국면에서 하락 국면으로 바뀔 때, 또는 하락 국면에서 상승 국면으로 바뀔 때를 말한다. 그러므로 만약 주가의 움직임이 상승에서 하락으로 바뀌거나, 또는 하락에서 상승으로 바뀌는 때가 있으면 우리는 이제 한 파동——그 파동의 등급이 초미세 파동이건, 중기 사이클이건, 아니면 장기 사이클이건 간에——이 끝났다는 것을 알 수 있다. 또한 마찬가지로 주가의 움직임이 바뀌지 않는 한 현재의 파동은 계속 유효하다고 말할 수 있는 것이다. 그런데 앞서 한 파동을 형성하는 시간도 피보나치 수열과 합치한다고 하였으므로, 우리는 아주 간단한 방법으로 현재의 움직임이 언제 끝날지 미리 알 수 있다.

한 번 예를 들어 보자. 만약 현재의 상승 움직임이 4일 동안 계속되고 있다면 내일 한 번 더 상승할 확률이 매우 높다. 왜냐하면, 4라는 숫자는 피보나치 숫자가 아니므로 4일 동안의 상승 움직임이 한 파동을 형성하기보다는 5일 동안의 상승 움직임이 한 파동을 형성할 공산이 크기 때문이다. 그러면 조금 단위를 낮추어서 생각해 보자. 만약 지금까지의 하락 움직임이 11시간 동안 지속되었다면, 앞으로 한 시간이나 두 시간 이후의 움직임은 어떻게 될까? 마찬가지로 11은 피보나치 숫자가 아니고 가장 가까운 피보나치 숫자는 13이다. 그러므로 앞으로 두 시간 더 상승하여 13시간을 채울 확률이 매우 높은 것이다. 만약 13시간이 지나고 14시간째에도 계속해서 상승한다면? 말할 것도 없이 다음의 피보나치 숫자인 21시간이 될 때까지 상승을 계속할 가능성이 매우 높다고 말할 수 있다. 또한 이러한 시간 개념은 주간 (weeks)이나 달(months), 또는 해(years)라는 보다 긴 시간의 흐름에도 물론 적용할 수 있다. 즉 7달째 상승 국면이 이어지고 있다면 8달째에도 상승할 가능성이 높다는 이야기다.

여기서 또 한 번 표현을 '가능성이 많다'라든지 '확률이 높다'라고 한 까닭을 이제는 여러분도 알아채리라 믿는다. 그렇다. 시간이라는 구성 요소에서 피보나치 수열이 결코 100 % 절대적이지는 않다. 그러므로 시간이라는 구성 요소에서 피보나치 수열에만 너무 매달리지는 말라는 말이다. 그러나 그럼에도 불구하고, 시간 속에 숨어 있는 피보나치 숫자를 알아 두는 것이 매우 유익하리라는 것에는 여러분도 공감할 것이다.

다음의 표는 실제로 최근의 주가 움직임에서 각각의 전환점 간의 시간을 나타낸 것이다. 일부 예외도 있긴 하지만, 신기하게도 피보나치 수열과 일치하는 경우가 더 많지 않은가!

상 승		하 락	
기 간	주가 지수	기 간	주가 지수
92.8.21~93.1.9 (21주)	456~719	93.1.9.~93.3.6 (8주)	719~602
93.3.6~93.6.10 (13주)	602~787	93.6.10~93.9.1 (11주)	787~656
93.9.1~94.2.2 (21주)	656~985	94.2.2~94.4.4 (11주)	985~856

제4장
엘리어트 이론의 기본 법칙

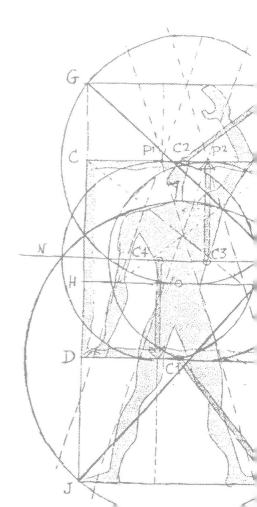

짧은 읽을거리
고집을 버려라!

고대 그리스에 프로크루스테스라는 도적이 있었다고 한다. 이 도적은 유난히도 흉악해서, 지나가는 사람들을 잡아서는 자신이 만든 쇠침대에다 눕혀 보았다. 그리고는 그 사람의 키가 침대보다 크면 침대에 맞춰서 머리와 다리를 잘라 죽이고, 또 그 사람의 키가 침대보다 작으면 키를 억지로 늘려서 죽이곤 했다 한다. 이것은 그야말로 고집의 전형적인 예로, 자신이 만든 기준에 맞지 않는다고 해서 무고한 사람들을 힘으로 죽여 버리는 포악 무도한 행위였던 것이다.

주식 시장에 참가하는 투자자들 중에도 이런 사람들을 흔히 찾아볼 수 있다. 이들은 주가가 오르거나 내린다고 자신들이 미리 지레 짐작해 놓고는 실제의 시장이 자신들의 생각과는 반대로 움직이면 "시장이 잘못 되었다."고 주장하는 부류의 사람들이다. 특히 이 사람들은 주가가 하락하게 되면 전형적인 고집을 부리게 되는데, 명동이나 여의도의 증권 회사 객장에서 "정부는 건전한(?) 증권 시장 육성 정책을 마련하라!"는 시위를 벌이는가 하면 애꿎은 증권 회사 직원들을 괴롭히기 일쑤다. 자신의 쇠침대에 맞지 않는다고 무고한 사람들을 죽이는 프로크루스테스와 이들 투자자들과 다른 점이 어디 있는가?

　주식 시장에서 주가는 상승하는 날이 있으면 하락하는 날이 있기 마련이며, 이익을 볼 때가 있다면 손해 볼 때도 있기 마련이다. 그럼에도 불구하고 자신들의 마음에 들지 않는다고 집단의 힘을 빌어서 시위나 일삼는 일은 우리 나라 증권 시장의 후진성을 단적으로 보여 주는 부끄러운 사례가 아닐 수 없다.

　엘리어트 이론의 어느 구석에도 주가는 영속적으로 오른다는 이론은 없다. 주가는 상승과 하락을 거듭한다는 것이 엘리어트 이론의 주종이다. 우리가 이미 알고 있는 상식적인 이야기인데도 불구하고, 왜 사람들은 엘리어트 이론에 열을 올리는가 ? 그것은 엘리어트의 이론을 잘 읽어 두면, 주식 시장의 움직임이 한눈에 다 들어오기 때문일 것이다. 그러나 단 한 가지 명심할 점은, 엘리어트 이론을 이용하여 주식을 거래하고, 또 그에 따른 성공을 얻기 위해서는 먼저 우리가 저마다 가지고 있는 고집을 버려야 한다는 것이다. 프로크루스테스는 결국 고집에 가득찬 도적일 뿐이다. 건전한 양식을 가진 우리들이 도적일 수는 없지 않은가 !

절대 불가침의 법칙

주가가 〈그림 4-1〉처럼 움직이고 있다고 할 때, 제일 저점을 출발점으로 하여 1파, 2파, 3파, …… 하는 식으로 셀 수만 있다면 엘리어트의 파동이라는 것은 별것도 아닌 쉬운 이론에 속할 것이다. 어쩌면 엘리어트 이론을 자세히는 모르는 채 겉만 조금 알고 있는 사람들은 아마 그림처럼 1파, 2파, …… 하는 식으로 파동을 매겨 두고는 만족해 할지도 모르겠다. 그러나 세상에 그렇게 쉬운 일이 어디 있을까? 만일 이처럼 쉬운 일이었다면 엘리어트가 머리를 싸매고 과거 75년 동안의 주가 차트를 연구할

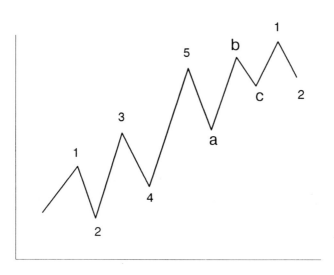

〈그림 4-1〉 잘못된 파동 매김(counting)의 대표적 사례

필요도 없었을 것이고, 우리가 여기에서 새삼스럽게 엘리어트의 이론을 들먹일 필요도 없을 것이다.

하지만 세상에 공짜는 없듯이(There is no free lunch), '암흑의 월요일' 이후, 아니 멀리 거슬러 올라가서 엘리어트가 이론을 발표한 이후부터 주식 시장의 미래를 잘 알려 주는 강력한 도구로서 각광을 받고 있는 엘리어트 이론이라면 뭔가 특별한 방법이 있을 법하다. 그리고 사실 내가 이 책을 쓰고자 마음먹은 이유 중의 하나도, 엘리어트 이론이 이처럼 미래를 읽어 내는 데 탁월한 가치를 가지고 있음에 매료되었기 때문이다. 그러나 엘리어트의 이론이 그리 간단한 것이 아니라고 해서 너무 복잡하고 골치 아프기만 한 것도 아니다. 단지 일부의 사람들이 엘리어트 이론이라는 것은 골치 아프고 잘 모르겠다고 말하는 데는, 다음에 설명할 엘리어트의 몇 가지 법칙들을 왕왕 망각함으로써 생기는 일일 수도 있다. 하지만 다시 한번 강조하거니와, 엘리어트 이론은 충분히 배워 둘 만한 매력을 가지고 있다. 조금 복잡하거나 어렵다고 해서 자세히 알아두는 일을 포기한다면 그것은 자신의 발전이나 주식 투자에서 더 나은 수익을 얻을 기회를 스스로 던져 버리는 일이 될 수도 있는 것이다. 만약 엘리어트 이론에 의심이 가거나 회의가 생기는 일이 있더라도 잠시 접어 두기로 하자. 이론의 타당성이나 시시비비는 이 책을 다 읽고, 엘리어트 이론을 완전히 익힌 이후로 넘기기로 하자. 틀림없이, 이 책을 다 읽은 다음에는 여러분도 나와 같이 엘리어트 이론의 매력을 십분 알아채릴 것이 틀림없으니까 말이다.

엘리어트 이론의 법칙이라고 해 봤자, 요약해서 이야기한다면

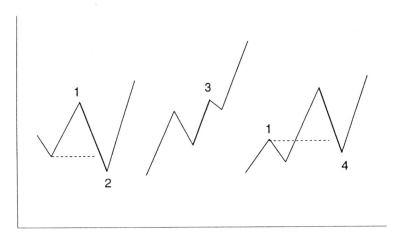

〈그림 4-2〉 엘리어트 이론의 절대 불가침의 법칙

몇 개의 절대 불가침의 법칙과, 또한 몇 개의 참고 법칙(guide-line) 정도이므로, 외우느라고 골머리를 썩일 수준은 결코 아니다. 그러면 하나씩 법칙들을 알아보기로 하자.

엘리어트는 그의 책 '자연의 신비'에서, 파동을 매길 때에는 반드시 세 가지 절대 불가침의 원칙이 있다고 하였다. 그것은,

첫째, 2번 파동은 절대로 1번 파동의 출발점 이하로 내려가서는 안 된다.

둘째, 충격 파동인 1번, 3번, 5번 파동 중에서 특히 3번 파동은 절대로 가장 짧은 파동이어서는 안 된다.

셋째, 4번 파동은 절대로 1번 파동과 겹칠 수 없다.

라는 것이다. 위의 법칙을 그림으로 나타낸 것이 〈그림 4-2〉이다. 그리고 엘리어트는 이 법칙에 어떠한 예외도 존재하지 않는다라

고 하였다. 그러면 법칙들을 하나씩 자세히 살펴보도록 하자.

첫째로, "2번 파동이 1번 파동의 출발점 이하로는 내려갈 수 없다."는 것은 2번 파동이 비록 1번 파동의 조정 파동이기는 하지만, 그 조정(correction)의 정도가 결코 1번 파동의 100% 이상이어서는 안 된다는 말이다. 예를 하나 들어서 설명해 보자. 만약 1번 파동이라고 생각되는 파동이 끝나고 다시 그 조정으로 생각되는 파동(2번 파동으로 여겨지는 파동)이 진행되고 있다고 하자. 이 때 2번 파동으로 간주되던 파동의 움직임이 1번 파동으로 생각되던 파동의 최저점을 뚫고 내려가 버린다면 이 파동은 더 이상 2번 파동이 아니며, 따라서 앞서 1번 파동으로 생각했던 파동도 1번 파동이 아니라는 말이 되는 것이다. 그러므로 아직까지 새로운 사이클은 시작되지 않았고, 이전의 파동이 덜 끝난 채로 진행중임을 확인할 수 있다.

2번 파동이 1번 파동의 출발점 이하로 내려갈 수 없다는 것은 우리가 상식적으로 판단해 보더라도 쉽게 수긍이 간다. 왜냐하면, 1번 파동에 이어 2번 파동이 진행중이라는 것은 이제 새로운 상승 추세가 바야흐로 시작되고 있다는 것을 의미한다. 그런데 1번 파동으로 미약하나마 출발했던 추세가 2번 파동에 와서 그나마의 움직임마저 다 빼앗기고 원점 이하로 되돌아갔다면, 그것은 새로운 추세라고 보기에는 무리가 있는 것이다. 설명의 편의를 위하여 숫자를 가지고 다시 한 번 풀어서 말해 보자. 예를 들어, 주가 지수가 이제까지 하락을 지속하다가 400선을 바닥으로 하여 반등을 시도하였다고 가정하자. 그리고 주가 지수 400을 바닥으로 하여 반등하던 주식이 주가 지수 500선에서 막

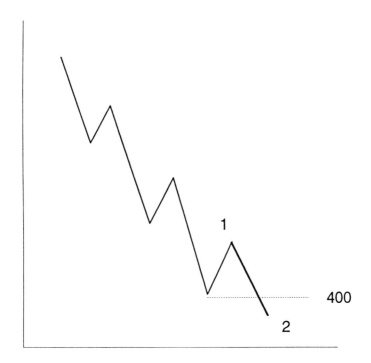

〈그림 4-3〉 엘리어트의 절대 불가침의 법칙(1) : 이제까지의 바닥이었던 주가 지수 400 선이 다시 한 번 돌파되었다면 새로운 상승 추세를 기대한다는 것은 아직 시기 상조이며, 따라서 1번 파동과 2번 파동이라고 생각되던 파동은 잘못된 파동 매김이 된다. 그러므로 이제까지의 하락 추세가 아직도 진행중임을 확인해 주는 신호이기도 하다.

히고 다시 하락하였다고 하자. 이 때 우리는 우선 주가 지수 400에서 500까지의 상승 움직임을 임시로 1번 파동이라고 매길 수 있을 것이다. 그리고 500 선에서 막히고 다시 하락하는 움직임을 2번 파동일지 모른다고 생각할 수 있다. 이 때 엘리어트의 절대 불가침의 법칙은 500에서의 하락 움직임이 절대로 400 선 이하로 내려가서는 안 된다고 요구하고 있는 것이다. 만약 500에서 다시 하락하는 움직임이 400선마저 돌파하여 하락한다면, 우리가 임시로 매겨 두었던 파동은 전부 잘못된 것임이 판명되는 것이며, 따라서 하락 추세는 당분간 더 계속될 것임을 알려 주는 신호가 되기도 하는 것이다. 생각해 보라. 새로운 상승세가 시작되려면 최소한 이제까지의 바닥(400선)은 버텨 주어야, 그래도 앞으로 기대해 볼 만한 것이 아니겠는가?

만약 400선이 깨지고, 이제까지의 1번 파동과 2번 파동으로 파동을 매긴 것도 모두 잘못된 것이었음이 판명난 이후에도, 예외 없는 법칙은 없다며 2번 파동이 1번 파동의 출발점 이하로 내려갈 수도 있다고 우기는 만용은 부리지 말기 바란다. 그것은 고집이고 억지에 불과하다. 엘리어트 이론의 절대 불가침의 법칙은 이름 그대로 절대 불가침이며, 어떤 예외도 존재하지 않는다. 만약 1번 파동이라고 생각하여 얼마간 주식을 사 두었는데, 2번 파동이라고 생각되는 파동이 나중에 알고 보니 2번이 아니라는 것이 판명되면, 그 즉시 손절매(stop loss selling)를 통해 손해를 감수하는 용기도 필요하다. 그것은 나중의 더 큰 재앙을 미리 막는 길이기도 하다. 엉성하게 아는 것은 차라리 모르는 것보다도 못하다. 다시 한 번 강조하지만, 2번 파동은 1번 파동의 출발점 이하로 절대로 내려갈 수 없다.

두 번째로 알아 두어야 할 절대 불가침의 법칙은 "3번 파동은 결코 제일 짧은 충격 파동일 수 없다."는 것이다. 우리가 이미 알고 있듯이 엘리어트의 파동은 충격 파동(impulse wave)와 조정 파동(corrective wave)으로 나누어진다. 그리고 충격 파동에 의해서 추세가 어느 한 방향으로 움직여 나가고, 충격 파동의 사이 사이에 조정 파동이 있어서 추세의 움직임이 잠시 쉬어 가는 형태가 되는 것이다.

그런데 충격 파동으로 분류되는 1번 파동과 3번 파동, 그리고 5번 파동의 성격을 우선 생각해 보자. 1번 파동은 추세가 새롭게 시작되는 국면에서 나타나는 파동일 것이고, 5번 파동은 추세의 막바지에 나타나는 파동일 것이다. 반면에 3번 파동은 한창 추세가 힘을 받고 강력하게 움직이는 중간쯤에 나타나는 파동이 된다. 엘리어트의 복잡한 설명을 인용할 것도 없이, 3번 파동이 결코 제일 짧은 파동일 수는 없다는 것도 상식적으로 쉽게 납득할 수 있는 법칙일 것이다. 우리가 경험적으로 판단해 보더라도 추세가 시작될 때, 추세가 한창 진행중일 때, 그리고 추세가 이제 막바지에 이르렀을 때의 세 가지 경우 중에서 추세가 한창 힘을 받아 진행중일 때의 움직임이 다른 두 움직임과 비교해 가장 미약할 것이리라고는 쉽게 상상이 되지 않는다. 대신에 추세가 한창 진행중일 때(3번 파동)의 움직임이 아마도 가장 강력한 움직임이 될 것이라고 여겨지는 것이다.

실제로도 그렇다. 대부분의 경우, 경험적으로 보아 3번 파동이야말로 가장 길고 가장 강력한 파동이 된다. 간혹 추세의 막바지에 주식 시장이 과열되는 경우가 종종 있어서——94년 1월 말 주식 시장의 움직임이, 종합 주가 지수가 1월 27일에 900선을 돌파한 이후 최고점인 974까지 도달하는 데 5일밖에 걸리지 않을 정도로 강력한 상승세가 계속되었다. 물론, 이러한 강력한 5번 파동은 곧 끝나고 다시 지루한 조정 장세가 이어진 것도 이미 알고 있을 것으로 믿는다.——5번 파동의 움직임이 3번 파동의 움직임보다 더 길게 나타나는 경우가 아주 없는 것은 아니다. 하지만 일반적으로 이야기해서, 3번 파동의 움직임이 충격 파동인 1, 3, 5번 파동 중에서는 제일 길게 나타나는 것이 보통이며, 또한 그런 경험을 바탕으로 우리는 파동의 자리 매김을 쉽게 할 수 있는 것이다.

나중에 자세히 이야기하겠지만, 간혹 충격 파동들이 원래의 모습보다 더 길게 나타나는 경우(연장이라고 하며, 7장에서 자세히 다룰 것이다.)가 있다. 이 연장은 1번 파동에서 나타날 수도 있

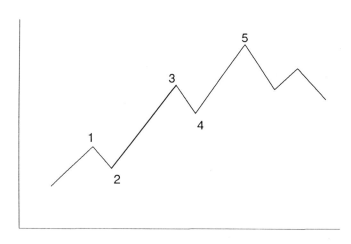

〈그림 4-4〉 엘리어트의 절대 불가침의 법칙(2) : 3번 파동은 세 충격 파동 중에서 일반적으로 가장 길고 강력한 파동으로 나타나며, 간혹 1번이나 5번 파동이 길게 나타나는 경우가 있더라도 세 충격 파동 중에서 제일 짧은 파동으로는 절대로 되지 않는다.

고, 3번 파동에서 나타날 수도 있으며, 또한 5번 파동에서 나타날 수도 물론 있다. 그러나 설령 충격 파동 중의 어느 한 파동이 연장되어 나타나는 경우가 있다고 할지라도 3번 파동이 결코 제일 짧은 파동은 아니라는 법칙은 여전히 유효하다. 또 하나, 사족일지는 모르나 이 법칙은 절대 불가침의 법칙이므로 '예외 없다'라는 말도 강조하고자 한다.

세 번째로 알아 두어야 할 절대 불가침의 법칙은 "4번 파동과 1번 파동은 절대로 겹치지 못한다."는 것이다. 이 법칙은 앞서의 두 법칙과는 달리 우리가 얼핏 상식적으로는 이해할 수 없는 엘리어트만의 독특한 법칙이므로 잘 알아 두어야 한다.

우선 4번 파동과 1번 파동이 겹칠 수 없다는 말은 무슨 말인가? 그것은 4번 파동의 시작과 끝 어느 한 점이라도 1번 파동의 어느 주가와 중복되어서는 안 된다는 말이다. 이렇게 이야기하더라도 얼른 이해하지 못하는 사람들을 위하여 숫자를 가지고 설명해 보자. 앞서의 예를 다시 한 번 들어, 주식 시장이 하락을 거듭하다가 주가 지수 400선을 바닥으로 하여 상승하고, 그 상승 움직임이 500선에서 막힌 이후 다시 하락을 시작한다고 하자. 그런데 다행스럽게도 지수 500을 정점으로 하락하던 움직임이 450선에서 재차 반등을 시도했다고 하자. 또한 450부터의 상승 움직임은 때마침 불어닥친 투자 열기와 맞물려 700선까지 순식간에 상승했다고 가정하자. 그리고 이제 다시 지수 700부터 조정 움직임이 있어 서서히 주가가 하락 국면을 보이고 있다고 하자. 그러면 우리는 자연스럽게 이제까지 알고 있는 엘리어트 이론의 지식을 총동원하여 1번 파동(400에서 500까지의 상승 움직임), 2번 파동(500에서 450까지의 하락 움직임), 3번 파동(450부터 700까지의 상승 움직임)으로 파동을 매길 수 있을 것이다. 그리고 700부터의 하락 움직임은 이제 4번 파동이라고 생각할 수 있다.

그러면 4번 파동과 1번 파동이 겹칠 수 없다는 것은 무슨 말인가? 그것은 종합 주가 지수 700부터의 하락 움직임이 4번 파동으로 인식되기 위해서는 그 하락 과정 중 어느 한 순간이라도 1번 파동(최고 500, 최저 400)의 주가와 중복되어서는 안 된다는 것이다. 즉 4번 파동의 최저점은 결코 1번 파동의 최고점 이하로는 내려갈 수 없다. 앞서의 예를 다시 인용하면, 비록 700에서부터 하락할지라도 그 움직임이 최소한 1번 파동의 최고점인 500선 위에서 끝나야지, 1번 파동의 최고점인 500선마저 뚫고 내려와서는 안 된다는 말이다. 만약 주가 지수 700부터의 하락 움직임이 예상 외로 강력하여 500선마저 돌파하여, 예컨대 490까지 내려와 버렸다면 4번 파동의 주가와 1번 파동의 주가는 서로 중복되는 것이 있게 되는 것이며, 따라서 엘리어트의 절대 불가침의 법칙을 위반하는 결과가 된다.

만약 그런 경우가 생기면 어떻게 하는가? 대단히 유감스러운 사태이긴 하지만 우리가 이제까지 생각했던 1번 파동, 2번 파동, 3번 파동 하는 파동의 자리 매김이 처음부터 모두 엉터리였다라는 결론이 된다.

만일 4번 파동의 최저점이 1번 파동의 최고점 이하로 내려오는 바람에 이제까지의 파동 자리 매김이 모두 엉터리가 되는 경우라면, 우리는 어떻게 행동해야 할까? 두말 할 필요도 없이 과거의 움직임을 다시 들여다보고, 처음부터 찬찬히 1번, 2번 하

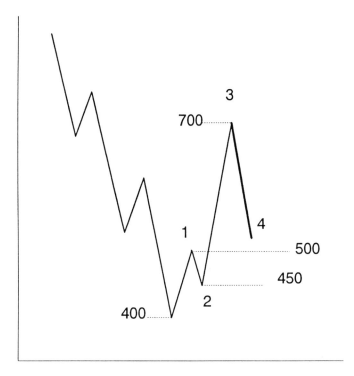

〈그림 4-5〉 엘리어트의 절대 불가침의 법칙(3) : 4번 파동은 절대로
1번 파동과 겹칠 수 없다.

는 식으로 파동의 자리 매김을 해야 할 것이다. 그러나 앞서 2
번 파동이 1번 파동의 출발점을 지나가는 바람에 손절매를 해야
했던 것처럼 지금이라도 손절매를 꼭 해야 하는가 하는 문제가
있다. 우선 결론부터 먼저 이야기한다면 그 대답은 반반이다. 앞
서 2번 파동의 경우에는 백이면 백 모두 손절매를 해야 하는 것
이 마땅하다. 그리고 그것이 보다 큰 손실을 피하는 길인 것도
명백하다. 그러나 이 경우에는 파동의 자리 매김을 잘못한 것이

명백한 일이기는 하지만, 손절매로 주식을 모두 팔아 치우기에는 아직 이르다.

4번 파동으로 생각되던 파동이 1번 파동의 최고점을 뚫고 하락할 경우, 대개 다음과 같은 순서로 거래하는 것이 좋을 것으로 판단된다.

첫째로, 당연한 이야기지만 백지 상태로 돌아가서 이제까지 파동의 자리 매김에 잘못은 없었는지 다시 한 번 살펴본다. 우선 파동을 한 등급 낮은 파동으로 세분해 보는 일이 중요하다. 즉 각각의 파동을 다시 한 등급 낮은 파동으로 세분해 볼 때 과연 1번, 3번 파동은 다섯 개의 작은 파동으로 세분되는지, 아니면 불완전하게 어느 한 파동이 없어진 채로 진행되지는 않았는지, 그리고 2번과 4번 파동은 세 개의 작은 파동으로 세분되고 있는지 다시 한 번 살피도록 한다. 만약 이런 과정에서 오류가 발견되었다면 파동의 자리 매김을 원점에서 새로 할 수 있는 것이다. 이렇게 한 단계 낮은 등급으로 세분해도 잘못이 발견되지 않으면, 우리가 알고 있는 엘리어트의 절대 불가침의 법칙 중에서 어느 하나 위반하고 있는 것이 없는지를 살펴본다. 2번 파동이 1번 파동의 최저점을 지나서까지 진행되었는지, 혹은 3번 파동이 1번 파동과 비교하여 짧게 나타나지는 않았는지를 검토해 본다. 아마도 대부분 이 단계에서 잘못을 발견할 수 있을 것이다.

둘째로, 그래도 잘못을 발견할 수 없는 경우라면 파동이 연장될 가능성이 크다. 아마 여러분은 연장이 무엇이냐고 반문하겠지만, 그것은 나중에 자세히 친절하게 설명할 것이므로 우선은 논의를 잠시 미루도록 하자. 하지만 분명한 것은 이같이 충격 파동이 연장될 경우는 추세가 더욱 강력해진다는 신호이므로 가지고 있는 주식을 미리 팔아 버릴 이유는 없다.

셋째로, 바로 앞에서 파동이 연장될 가능성이 크다고 이야기하였으나 이 경우에는 한 가지의 조건이 따른다. 그것은 주식 가격이 하락하더라도 최소한 2번 파동으로 생각되던 움직임의 최저점은 버텨 주어야 한다는 전제이다. 위의 예를 새삼 반복하면 700부터의 하락 움직임이 500선을 뚫고 내려오더라도 최소한 450(2번 파동이라고 생각되는 파동의 최저점) 수준은 지지되어야 한다는 것이다. 이것은 순수한 엘리어트 이론과는 다소 다른 이야기긴 하지만 450선을 지지선으로 볼 수 있다는 것이며, 또한 450선마저 붕괴되었다는 것은 이제는 그만큼 주식의 상승 희망이 엷어졌다는 것을 의미하기 때문이다.

4번 파동의 법칙

이제까지 우리는 엘리어트 이론 중에서 예외란 결코 있을 수 없는 절대 불가침의 법칙을 살펴보았다. 예외가 있을 수 없고, 또한 엄격하게 적용되기 때문에 파동을 매길 때에 좋은 참고가 된다는 것도 변함없는 사실이다. 그러나 지금부터 다룰 4번 파동의 법칙을 비롯한 몇 가지 법칙들은 '법칙'이라고 부르기엔 그 엄격함의 정도가 조금 약한 것들이다. 그래서 차라리 법칙이기보다는 '준칙(guideline)'이라고 하는 편이 정확한 표현일지 모른다. 그러나 법칙이든 준칙이든 알아 두면 두고 두고 도움이 되는 것이므로, 예외가 조금 있다고 하여 미리부터 무시할 수는 없는 일 아닌가?

4번 파동의 법칙이란, 조정 파동으로 진행되는 4번 파동이 끝나는 지점을 미리 알아볼 수 있다는 경험에서 나온 법칙이다. 즉 4번 파동은 바로 앞에서 끝난 3번 파동을 다시 한 등급 낮은 5개의 작은 파동으로 세분해 볼 때, 작은 파동 중 4번째의 파동과 일치하는 경향을 보인다는 것이 4번 파동의 법칙이다. 이것을 그림으로 나타낸 것이 〈그림 4-6〉이다.

그림에서 보는 것처럼 3번 파동은 (1)번 파동, (2)번 파동, (3)번 파동, (4)번 파동, 그리고 (5)번 파동의 한 등급 낮은 5개의 파동으로 세분할 수 있는데, 이 중에서 (4)번 파동의 끝과 3번 파동 이후에 나타나는 4번 파동이 서로 일치하는 경향이 많다는 것이다. 그러므로 앞서 진행된 3번 파동을 한 단계 낮은 파동으로 정확하게 세분할 수만 있다면, 4번 파동이 언제쯤 끝날 것인지 미리 알아볼 수 있게 된다. 또한 4번 파동은 다른 방법으로도 언제쯤 파동이 완성될 것인지 알아볼 수 있는 길이 있다. 일반적으로 전형적인 4번 파동은 3번 파동을 피보나치 숫자인 38.2%만큼 되돌림(retracement)한다. 그러므로 4번 파동이 3번 파동 안의 한 단계 낮은 파동인 네 번째 파동과 일치하고, 동시에 그 수준이 3번 파동을 38.2% 되돌린 수준으로 결정된다면 이것을 전형적인 4번 파동이라고 말할 수 있게 되는 것이다.

앞서 우리가 살펴본 엘리어트의 절대 불가침의 법칙이 파동을 매길 때에 아주 중요하게 이용된다고 한다면(파동을 올바로 매기는 방법에 대해서는 뒷 장에서 다시 자세히 설명하므로 너무 조급하게 생각하여 보채지 말 것), 4번 파동의 법칙은 실전적으로 우리가 주식 거래를 하는 데에 유용하게 이용할 수 있다. 예를 들어 현재 진행되고 있는 주가의 조정 국면이 3번 파동을 거치면서 급격하게 상승한 이후에 진행되는 4번 파동이라는 것을 우리가 알고 있다면 앞날을 점치는 일은 간단하다. 즉 첫째로 현재의 조정 움직임은 앞서의 3번 파동 안의 네 번째 파동이 끝났던 수준에서

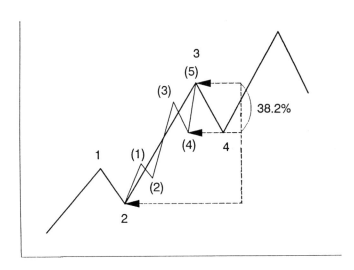

〈그림 4-6〉 4번 파동의 법칙 : 4번 파동의 마지막은 바로 직전에서 진행된 3번 파동 안의 한 등급 낮은 파동인 작은 네 번째 파동의 마지막과 일치하는 경향이 많다. 또한 4번 파동은 3번 파동을 38.2%만큼 되돌리는 것이 전형적인 것으로 간주된다. 따라서, 이러한 두 가지 특징이 동시에 나타난다면 4번 파동의 끝을 예측하는 데 신뢰도를 높일 수 있다.

그칠 가능성이 크다는 사실을 우리는 알 수 있을 것이고, 둘째로 만약 3번 파동 안의 네 번째 파동이 3번 파동을 38.2% 되돌리는 수준에서 끝났다면 더 더욱 4번 파동이 그 수준에서 끝날 확률이 높다는 것, 그리고 셋째로 언제가 될지는 아직 알 수 없으나 4번 파동이 끝나고 나면 5번 파동이 이어질 것은 확실하므로 다시 한 번 3번 파동과 같은 강력한 추세가 이어질 것이 명백한 것이다.

일반적으로 사람들은 주식의 가격이 상승하는 국면에서는 끝없이 상승할 것만 같은 착각에 빠져서 아무리 높은 가격을 지불하더라도 매입하고만 싶어하고, 또한 주가가 하락할 때에는 바닥을 모르고 떨어질 것만 같은 환상에 사로잡혀서는 헐값에라도 팔아 버리고자 한다. 우리가 주식 투자를 하는 궁극적인 목표는 싸게 사서 그것은 비싸게 파는(buy low and sell high) 행위를 통해서 얼마간의 이익을 챙기려는 데 있다. 그런데 앞서의 예와 같이 시장의 움직임에만 현혹되어서 주식이 상승 추세를 보일 때에는 좀 비싸더라도 매입하고, 그리고 주식이 좀 하락하는 분위기다 싶으면 좀 싼 값에라도 내다 팔아 버리고 한다면(buy high and sell low), 주식 거래를 아무리 활발하게 한다 하더라도 증권회사의 수수료 수입만 늘려 줄 뿐이지, 우리에게 돌아오는 이익은 아무것도 남지 않을 것이다. 아마도 이것이 통상 우리 주위에서 보는 일반 투자자들의 실상일 것이다. 그러므로 시장의 분위기와 자신의 감(feeling)만으로 거래를 하는 사람들은 잘 하면 본전이요, 설령 이익을 얻는다 하더라도 시장의 평균 수익률과는 동떨어지는 소액의 투자 수익만을 얻기가 십상이다. 우리가 혼히 신문 지상에서 접할 수 있듯이 큰 투자 수익을 올리는 사람은 따로 있고, 대부분의 일반 투자자들은 시장 수익률의 절반 정도밖에 투자 수익을 올리지 못하는 이유가 바로 여기에 있는 것이다.

그러나 우리가 엘리어트 이론을 잘 알게 되면 양상은 달라질 수 있다. 엘리어트 이론을 신봉하는 사람들은 그 이론이 마치 주식 시장의 갈 길을 일러 주는 지도와 같은 존재라고까지 이야기한다. 우리가 낯선 곳에 차를 몰고 갈 때에 목적지까지 물어 물어 찾아 가기보다는 지도를 참고하면 훨씬 쉬울 뿐더러 길 잃을 염려도 없는 것처럼, 엘리어트 이론에서 이야기하는 파동들을 하나 하나 매겨 나가기만 한다면 지금 진행되는 주식 시장의 흐름이 1번 파동에서 또는 c파동 중에서 어떤 파동을 형성하고 있는지, 그리고 앞으로 예상되는 주식 시장의 움직임은 무엇인지 손금 들여다 보듯 쉽게 파악할 수 있다는 의미이다.

사설은 대충 이 정도로 해 두고 다시 실전으로 돌아가 보자. 만약 현재의 주식 시장이 엘리어트의 이론상 4번째의 파동에 해당된다고 한다면, 어떤 거래 전략을 세우는 것이 합당할 것인지? 우선 엘리어트 이론을 모르는 일반 투자자들은 어떤 거래를 할 것인지 생각해 보자. 아마도 이들은 바로 직전에서 진행되던 3번 파동의 급격한 상승 추세에 현혹되어 앞으로도 주가는 더 상승하리라는 믿음을 가지고 3번 파동의 막바지에 주식을 과감하게 매입했을 것임에 틀림없다. 그러나 자신들의 생각과는 달리 주가가 슬금슬금 하락하는 국면에 처한다면 손실을 조금이라도 줄여야겠다는 생각에서 3번 파동의 막바지에 비싼 가격으로 매입한 주식을 손절매(stop loss selling)할 것이다. 이렇게 해서는 절대로 성공하지 못한다. 그러면 엘리어트 이론을 이용한다면 어떻게 하는 것이 최선일까? 엘리어트 이론을 익히 알고 있는 투자자라 할지라도 3번 파동이 좀더 지속될 것으로 생각하여 3번 파동의 막바지에 주식을 매입할 수 있다. 그러나 만약 우리가 지금 처한 시장의 상황이 4번 파동이라는 것을 확신한다면, 3번 파동이 진행중일 때에 매입한 주식을 4번 파동중에 매도하는 것은 어리석은 일이다. 우리는 4번 파동이 언젠가 끝나고 나면 다시 한 번 주가가 상승하는 국면이 되는 5번 파동이 기다리고 있음을 알고 있다. 그러므로 5번 파동까지 느긋하게 기다리지 못하고 4번 파동에서 조급하게 팔아 버리는 것은 바보짓이라는 이야기다. 예컨대, 가장 손쉬운 전략은 5번 파동을 기대하면서 4번 파동이 끝나기를 기다리는 방법이다. 그러나 보다 적극적이고 공격적인 사고 방식을 가진다면, 비록 주가가 하락하고 있는 4번 파동일지라도 오히려 매입의 기회를 엿보는 것이 더 바람직하다고 하겠다. 앞서 설명한 4번 파동의 법칙에서 우리는 4번 파동이 어느 정도 수준까지 진행될 것인지, 3번 파동을 한 등급 낮은 파동으로 세분하는 방법을 통해 미리 알아볼 수 있다. 그러므로 만약 주가가 4번 파동의 법칙에서 이야기하는 수준(직전의 3번 파동 안의 네 번째 파동이 끝난 수준)까지 하락한다면 적극적으로 추가 매입에 나서는 것도 충분히 고려해 볼 가치가 있는 전략이라고 하겠다.

파동 변화의 법칙

엘리어트의 파동 변화의 법칙이란, 문자 그대로 파동들은 서로 변화하면서 나타난다는 말이다. 예를 들면, 5개의 파동으로 구성되는 상승 국면이 끝나면 이전의 파동과는 '다른' 3개의 파동으로 구성되는 하락 국면이 나타나고, 그리고 또다시 5개의 파동으로 구성되는 상승 국면이 제각각 변화하면서 나타난다는 것이다. 시야를 조금 좁게 보면, 충격 파동인 1번 파동이 끝나면 조정 파동인 2번 파동이 나타나고, 또 2번 파동이 끝나면 다시 충격 파동인 3번 파동이 나타난다는 식으로도 설명할 수 있다. 엘리어트에 따르면 "모양, 균형, 조화, 그리고 변화가 바로 자연의 법칙인데, 이 법칙들은 절대 불가침이다(Form, balance, symmetry and alternation are a law of nature and are inviolate)."라고 하였다. 잠시 고개를 들어 우리를 둘러싸고 있는 삼라만상의 현상을 살펴보자. 변화의 법칙이 적용되는 것은 우리 주위에서도 수없이 찾아볼 수 있다. 예를 들어 나뭇잎은 가지의 이쪽 저쪽으로 번갈아가며 위치를 '변화'하여 돋아나며, 봄이 지나면 여름이 오고 여름이 지나면 가을이 찾아 온다. 그리고 낮이 저물면 밤이 되는 것은 명백한 이치이며, 풍년이 든 다음에는 흉년이 찾아 들기 마련이다. 음이 있으면 양이 있고, 상승 추세가 있다면 하락 추세가 뒤따르는 것은 당연한 것이다.

엘리어트의 다섯 개의 파동 안에서도 변화의 법칙은 존재한다. 1번, 3번, 5번 파동은 상승 추세이며, 그 사이에 위치한 2번 파동과 4번 파동은 하락 추세를 나타낸다. 또한 a, b, c 파동에 있어서도 a 파동과 c 파동은 하락 추세를 보이는 반면에, 그 사이에 들어 있는 b 파동은 상승 추세를 나타내는 것이다. 상승 추세 다음에는 하락 추세가 '변화'하여 나타나기 마련이며, 홀수 번호의 파동 다음에는 짝수 번호의 파동이 또다시 '변화'하여 나타난다는 것도 우리는 알고 있다.

위에서 설명한 것들은 너무나도 명백하여 '법칙'이라고 이름 붙이기조차 쑥스러운 것이다. 그러나 정작 엘리어트의 파동 변화의 법칙의 진가는 다른 데서 나타난다. 엘리어트는 그의 책 '자연의 법칙(The Nature's Law)'에서, 조정 파동의 경우 파동 변화의 법칙이 명확하게 드러난다고 하였다. 즉 2번 파동과 4번 파동은 각각 조정 파동인데, 이 두 파동은 패턴과 구성이 서로 '변화'되어 나타난다고 하였다.

보다 구체적으로 말한다면, 2번 파동이 지그재그(zig zag)로 나타났다면 4번 파동은 플랫(flat)이나 삼각형(triangle)으로 나타나기 마련이며, 그 반대의 경우도 성립한다는 것이다. 또한 만약 2번 파동이 단순한 형태(simple form)로 형성되었다면 4번 파동은 복잡한 형태(complex form)로 나타난다는 것이다. 물론 여기서도 그 반대의 경우가 성립한다.

이것을 그림으로 나타낸 것이 〈그림 4-7〉과 〈그림 4-8〉이다. 플랫, 지그재그, 그리고 삼각형에 대해서는 나중에 두고 두고 자세히 설명할 것이다. 그러나 여기서 간단히라도 각각의 개념만을 먼저 이야기한다면, 〈그림 4-7〉의 왼쪽 그림에서 2번 파동 또는 오른쪽 그림의 4번 파동이 플랫(flat)이다. 즉 그림에서와 같이 a, b, c 세 파동의 크기가 서로 엇비슷하게 형성되는 것이 플랫이다. 그런데 그림을 보면 알겠지만, 플랫에서는 a파동이 시작되는 수준과 b파동이 끝나는 수준이 서로 비슷하게 결정되며, 또한 a파동이 끝나는 수준과 c파동이 끝나는 수준도 서로 비슷하게 나타난다. 그러므로 플랫의 형태에서는 일반적으로 주가는 일정한 범위 안에서 약 보합 국면을 나타내는 조정을 보이게 된다. 그리고 다시 〈그림 4-7〉로 돌아가서 〈그림 4-7〉의 왼쪽 그림에서의 4번 파동 또는 오른쪽 그림의 2번 파동이 지그재그(zig

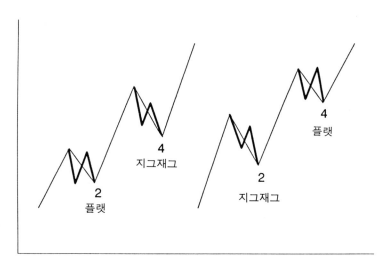

〈그림 4-7〉 파동 변화의 법칙(1) : 각각 조정 파동으로 나타나는 2번 파동과 4번 파동의 경우에도 두 파동은 서로 '변화' 된 형태로 진행된다. 즉 2번 파동이 플랫의 형태로 나타나면 4번 파동은 지그재그로 나타날 가능성이 높고, 반대로 2번 파동이 지그재그로 나타났다면 4번 파동은 플랫이나 삼각형이 될 확률이 높게 된다.

zag)이다. 그림에서 알 수 있듯이 플랫의 형태로 나타나는 조정 파동이 비교적 완만한 약 보합 국면을 나타내는 것에 반하여, 지그재그로 나타나는 조정 파동은 상대적으로 급격한 하락세를 보이고 있다. 앞서의 플랫에서는 a, b, c 파동의 크기가 서로 엇비슷하게 나타나는데, 지그재그에서는 a파동이 강력한 하락 추세를 나타내는 것에 반해 b파동은 미약한 상승세로 그치고 다시 강력한 하락세를 보이는 c파동이 뒤를 잇게 되어 전체적으로 크게 하락한 형태가 되는 것이다. 마지막으로 삼각형(triangle)은 통상 우리가 알고 있는 패턴인 삼각형 패턴과 크게 다를 바 없으므로 여기서는 설명을 생략하고 뒤에서 자세히 다루고자 한다.

그러면 이제는, 조정 파동에서 복잡한 구성은 무엇이고 단순한 구성은 또 무엇인가를 설명할 순서이다. 다시 그림으로 돌아가서 〈그림 4-8〉을 참고하기 바란다. 복잡한 구성(complex form)이란 〈그림 4-8〉의 2번 파동처럼 a, b, c 파동이 한 번으로 끝나는 것이 아니라 두 개 이상의 a, b, c 파동이 서로 결합된 꼴로 구성되는 것을 말한다. 단순한 구성(simple form)이란 두말 할 것도 없이 하나의 a, b, c 파동으로 조정 파동이 끝나는 것이다.

지그재그가 무엇이고 플랫이란 어떤 것인지, 그리고 복잡한 구성이란 어떻게 구성된 것을 말하며, 단순한 구성은 어떤 구성을 의미하는지, 여기서는 설명을 이 정도로 해 두고자 한다. 이 개념은 뒷 장에서 자세히 설명할 것이므로 지금 확실하게 모른다고 하여 크게 걱정할 것은 아니다. 그러나 여기서 반드시 알아 두어야 할 일이라면, 파동은 서로 변화하며 나타난다는 법칙이다.

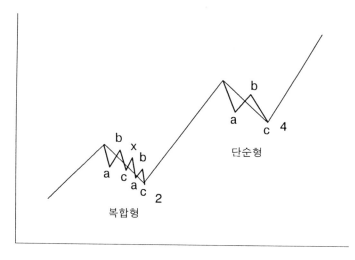

〈그림 4-8〉 파동 변화의 법칙(2) : 2번 파동과 4번 파동은 그 형태뿐만이 아니라 구성상에서도 서로 변화한다. 즉 2번 파동이 단순한 구성으로 진행되었다면 4번 파동은 복잡한 구성을 나타내는 것이 일반적인 현상이 되며, 반대로 2번 파동이 복잡한 구성을 보였다면 4번 파동은 단순한 구성으로 진행될 가능성이 아주 높은 것이다.

조금 복잡한 이야기가 될지 모르지만 파동 변화의 법칙은 엘리어트 파동 이론의 도처에서 발견된다. 예를 들어 2번 파동과 4번 파동이 서로 변화하여 나타나는 것과 마찬가지의 원리로 a, b, c 파동에서 a파동과 b파동 또한 서로 변화된 형태로 나타나는 것이다. 그런데 이 경우에서 a파동과 b파동이 서로 변화된 꼴은 파동의 등급이 높을 경우에만 쉽게 찾아볼 수 있다. 한 파동의 진행 사이클이 몇 시간에 그치는 미세 사이클의 경우에는

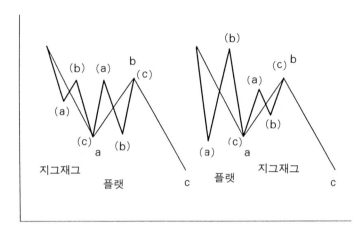

〈그림 4-9〉 파동 변화의 법칙(3) : a파동이 지그재그로 나타나면 b파동은 뒤집은 플랫의 형태를 띠게 되며, 반대로 a파동이 플랫의 형태로 진행되었다면 b파동은 뒤집은 지그재그의 형태로 나타날 가능성이 높다.

a파동과 b파동이 서로 변화하는 모습이 쉽게 눈에 들어오지 않지만(물론 이 경우에도 우리 눈에 쉽게 보이지 않을 따름이지 서로 변화하는 것은 물론이다.), 1번 파동에서 마지막 c파동까지 걸리는 시간이 몇 달 혹은 몇 년씩 걸리는 장기 사이클의 경우라면 a파동과 b파동이 변화하는 모습을 쉽게 찾아볼 수 있다는 말이다. 구체적으로 설명해 보도록 하자. 우리는 앞서 파동을 한 등급 낮은 파동으로 세분하는 방법을 알고 있다. 그러므로 a파동은 한 등급 낮은 파동으로 세분할 수 있으며, 마찬가지로 b파동 또한 한 등급 낮은 파동들로 세분할 수 있다. 그런데 한 등급 낮은 파

동으로 세분되는 모양을 살펴보면, a파동은 그 자체로도 지그재 그나 플랫의 형태를 띨 수 있고, 마찬가지의 원리로 b파동 또한 자체적으로 플랫이나 지그재그의 형태를 띠게 된다. 이 때 적용 되는 파동 변화의 법칙은 다음의 말로 요약된다. 즉 a파동이 플 랫의 형태로 나타나게 되면 b파동은 거꾸로 뒤집은 지그재그 (inverted zia zag : 우리가 알고 있는 지그재그 패턴의 반대꼴, 즉 상승 추세를 나타내는 지그재그)의 형태로 나타나게 되는 것이 일반적 이며, 반대로 a파동이 지그재그의 형태로 나타났다면 그 다음에 이어질 b파동은 파동 변화의 법칙에 따라 거꾸로 뒤집은 플랫 (inverted flat)이 될 공산이 크다는 것이다.

또한 파동 변화의 법칙은 조정 파동뿐만이 아니라 충격 파동 의 경우에도 똑같이 적용된다. 충격 파동인 1번, 3번, 그리고 5 번 파동은 세 파동이 서로 같은 형태로 나타나기보다는 어느 한 충격 파동이 다른 두 개의 충격 파동과는 다르게(변화하여) 나타 난다는 말이다. 특히 충격 파동의 경우에는 파동이 연장될 때에 파동 변화의 법칙이 잘 적용된다. 즉 1번 파동이나 3번 파동이 연장되지 않고 진행되었다면 5번 파동은 이들 두 충격 파동과는 다른 모습으로 진행되어야 하므로 연장될 가능성이 아주 크며, 반대로 1번 파동이나 3번 파동 중 어느 한 파동이 이미 연장의 형태를 거쳐서 진행되었다면 5번 파동은 결코 연장되어서는 안 된다는 말이다.

여기서 다시 파동의 연장(extension)이라는 새로운 개념이 나오 는데, 나중에 설명은 자세히 하더라도 우선 개념만이라도 알아 보자. 파동이 연장된다는 말은 충격 파동 중의 어느 한 파동의 움직임이 워낙 강력하여 한 충격 파동 안에 다시 완전한 형태의 다섯 개의 파동이 존재하는 것을 말한다. 이것은 앞서 우리가 다루었던 파동의 세분이라는 개념과는 조금 다르다. 즉 우리가 파동을 세분하였을 때에는 각각의 파동을 한 등급 낮은 파동으로 세분하였었다. 그러나 파동이 연장되었다는 말은 한 파동 안에 나머지 4개의 파동과 같은 등급의 파동이 형성되고 있음을 의미한다. 그러므로 파동이 연장된 경우라면 1번 파동에서 5번 파동까지의 파동이 모두 다섯 개의 파동으로 구성되는 것이 아니라, 모두 9개의 같은 등급의 파동으로 구성되고 있음을 말하는 것이

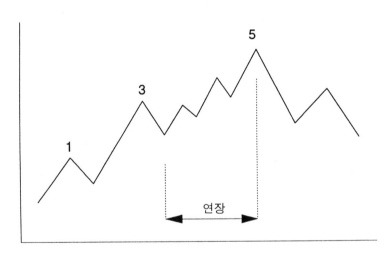

〈그림 4-10〉 파동 변화의 법칙(4) : 충격 파동의 경우에도 파동 변화의 법칙은 성립한다. 만약 1번이나 3번 파동이 연장되지 않았다면 5번 파동이 연장될 가능성은 매우 높으며, 반대로 1번이나 3번 파동 중 어느 하나라도 연장되었다면 5번 파동은 결코 연장될 수 없는 것이다.

다. 여기서 한 가지 덧붙일 것은, 조정 파동은 결코 연장되지 않는다는 사실이다. 즉 2번 파동이나 4번 파동은 그 움직임이 아무리 강력하다 할지라도 결코 연장될 수는 없으며, 또한 a, b, c 파동들도 넓은 의미로 조정 파동에 속하므로 연장될 수 없다. 또하나 주의해야 할 것은 1번, 3번, 5번 파동의 세 충격 파동 중에서 어느 하나라도 연장되면 나머지 충격 파동들은 연장되지 않는다는 것이다. 예를 들어 1번 파동이 연장의 형태로 나타났다면 앞으로 진행될 3번이나 5번 파동은 절대로 연장되어서는 안된다.

그런데 우리가 이제까지 이렇게 열심히 살펴본 파동 변화의 법칙이라는 것도 반드시 전지전능한 법칙은 아니라는 데에 문제가있다. 엘리어트 사후, 엘리어트의 이론을 세상에 널리 알리는 데에 결정적인 공헌을 한 바 있는 해밀튼 볼턴(Hamilton Bolton)은그의 책 '엘리어트 파동 이론——비판적 평가(Elliott Wave Principle——A critical appraisal)'에서 "나(볼턴)는 엘리어트의 파동 변화의 법칙이 모든 파동에 필연적으로 적용되어야 한다고는 생각하지 않는다. 그러나 파동 변화의 법칙이 적용되는 실례를 주가의 움직임 중에서 충분히 찾아볼 수 있으므로 파동 변화의 법칙은 알아 둘 가치를 지닌다."라고 하였다. 나도 볼턴의 견해에 전적으로 동감하는 편이다. 사실 이제까지 나는 엘리어트의 이론을 설명하면서 엘리어트 이론에는 큰 예외란 존재하지 않으며, 모든 파동들이 마치 기계적으로 형성되는 것처럼 설명을 진행해왔다. 그것은 설명의 편의를 위한 것도 있었지만, 처음 엘리어트이론을 접하는 사람들에게 너무 예외나 비정상적인 것을 강조하여 혼란만을 가져다 주고 싶지 않았기 때문이기도 하다. 그러나 현실로 돌아가서 생각해 본다면, 우리가 매일 접하는 주식 시장의 움직임을 엘리어트의 이론으로 설명하려면 수많은 예외를 인정해야 한다는 사실을 부인하기 어렵다. 그러므로 엘리어트 이론을 정확히 파악하지 못하는 수많은 사람들이 엘리어트 이론이 수많은 예외 때문에 어렵다거나 이해하기 힘들다라는 불평을 하는 것도 다 이런 이유 때문이기도 하다. 그러나 좋게 이야기한다면 수많은 예외가 존재한다는 점이 바로 엘리어트 이론의 장점이 될 수도 있다. 우리가 살아가는 세상에는 '필연'이란 존재하지 않는다. 더구나 서로 다른 생각과 서로 다른 환경 속에서 살아가는 수많은 사람들로 이루어지는 주식 시장의 경우에는 교조적인 '확고 부동'한 필연이 존재할 수 없음은 두말 할 필요도 없을 것이다. 만약 엘리어트 이론에 아무런 예외도 인정되지 않는다면 우리는 엘리어트 이론을 가지고 어떻게 '토라지기 쉬운 사춘기 소녀'같은 주식 시장의 움직임을 설명하겠는가? 예외가 없이 필연만을 강조한다면 엘리어트 이론은 억지로 꿰맞추는 이론에 불과할 것이 아닌가? 역설적으로 말해서 엘리어트 이론의 가장 큰 장점은 바로 예외가 존재한다는 점에 있으며, 바로 이러한 예외들을 인정한다는 것은 그만큼 그 이론의 융통성을 의미하는 것이 된다.

　그러나 어떤 경우라도 이것 하나만은 명심하자. 아무리 엘리어트 이론이 예외를 인정한다고 하더라도 엘리어트의 절대 불가침의 법칙에는 결코 예외가 있을 수 없다. 엘리어트의 절대 불가침의 법칙은 엘리어트 이론을 떠받치는 근간이며, 이 법칙이

흔들려서는 아무것도 안 된다.

파동 균등의 법칙

파동 균등(wave equality)의 법칙이란 충격 파동인 1번 파동, 3번 파동, 5번 파동 중에서 두 파동은 서로 균등하게 나타나는 경향이 있다는 법칙이다. 다시 말해서 두 개의 충격 파동은 그 진행하는 기간이나 움직임의 거리가 서로 비슷하게 나타난다는 것이다. 바로 앞 장에서 파동은 서로 변화한다고 잔뜩 설명해 놓고서는 이제 와서 두 파동이 서로 균등하게 나타난다니, 두 법칙 간에 서로 모순이 있는 것이 아닌가 하고 생각하는 사람이 있을지도 모르나, 파동 변화의 법칙과 파동 균등의 법칙은 결코 서로 모순되지 않는다.

앞서 우리는 파동 변화의 법칙에 따라 세 개의 충격 파동 중에서 어느 한 개의 충격 파동이 연장될 수 있다고 했다. 그리고 반드시 한 개의 충격 파동만이 연장되어야지, 두 개 혹은 세 개의 충격 파동이 모두 연장되는 법은 없다고 했다. 그러므로 만약 한 개의 충격 파동이 연장되었다면 이 파동은 나머지 남은 두 개의 충격 파동과는 다르게 나타난 셈이므로 파동 변화의 법칙은 여전히 들어맞는 셈이다.

이 때 파동 균등의 법칙은, 연장되지 않고 남은 두 충격 파동 사이에 적용되는 법칙이다. 만약 3번 파동이 연장된 형태로 나타났다면 앞으로 진행될 또 하나의 충격 파동인 5번 파동은 절대로 연장되어서는 안 된다. 그리고 바로 여기서 파동 균등의 법칙이 성립하는 것이다. 즉 연장되지 않은 형태로 진행되었던 1번 파동과 앞으로 연장되지 않을 것이 분명한 5번 파동이, 서로 형성되는 기간이나 움직임의 거리에서 비슷하게 나타난다는 것이다. 이것을 이용한다면 3번 파동이 지나가고 4번 파동을 통한 조정 움직임이 끝난 이후, 앞으로 전개될 5번 파동의 움직임을 미리 알아볼 수 있다는 결론이 된다. 예를 들어 1번 파동이 형성되는 데 3개월 가량 소요되었고 주가 지수 400에서 출발하여 500까지 100포인트 움직였던 것으로 확인된다면, 3번 파동과 4번 파동이 각각 마무리된 이후 나타날 5번 파동도 역시 형성되는 데 약 3개월이 소요될 것이고 상승 움직임도 100포인트 정도일 것이라는 예측이 가능하게 되는 것이다.

그런데 어떤 경우에는 5번 파동의 움직임이 미미하여 1번 파동의 움직임에 채 못 미친 상태로 끝나 버리는 경우도 있을 수 있다. 즉 1번 파동은 100포인트 상승하는 움직임을 나타낸 데 비하여, 5번 파동에서의 상승 움직임이 채 100포인트에 못 미치는 경우도 있다는 이야기다. 이 때에는 앞서 우리가 살펴보았던 피보나치 숫자인 61.8%가 적용된다. 만약 5번 파동의 움직임이 1번 파동의 움직임에 못 미치더라도 최소한 1번 파동의 상승 움직임의 61.8%인 61.8포인트는 상승한다는 말이다.

나중에 연장을 설명할 때에 다시 부연하겠지만, 세 개의 충격 파동 어떤 것이나 연장될 수 있다. 1번 파동이 연장되어 버릴 수도 있고, 1번 파동은 단순한 형태로 지나간 뒤에 3번 파동의 움직임이 강력해져서 연장의 꼴로 나타날 수도 있으며, 또한 1번

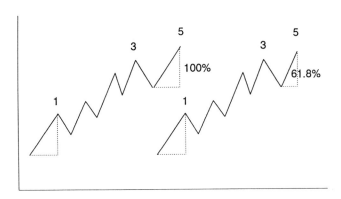

〈그림 4-11〉 파동 균등의 법칙 : 파동 균등의 법칙은 두 충격 파동의 길이와 크기가 비슷하게 나타난다는 법칙이다. 이 법칙은 특히 3번 파동이 연장될 경우 잘 들어맞는데, 1번 파동의 길이와 비슷하게 5번 파동이 형성되는 경우가 많다. 또한 5번 파동의 움직임이 1번 파동에 못 미치는 때가 있더라도, 1번 파동과는 최소한 피보나치 수열인 61.8%의 관계는 가진다.

파동과 3번 파동은 그대로 지나간 다음 5번 파동에 와서 갑자기 주가의 상승 움직임이 급격해지면서 연장된 형태로 나타날 수 있기 때문이다. 그런데 파동 균등의 법칙은 다른 어느 경우보다도 특히 3번 파동이 연장되는 꼴로 나타날 경우, 앞서 설명한 바와 마찬가지로 5번 파동의 최고점을 예측하는 데에 아주 유용하게 이용할 수 있다. 왜냐 하면, 현실적으로 1번 파동이 연장되는 일은 아주 드물게 나타나는데다, 1번 파동이 연장된 다음에는 나머지 3번 파동과 5번 파동의 관계에서 파동 균등의 법칙이 엄격히 적용되는 것을 보기 힘들기 때문이다. 그리고 또 덧붙여서, 1번 파동과 3번 파동이 각각 연장되지 않은 형태로 진행되어 5번 파동이 연장될 가능성이 높은 경우라면 1번 파동과 3번 파동 간의 관계에서 파동 균등의 법칙을 뒤늦게 발견할 수는 있을지언정, 5번 파동과 나머지 1번이나 3번 파동과는 파동 균등의 법칙이 성립하지 않으므로 5번 파동의 마지막을 예측하는 데 앞서의 파동들이 아무런 도움이 되지 못하기 때문이다.

끝으로, 다시 한 번 반복하지만 파동 균등의 법칙 또한 파동 변화의 법칙과 마찬가지로 절대 불변의 법칙은 아니다. 그러므로 이 법칙을 이용하여 5번 파동이 끝나는 지점을 예측할 때, 파동 균등의 법칙을 기계적으로 적용할 경우 무리가 따른다는 점을 잊어서는 안 된다.

제5장
각 파동의 특징

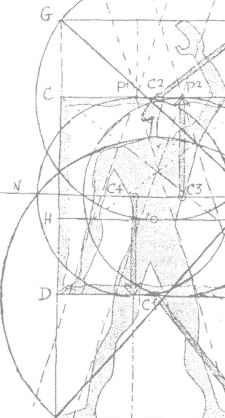

짧은 읽을거리

복덕방과 증권 회사

　누구나 한 번쯤은 복덕방에 가 본 경험이 있을 것이다. 이 사람들은 어떤 일로 수입을 올리는가? 여러분들도 잘 알다시피 복덕방이란, 집을 사는 사람과 파는 사람과의 거래를 성사시켜 주고는 거래의 수수료를 받는 일을 주된 사업으로 한다. 영어로 말하자면 브로커(broker) 역할을 하는 것이다. 물론, 규모가 큰 일부(악덕) 복덕방은 자기들이 돈을 투자하여 집이나 땅 같은 부동산을 미리 사 두었다가 거기에 프리미엄을 얹어 되파는 일로 수익을 올리기도 하지만, 대부분의(선량한) 복덕방들은 단지 매매의 중개 수수료에만 의존하고 있다. 그러므로 부동산을 거래할 때 복덕방만 전적으로 믿는 것은 어리석은 일이다. 이들은 어떡하든지 거래를 성사시켜야 하므로, 집을 사려는 사람에게는 앞으로 집 값이 더 오를 것이라고 은근히 서두를 것을 권유하고, 반대로 집을 팔려는 사람에게는 앞으로 집 값이 더 떨어질 것이라고 겁을 주기도 한다.

복덕방과 우리 나라의 증권 회사를 서로 같은 격이라고 비유하는 것은 증권 회사에 다니시는 분들에게 실례가 되는 발언일지도 모르지만, 사실이 그런 걸 어쩌겠는가. 증권 회사란 기본적으로 주식 거래를 중개해 주고 그 수수료로 수입을 올리는 일을 주종으로 하는 기관이다. 따라서, 증권 회사도 복덕방과 마찬가지의 브로커에 불과한 것이다. 우리 나라에서는 '브로커'라는 단어의 뉘앙스가 워낙 '악덕, 악질'이라는 의미를 은연중 담고 있으므로 우리들이 잘 쓰지 않지만, 이 단어는 좋은 의미도 아니고 그렇다고 나쁜 의미도 아닌 그냥 '거래를 중개해 주는 사람'일 따름이다.

증권 회사는 복덕방이나 마찬가지로 거래를 중개하는 사람들이다. 극단적으로 말하자면, 이 사람들은 매입하는 사람이 돈을 벌건, 매도하는 사람이 돈을 벌건 상관하지 않는다. 이 사람들이 바라는 바는 오직 거래만 활발하게 되고, 이에 따른 수수료 수입만 늘어나면 그뿐이다. 그런데 우리 나라 증권 시장에 투자하는 일반 투자자들 중에는 증권 회사의 본질을 정확하게 파악하지 못하고 있는 사람이 많은 것 같다. 증권 회사의 직원이 사라고 하면 사고, 팔라면 파는 사람도 많을뿐더러, 어떤 사람들은 아예 증권 회사 직원에게 돈을 송두리째 맡기고는 '알아서' 투자하도록 방임하기까지 한다.

사람들이 왜 증권 회사 직원의 말을 무턱대고 잘 믿는지 이해할 수가 없다. 물론 고객이 증권 투자에서 손해를 보도록 일부러 조언하는 증권 회사 직원은 한 사람도 없을 것이다. 하지만 본질적으로 그 사람들은 '수수료 수입 실적'에 쫓기는 브로커들이 아닌가?

자신의 일은 자신이 알아서 결정해야 한다. 더구나 '증권 투자는 자신의 책임으로'라는 표어도 있지 않은가? 실적에 매인 나머지, 무턱대고 고수익을 장담하며 고객의 투자를 대신해 주겠다는 증권 회사 직원도 있어서는 안 되겠지만, 그 말을 곧이곧대로 믿는 어리석은 투자자들도 있어서는 안 될 것이다.

1번 파동

지금부터 각 파동의 특징을 차례로 알아보자. 각 파동의 성질을 잘 익혀 두면, 파동을 매기는 데 아주 큰 도움을 얻을 수 있으며, 아울러 각 파동에 걸맞는 거래를 하는 데에도 유용할 것이다. 참고로, 여기서는 설명의 편의를 위하여 상승 추세인 경우만을 주로 예로 들었는데, 하락의 경우에도 똑같은 원리가 적용된다. 무슨 말이냐 하면, 여기서는 1번, 3번, 5번 파동이 상승파동이고 2번과 4번 파동이 하락 움직임인 경우를 주로 설명하고 있다는 말이다. 엘리어트의 이론은 주가가 상승할 때나 하락할 때나 어떤 경우라도 적용된다. 그러므로 실제로는 1번, 3번, 5번 파동은 하락 움직임으로 나타나고 2번, 4번 파동은 상승 움직임으로 형성되는 경우도 있음은 물론이다. 혹시라도 1번 파동을 비롯한 충격 파동은 무조건 상승 파동이고, 2번 파동 등은 무조건 하락 움직임으로 나타난다고 오해하는 사람이 있을까 우려하여 덧붙이는 사족이다.

1번 파동은 이제까지 a, b, c 파동으로 전개되던 조정 파동이 끝나고 바야흐로 새로운 사이클이 시작되는 출발점이다. 그러므로 1번 파동은 추세의 전환점이기도 하다. 따라서, 1번 파동을 정확히 인식할 수 있다면 바닥 수준에서의 매입이 가능하므로 주식 거래에 아주 유용하게 이용될 수 있겠다.

  그러나 현실적으로, 1번 파동이 진행중일 때 현재의 파동이 1번 파동이라고 자신 있게 말하기는 매우 어렵다. 왜냐 하면, 이제까지 진행되고 있던 파동이 a, b, c 파동으로 각각 이어지는 하락 추세의 조정 파동이었으므로 주가가 1번 파동에 들어서서 상승 추세를 나타낸다 하더라도, 확실하게 추세가 반전된 것인지 아닌지 검증하기 힘들기 때문이다. 또한 앞으로 전개될 3번이나 5번 파동과는 달리 1번 파동은 파동의 길이도 짧으며, 그 움직임도 그리 강력하지 않는 것이 일반적이다. 따라서, 1번 파동은 조정 파동의 일부로서 간주되거나 아니면 단순한 반등 정도로 인식되어 지나치기 쉽다. 그러나 1번 파동인지 정확하게 인식할 수 있다면 바닥에서의 매입이 가능하다는 것은 앞서 설명한 바와 마찬가지이므로, 1번 파동의 여부는 다음과 같은 요령으로 파악하는 것이 바람직해 보인다.

  첫째로, 1번 파동인지 의심이 가는 움직임이 있다면 이 파동은 무조건 5개의 파동으로 세분될 수 있어야 한다. 바닥에서 조금 반등하는 움직임이 있다 하더라도 그 움직임이 5개의 작은 파동으로 세분되지 않는다면 충격 파동이라고 할 수 없으며, 따라서 1번 파동은 물론 되지 못하기 때문이다. 또한 노파심에서 한 마디 더 덧붙인다면, 1번 파동으로 의심되는 파동이 5개의

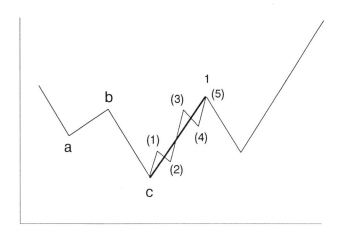

〈그림 5-1〉 1번 파동 : 1번 파동은 c 파동이 완성된 이후에 상승 움직임으로 형성되며, 충격 파동이므로 반드시 5개의 작은 파동으로 구성되어야 한다.

작은 파동으로 세분된다고 해서 무조건 그것이 1번 파동이라고 확신하기는 아직 이르다. 파동의 등급이 아무리 낮다고 하더라도 앞서 설명한 엘리어트의 절대 불가침의 법칙은 여전히 적용된다. 그러므로 5개의 파동으로 움직이긴 하지만 절대 불가침의 법칙 가운데 어느 하나라도 어긋나는 움직임(예를 들어 4번 파동의 바닥이 1번 파동의 꼭대기 이하로 하락한다든지)을 보인다면, 그것을 1번 파동이라고 생각해서는 안 된다. 비록 얼핏 보아서 5개의 파동으로 느껴지더라도 그것을 뭉뚱그려서 5개의 작은 파동으로 간주해서는 안 되며, 다른 여러 가지의 가능성——예를 들어 3개의 파동으로 구성되는 한 파동과 이제 막 2번째의 파동이 형성되는 중인 다음 파동이 진행중인 것으로 본다든지, 그것이 아니라면 한 등급 높은 파동이 연장되고 있는 것인지 등——을 찾아보아야 한다는 말이다.

둘째로, 엘리어트 이론을 연구하는 우리의 궁극적인 목표는 1번 파동의 초입에서 매입하는 것이 될 수도 있다. 그러나 솔직히 말해서, 2번 파동이 진행을 시작하기 전에는 지금의 파동이 1번인지 아니면 c파동의 일부인지 구별하기 힘들다. 그러므로 일단 1번 파동으로 의심이 가는 파동이 있더라도 섣불리 매입하느라 덤비지 말고, 2번 파동으로 생각되는 파동이 시작된 다음

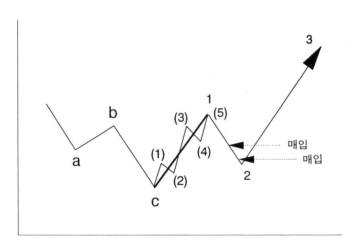

〈그림 5-2〉 1번 파동과 2번 파동 : 1번 파동의 첫 번째 작은 파동에서 매입하는 것이 가장 바람직한 일임은 물론이다. 그러나 현실적으로 1번 파동의 형성은 알아내기가 무척 힘들므로, 차라리 1번 파동이라고 의심되는 파동이 있으면 그 추이를 지켜보았다가, 1번 파동이 완성되고 이어서 2번 파동이 진행중일 때 매입하는 편이 안전하다.

에 매입하더라도 늦지 않다. 1번 파동의 막바지에 매입하는 것
보다 2번 파동에 들어서서 매입하는 것이 오히려 더 유리한 가
격에 매입할 수 있다는 것은 〈그림 5-1〉과 〈그림 5-2〉에서 확인
할 수 있다.

셋째로, 순수한 엘리어트 이론과는 조금 동떨어진 이야기가 되
지만, 시장 특성 분석법에서 사용하는 여러 가지 지표들(RSI,
stochastics, MACD 등)을 살펴보면 c 파동이 완성되어 갈 무렵에

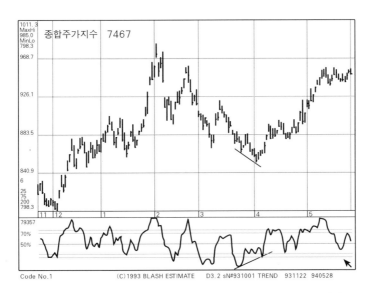

〈그림 5-3〉 괴리 현상(divergence) : 괴리 현상이란, 시장의 움직임과
  시장 지표의 움직임 사이에 괴리가 나타나는 것을 말한다. 그림에서
  처럼 시장의 움직임은 점점 바닥이 낮아지는 꼴로 진행되지만, RSI와
  같은 시장 지표는 바닥이 서서히 높아지는 움직임으로 형성되었다. 이
  런 경우를 괴리 현상이 나타났다고 하는데, 추세가 전환되는 것을 확
  실하게 일러 주는 결정적인 신호의 하나로서 간주되어야 한다.

는 시장이 과다하게 약세(oversold)라는 것을 알아낼 수 있다. 즉 대부분의 경우 c 파동의 막바지에는 RSI가 30 선 이하에서 머무르는 것이 일반적이며, 스토캐스틱(stochastics)의 경우에는 K와 D가 15 선 이하로 결정되는 경우가 많다. 또한 a 파동의 바닥과 c 파동의 바닥을 연결하는 선이 RSI 같은 시장 지표들과는 서로 다른 움직임을 나타내는, 이른바 괴리 현상(divergence)을 나타내는 때가 많으므로 추세가 전환되고 있음을 확인하기가 용이해지는 것이다. 그러므로 시장 지표를 이용하여 시장의 분위기가 과다하게 약세로 지속된 것이 확인된 이후 주가가 서서히 상승하는 움직임을 보인다면, 이것을 1 번 파동이라고 일단 의심해 볼 가치가 있는 것이다.

2번 파동

1 번 파동으로 형성되는 상승 분위기가 5 개의 작은 파동을 거치면서 마무리되면 이제 2 번 파동이 시작된다. 2 번 파동은 1 번 파동을 조정(correction)하는 파동으로서 1 번 파동과는 반대 방향으로 움직인다. 따라서, 일반 투자자들은 1 번 파동을 거치면서 이제는 상승 추세를 나타내는 것처럼 보였던 주가의 움직임이 다시 꺾이므로 추세가 진정 상승 분위기로 돌아섰는지 의심하기 쉽다.

2 번 파동은 1 번 파동에 의해서 주도되었던 시장의 상승 움직임을 거꾸로 제 위치로 가져다놓는 역할을 하게 되는데, 보통 2

번 파동은 1번 파동을 피보나치 숫자인 38.2% 되돌리거나 (retrace), 또는 61.8% 되돌리는 것이 일반적이다. 그러나 가끔 일반 투자자들이 2번 파동에 의해 형성되는 하락 움직임이 더 지속될 것이라고 우려한 나머지 주식을 과감하게 매도하는 경우도 없지는 않으므로, 2번 파동이 1번 파동을 61.8% 이상 되돌리는 경우도 있을 수 있다.

특히 파동을 형성하는 데 걸리는 기간이 몇 시간에 불과할 정도로 아주 짧은 초미세 사이클의 경우에는, 2번 파동의 움직임이 거의 1번 파동의 바닥까지 접근하는 현상이 자주 나타나기도 한다. 그러나 2번 파동의 움직임이 1번 파동의 바닥을 통과하여 더 내려가지만 않는다면, 되돌림 비율이 80%나 90%가 되어도 큰 문제는 없다.

그러나 여기서 다시 한 번, 앞서 살펴본 엘리어트의 절대 불가침의 법칙을 기억해 둘 필요가 있다. 엘리어트의 절대 불가침의 법칙 중에는 2번 파동이 절대로 1번 파동의 바닥 아래로는 내려갈 수 없다는 법칙이 있음을 기억할 것이다(혹시라도 엘리어트의 절대 불가침의 법칙이 기억나지 않는다면 복잡한 엘리어트 이론을 공부하느니 여기서 그만두고, 차라리 TV 연속극을 쳐다보는 편이 훨씬 더 유익할 것이다. 엘리어트의 절대 불가침의 법칙은 엘리어트 이론을 떠받치는 기본 중의 기본이며, 그 법칙을 모른대서야 이 책을 더 읽어 내려가 본들 무슨 소용이 있겠는가!). 물론 그 법칙은 여기서도 유효하다. 결국 2번 파동이 1번 파동을 보다 강력하게 되돌리는 현상이 나타날지라도 절대로 1번 파동을 100% 이상 되돌려서는 안 된다.

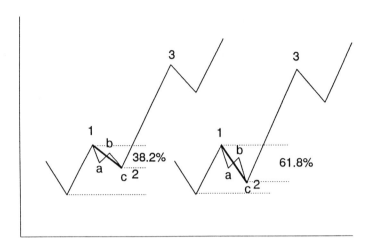

〈그림 5-4〉 2번 파동 : 2번 파동은 1번 파동을 피보나치 숫자인 38.2% 되돌리거나 아니면 61.8% 되돌리는 것이 일반적이다. 그러나 절대로 2번 파동의 바닥이 1번 파동의 바닥 이하로 내려가는 경우는 없다.

그러므로 만약 2번 파동이라고 생각했던 움직임이 이제까지 1번 파동이라고 간주했던 파동의 바닥을 지나서 하락한다면, 엘리어트의 법칙을 정면으로 위반하는 결과가 된다. 만의 하나라도 엘리어트의 법칙을 위반하는 경우가 발생한다면, 이제껏 우리가 철석같이 1번 파동이라고 믿어 왔던 파동은 결코 1번 파동이 될 수 없으며, 따라서 2번 파동으로 생각했던 파동도 더 이상 2번 파동일 수 없는 것이다. 이 경우라면 하는 수 없이 파동에 대한 판단을 잠시 중단하고, 처음으로 되돌아가서 다시 파동을 매겨 나가는 수밖에 없다.

만약 2번 파동이라고 확신하여 앞으로 다가올 3번 파동을 기대하며 주식을 매입하였다면, 2번 파동이라고 생각되던 움직임이 1번 파동이라고 생각했던 파동의 바닥을 지나쳐 하락하는 순간, 즉시 손절매(stop loss selling)를 해야 한다. 물론 손해를 현실화시키므로 썩 내키는 일이 아니겠지만, 그 길이 손해를 최소한으로 막는 일이다. 파동을 잘못 매긴 것을 인정하지 않고, 엘리어트 법칙에도 예외가 있다고 우기는 것은 삼가할 일이다.

2번 파동은 그 성격이 조정 파동이므로 반드시 3개의 파동으로 구성되어야 한다. 그리고 나중에 자세히 다루겠지만, 2번 파동은 일반적으로 플랫이나 지그재그의 형태를 띠며, 삼각형으로 나타나는 경우는 없다.

또한 전통적인 차트의 패턴 분석 기법을 원용한다면, 2번 파동의 바닥은 1번 파동의 바닥과 아울러 이중 바닥형(double bottom)이나 역 헤드 앤 쇼울더형(reverse head and shoulder)을 형성하는 것으로 나타난다.

3번 파동

2번 파동에 의한 조정 국면이 끝나면 주가는 이제 강력한 상승 국면을 맞이하게 되는데, 이것이 3번 파동이다. 3번 파동은 1번, 3번, 그리고 5번의 세 충격 파동 중에서 통상 가장 길고 힘찬 움직임을 보여 주는 파동이다. 일반적인 경우, 1번 파동에서 5번 파동에 이르는 상승 움직임 가운데 대부분의 상승 움직임이 3번 파동에서 일어난다고 해도 과장이 아닐 정도로 3번 파동은 강력한 움직임을 나타낸다. 그리고 3번 파동은 주가가 1번 파동의 정점, 다시 말하여 앞서 1번 파동에 의하여 형성되었던 최고점을 돌파하는 것으로 3번 파동임을 확인할 수 있다. 꼭 엘리어트 이론이 아니라 다른 주가 분석 이론에 따른다 하더라도, 주가가 기존의 최고점을 상향 돌파하여 새로운 최고점(new high)을 형성했다는 사실 하나만으로도 충분히 주가가 상향 국면에 돌입했다는 신호가 되는 것이다.

앞 장에서 이미 설명한 바와 마찬가지로, 엘리어트의 절대 불가침의 법칙 중에, 3번 파동은 세 충격 파동 중에서 절대로 제일 짧은 파동이어서는 안 된다는 법칙이 있다. 기억이 날 것으로 믿는다. 다시 한 번 강조하거니와, 3번 파동은 제일 짧은 충격 파동이 될 수 없음은 만고 불변의 진리다. 설령 1번 파동이나 5번 파동이 연장되거나 또는 다른 이유로 길이가 길어져서 3번 파동보다 가끔 길게 나타나는 경우도 없지는 않으나, 그럴 경우라도 3번 파동은 길지 않은 나머지 하나의 충격 파동보다는 최소한 길게 나타나야만 한다. 이 법칙에는 절대로 예외란 없다. 또한 보통의 경우, 1번 파동이나 5번 파동이 3번 파동에 비하여 길게 나타나서 3번 파동이 두 번째로 긴 파동이 되는 일은 아주 드물므로, 간단하게 생각하여 3번 파동이 가장 긴 파동이다라고 생각해도 무방할 것이다.

주가의 움직임이 3번 파동에 접어들면, 주가의 상승 움직임도 활발하게 되고, 거래량도 대폭적으로 늘어나게 된다. 따라서, 주가의 움직임 중에서 갭(gap)이 나타나는 예도 드물지 않게 찾아볼 수 있다. 여기서 갭을 잠깐 설명한다면 〈그림 5-5〉처럼 주가의 움직임을 바(bar) 차트로 나타내어 그릴 때, 어제의 최고가에 비하여 오늘의 최저가가 현저하게 높거나, 또는 그 반대로 어제의 최저가에 비하여 오늘의 최고가가 현저하게 낮게 형성되는 바람에 차트상에 가로로 나타나는 빈 공간을 갭이라고 한다. 그런데 갭은 기술적 분석에서는 지지선이나 저항선의 역할을 하는 등 중요한 의미를 가지므로 잘 익혀 두어야 한다(졸저 '국제 금융 시

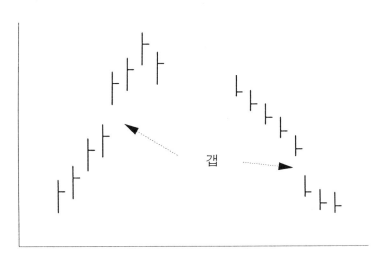

〈그림 5-5〉 갭 : 갭은 어제의 최저가에 비하여 오늘의 최고가가 현저하게 낮거나, 또는 어제의 최고가에 비하여 오늘의 최저가가 현저하게 높게 형성될 때에 나타난다. 갭은 기술적 분석에서 지지선이나 저항선의 역할을 하는 등 중요한 의미를 가지는 것으로 해석된다.

장의 기술적 분석'을 참고하기 바란다.).

그러면 다시 3번 파동으로 돌아가 보자. 3번 파동에서는 갭이 나타나는 것을 어렵지 않게 찾아볼 수 있다고 하였는데, 그 이유는 투자자들이 주식을 매입하고자 하는 욕구가 너무나 강력한 나머지, 가격의 고저를 따지지 않고 "일단 사 놓고 보자."라는 매입 주문이 집중되었기 때문이다. 우리는 가끔 주가가 힘차게 상승할 때에는 아침에 주식 시장이 열리자 말자 어제의 최고가보다 주가 지수상으로 10포인트 이상 상승한 상태에서 출발하여, 하루 종일 상승 행진을 거듭하다가 종가는 어제보다 25포인트쯤 오른 상태로 끝나는 예를 어렵지 않게 찾을 수 있을 것이다. 이 때가 바로 갭이 발생한 때이다. 예컨대, 어제의 주가 지수를 최저 720에서 최고 730이라고 한다면, 오늘의 주가 지수는 740에서 시작하여 755로 끝난 셈이 될 것이다. 결국 어제의 최고가인 730에 비하여 오늘의 최저가인 740이 현저하게 높은 수준에서 형성된 꼴이 되며, 따라서 어제와 오늘의 주가 움직임을 바 차트로 나타내어 보면 분명히 730과 740 사이에는 빈 공간이 생기게 되는 것을 확인할 수 있을 것이다. 이 빈 공간이 바로 갭인 것이다.

3번 파동에서 나타나는 갭은 보통 돌파 갭(break away gap)이거나 급진 갭(측정 갭, run away gap)이며, 소멸 갭(exhaustion gap)은 나타나지 않는다. 또한 파동을 매길 때 3번 파동인지 5번 파동인지 의심스러울 때가 있는데, 이럴 경우 파동의 중간 부분에서 갭이 나타나고 있다면 일단 3번 파동이라고 간주하여도 큰 무리가 없을 것임을 참고로 밝혀 둔다.

3번 파동이 진행될 때에는 모든 것이 상승 일색이다. 엘리어트 이론이 아닌 다른 기술적 분석 기법들——예를 들어 추세 분석법이나 시장 특성 분석법을 이용하더라도 주가의 앞날은 계속적인 상승 추세로 점쳐지며, 또한 기술적 분석 기법이 아닌 근본적인 분석법을 이용하더라도 주가의 계속적인 상승이 예상된다. 3번 파동이 진행되는 도중에는 정치적이나 경제적인 뉴스들도 모두 주가의 상승을 뒷받침하는 것들만 발표되기 마련이며, 시장에 떠도는 풍문들도 예전에는 악재로 작용했을 것들이 이제는 모두 주가에 유리한 쪽으로 해석된다. 따라서, 기술적 분석법에 의존하건, 근본적 분석법에 따라 주식 투자를 하건, 아니면 순전히 정보나 풍문에 의지하건 간에, 상승 추세 쪽으로만 방향을 잡으면 거의 틀릴 염려는 없다. 주가가 연일 최고치를 갱신하고, 주식 시장의 거래량도 부쩍부쩍 늘어나며, 전 국민의 관심이 주식 시장으로 집중되고, 온 나라가 주식 시장의 열기로 후끈거릴 때, 이 때가 바로 3번 파동이 진행중일 때이다.

또 한 번의 사족——전체 시장의 움직임이 하락 추세일 때에는 1번, 3번, 5번 파동이 하락 파동으로 나타나는 경우도 물론 있음을 잊지 말기 바란다. 이 때라면 당연히 3번 파동에서의 하락폭은 가장 크게 나타나며, 주가는 연일 하락하고 증권 회사의 객장에서는 손실을 크게 입은 투자자들의 시위가 빈발할 것이다. 주식 거래에서 손해 보았다고 증권 회사 객장에서 난동 부리는 일은 앞으로는 없어져야 할 병폐이긴 하지만…….

각설하고, 3번 파동이 세 개의 충격 파동 중에서 제일 짧은 충격 파동이 될 수 없다고 하였는데, 일반적으로 3번 파동은 1번 파동의 1.618배의 길이만큼 나타난다. 그러나 3번 파동이 1번 파동의 1.618배가 되는 것이 일반적이라고 하여, 바로 그 수준에서 3번 파동이 끝날 것이라고 생각하는 것은 순진한 생각이다. 누차 말했거니와 3번 파동은 가장 길고도 강력한 파동이다. 그리고 주가가 계속 상승할 것이라고 믿는다면, 일반 투자자들은 아무리 주가가 높은 수준이라 할지라도 맹목적으로 매입하는

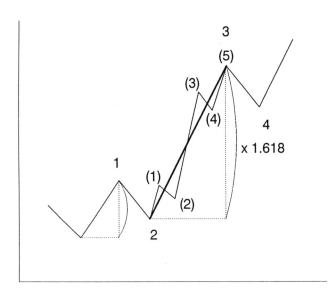

〈그림 5-6〉 3번 파동 : 3번 파동은 세 개의 충격 파동 중에서 가장 강력한 파동으로 나타나는 것이 일반적이다. 거래량도 최고 수준에 이르며, 주가의 움직임도 힘차다. 3번 파동은 통상 1번 파동의 1.618배의 길이로 형성되는 것이 일반적이나, 그 길이가 보다 더 길어지거나 혹은 짧아질 경우도 많다. 그리고 3번 파동은 충격 파동이므로 당연히 5개의 한 단계 낮은 등급의 파동으로 세분할 수 있어야 한다.

때가 많으며, 그 결과 3번 파동이 예상 외로 길어지는 경우도 종종 있다. 따라서, 3번 파동이 1번 파동의 1.618배가 된다는 것은 단지 참고 사항일 뿐이지, 그것을 마치 금과 옥조인 양 맹목적으로 받아들이는 것은 아주 위험하다는 말이다. 3번 파동의 끝을 미리 알아내려고 노력하는 일은 아주 어리석은 일이 될 수도 있다. 또한 3번 파동의 끝을 단순히 1번 파동의 1.618배 되는 수준으로 산술적으로만 계산하여, 그 수준에서 추세와 반대되는 방향으로 거래하는 것은 결국 참담한 손실만을 안겨 줄 가능성이 농후하므로 주의해야 한다. 굳이 추세와 반대되는 방향, 즉 여기서는 상승 추세와는 반대 방향으로 대주(공매도, short sale)를 하고자 한다면, 3번 파동 이후에 나타날 4번 파동이 시작되었음을 확인한 다음에 행동을 개시하더라도 충분하다. 지금의 파동이 3번 파동인 것이 확실하다면 그 즉시 추세와 같은 방향으로 거래해야지, 3번 파동이 언젠가 끝날 것임을 미리 예상하여 추세와 반대 방향으로 거래하는 일은 삼가해야 한다.

3번 파동은 충격 파동 중의 하나이므로 5개의 한 등급 낮은 파동으로 세분할 수 있어야 한다. 또한 3번 파동은 종종 연장(ex-tension)되는 때도 많다. 파동의 연장에 대해서는 다음의 7장에서 자세히 설명하기로 한다.

4번 파동

3번 파동으로 후끈 달아오른 주식 시장의 열기가 일단 식게 되면 주가는 서서히 하락하게 되는 조정 국면으로 접어든다. 이 때가 4번 파동이 진행되는 시기이다. 4번 파동은 이제까지 살펴본 파동들보다는 파악하기 용이한 파동이다. 또한 4번 파동은 앞서의 3번 파동과는 달리 그 마지막을 미리 알아내기 쉽다. 즉 4번 파동의 마지막은 일반적으로 다음의 세 가지 특징 중에서 한 가지 이상의 특징과 일치하게 된다.

첫째로, 4번 파동은 3번 파동을 피보나치 숫자인 38.2%만큼 되돌리는 경우가 많다.

둘째로, 4번 파동의 마지막은 앞서 진행된 3번 파동을 한 등급 낮은 파동으로 세분해 보았을 때, 그 중의 네 번째 파동의 최저점과 일치하는 경향이 많다(앞 장에서 엘리어트의 법칙을 설명할 때, 이미 4번 파동의 법칙이라 하여 언급한 바가 있다. 생각나는가?).

셋째로, 4번 파동은 종종 2번 파동의 길이와 같게 형성되기도 한다.

그러므로 앞서 제시한 4번 파동의 특징 중에서 두 개 이상이 서로 일치한다면, 그 수준에서 4번 파동이 끝날 것이라고 생각하여도 무방하다. 예컨대, 3번 파동이 주가 지수 500에서 시작하여 850에서 끝나고, 이제 주가는 하락 국면에 접어들고 있어 현재 4번 파동이 진행중인 것으로 파악된다고 가정하자. 이 때 4번 파동으로 생각되는 하락 국면은 대략 어느 시점에서 멈추고 다시 한 번 5번 파동으로 이어지는 상승 국면이 시작될 것인지 미리 알아보기로 하자. 숫자상으로 보아 3번 파동을 38.2% 되돌리는 수준은 대략 주가 지수가 716에 이르는 수준이 된다 (850−(850−500)×0.382=716). 그런데 앞서 진행된 3번 파동을

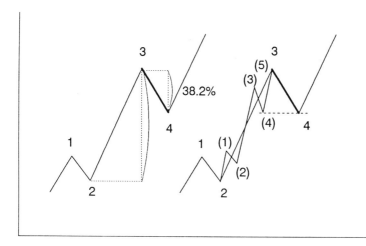

〈그림 5-7〉 4번 파동 : 4번 파동은 3번 파동을 38.2% 되돌리거나 또
는 3번 파동 안의 (4)번 파동과 일치하기도 한다. 그리고 파동 변화
의 법칙에 의거, 2번 파동과 4번 파동은 그 형태가 서로 다르게 나타
나야 한다. 또한 4번 파동이 삼각형의 형태를 띠는 것도 흔하게 발견
할 수 있다.

한 등급 낮은 파동으로 세분해 보았을 때, 그 중의 (4)번 파동
이 716 근방에서 하락을 멈추었다면, 우리는 아주 높은 확률로
지금의 4번 파동의 바닥은 716 수준이 될 것이라고 말할 수 있
다. 또한 3번 파동보다 먼저 진행되었던 2번 파동이 634에서 시
작하여 500 수준으로 끝남으로써, 그 길이가 지금 예상되는 4번
파동의 길이(3번 파동의 38.2% 되돌림, 즉 134포인트)와 같은 것
이 확인된다면, 지금의 4번 파동이 716 수준에서 끝날 가능성은

더 더욱 높아지는 것이다.

그리고 4번 파동을 이야기할 때 꼭 명심해야 할 사항 중의 하나가 바로 엘리어트의 절대 불가침의 법칙이다. 4번 파동과 관련 있는 엘리어트의 절대 불가침의 법칙이란, 4번 파동은 1번 파동과 '절대로' 겹쳐서는 안 된다는 법칙이다. 따라서, 상승 국면에서는 4번 파동의 바닥이 1번 파동의 꼭지점을 돌파하여 하락해서는 안 되며, 반대로 하락 국면에서는 4번 파동의 꼭지점이 1번 파동의 바닥점을 통과하여 상승해서도 안 된다. 이 법칙은 앞에서 이미 '귀에 못이 박히도록' 여러 번 다루었으므로 여러분들이 대부분 기억하고 있을 것이라 믿는다.

또 한 번의 반복이 되겠지만, 엘리어트의 법칙을 설명하면서 파동 변화의 원칙을 설명한 바 있다. 즉 조정 파동인 2번 파동과 4번 파동은 그 형태에서 서로 변화되어 나타나야 한다는 것이다. 예컨대, 2번 파동이 단순한 구조로 형성되었다면 4번 파동은 복잡한 구조가 되어야 한다는 것이고, 또 2번 파동이 지그재그로 형성되면 4번 파동은 지그재그가 아닌 다른 것——이를테면, 플랫이나 삼각형——으로 나타나야 한다는 것 등이 바로 파동 변화의 법칙인 것도 이미 알고 있는 사실이리라.

그리고 앞에서 2번 파동을 설명할 때, 2번 파동이 삼각형으로는 나타날 수 없다고 하였다. 그러나 4번 파동은 종종 삼각형의 형태를 띨 때도 많다. 또한 4번 파동은 조정 파동이므로 한 등급 낮은 파동으로 세분한다면 반드시 3개의 작은 파동으로 세분할 수 있어야 한다.

5번 파동

　4번 파동에 의해 진행되던 길고 지루한 조정 국면이 끝나면 다시 한 번 주식 시장은 활황을 맞게 된다. 주가가 서서히 상승 추세로 방향을 잡으면, 3번 파동에서 주저주저하며 매입을 망설이던 사람들마저 과감하게 주식 매입에 나서게 되므로 주가는 한 번 더 강력한 상승세를 나타내게 되는 것이다. 이 때가 5번 파동이라고 할 수 있다. 그러나 5번 파동의 주가 움직임은 3번 파동일 때보다는 활발하지 못하며, 그 길이도 비교적 짧게 나타나는 것이 일반적인 현상이다. 하지만 주식 시장에서의 거래량만은 최고조에 달해서, 5번 파동이 진행중일 때의 거래량은 3번 파동에서의 거래량을 상회하는 것이 보통이다.

　3번 파동의 경우와는 달리 5번 파동일 때에는 파동이 언제쯤 끝날 것인지 예측할 수 있다. 즉 5번 파동은 다음과 같은 특징을 가지고 있다.

　첫째로, 5번 파동은 1번 파동과 같은 길이로 형성되거나(파동 균등의 법칙), 또는 5번 파동의 움직임이 강력하지 못할 때에는 최소한 1번 파동 길이의 61.8%의 길이만큼 형성된다.

　둘째로, 5번 파동의 길이는 1번 파동에서 3번 파동까지의 길이의 61.8%만큼 형성되는 경향이 많다.

　따라서, 앞서 설명한 4번 파동의 경우와 마찬가지로 위의 두 가지 조건이 서로 일치한다면 5번 파동의 마지막을 알아보는 일이 그만큼 더 신빙성을 더하게 되는 것이다.

　5번 파동은 이제 1번 파동에서 출발한 기나긴 상승 추세가 막바지에 이르는 국면이므로 주식을 매입하고서 오래 보유하고 있는 것은 위험하다. 만약 지금이 3번 파동이라면 주식을 매입하였더라도 좀 오래 들고 있을 수 있다. 왜냐 하면, 3번 파동은 파동의 움직임이 강력하여서 그 파동의 끝을 예측하기 곤란하므로 꼭지점을 예측하여 거래하는 단기적인 매매가 힘든 파동이며, 또한 설사 3번 파동의 막바지에 매입하는 실수를 범했다 하더라도 4번 파동의 다음에 전개되는 5번 파동에 이르러 주가는 또 한번 상승할 것이 확실하므로, 좀 참고 견디면 5번 파동에 이르러 높은 가격으로 팔 수 있는 기회가 있기 때문이다. 따라서, 3번 파동에서는 어느 수준에서라도 매입하는 것이 바람직한 전략이 될 것이다.

그러나 일단 지금의 파동이 5번 파동인 것으로 확인된다면 섣불리 주식을 매입하는 것은 대단히 위험한 일이 될지 모른다. 앞으로는 a 파동, b 파동, 그리고 c 파동으로 이어지는 하락 국면만이 남아 있기 때문이다. 그러므로 5번 파동이 진행중일 때 주식을 매입한 투자자나, 혹은 3번 파동이 진행중일 때부터 주식을 보유해 온 사람이라면 5번 파동이 언제쯤 끝날 것인지를 미리 살펴보아서 적절한 때에 팔아 버리는 지혜가 필요하다.

물론, 엘리어트 이론에 의존하는 모든 투자자들의 꿈은 1번 파동 안의 (1)번 파동 안의 ①번 파동 안의 i번 파동에서 매입하여, 5번 파동 안의 (5)번 파동 안의 ⑤번 파동 안의 v번 파동에서 매도하는 것이다. 그러나 솔직히 말하여 1번 파동이 진행중이어서 정말 주가가 상승 추세로 돌아섰는지, 아니면 그 이전의 하락 추세가 잠시 조정 국면을 거치고 있는 것인지는 1번 파동이 한참 진행된 다음에야 비로소 알아볼 수 있는 일이므로, 1번 파동 안의 (1)번 파동 안의 ①번 파동 안의 i번 파동에서 매입하는 일은 거의 불가능한 일일 것이다. 그렇지만 엘리어트 이론에서 5번 파동의 마지막은 어느 정도 미리 알아볼 수 있으므로 추세가 끝나갈 즈음에 바로 매도하는 일은 가능하다. 하지만 추세의 바로 막바지, 즉 5번 파동 안의 (5)번 파동 안의 ⑤번 파동 안의 v번 파동에서 매도하려는 욕심에서 매도 시기를 자꾸만 늦추는 것은 금물이다. 5번 파동에서는 차라리 최소한 5번 파동 가운데의 어느 순간에 매도할 수 있을 것이라고 생각하

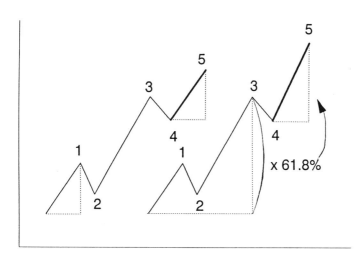

〈그림 5-8〉 5번 파동 : 5번 파동은 1번 파동의 길이와 같거나, 또는 그 움직임이 강력하지 못할 때에는 1번 파동 길이의 61.8%만큼 형성 되는 수도 있다. 또한 5번 파동은 1번 파동에서 3번 파동까지 길이 의 61.8%만큼 형성되는 경우도 있다.

면 좋을 것이다. 다시 말하여, 5번 파동이 진행중일 때에는 언제라도 팔아야겠다는 마음가짐이 중요하다는 말이다. 조금만 더, 조금만 더 하고 기다리다가는 자칫 매도하는 타이밍을 놓치는 바람에 이익은커녕 손실만 잔뜩 늘리는 불상사도 있을 수 있다는 것에 유의해야 한다.

5번 파동의 막바지는 엘리어트 이론이 아닌 기술적 분석 기법의 다른 방법을 이용하더라도 확인할 수 있다. 통상 5번 파동이 막바지에 이르면 주가는 계속 상승하긴 하지만 거래량이 줄어든다거나, 아니면 시장 특성 분석법에서 사용하는 시장 지표인

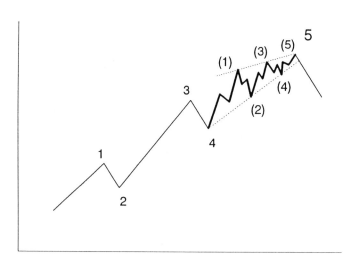

〈그림 5-9〉 삼각 쐐기형 : 5번 파동은 가끔 각각 세 개씩 다섯 개의 파동으로 구성되는 쐐기형으로 나타나기도 한다.

RSI 혹은 스토캐스틱(stochastics) 등을 참고하면 현재의 주식 시장이 과다하게 강세(overbought)라는 것을 알아낼 수 있다. 보통의 경우, 5번 파동의 막바지에서는 RSI가 70선 이상에서 머무르는 것이 일반적이며, 스토캐스틱의 경우에는 K나 D의 값이 90선 이상에서 형성된다. 또한 3번 파동의 최고점과 5번 파동의 최고점을 이은 선은 상승으로 나타나는 반면, 이에 상응하는 RSI의 값은 하락하는 것으로 보이는 시장 지표의 괴리 현상(divergence)이 나타나는 때도 많다. 시장 지표의 괴리 현상은 앞서 1번 파동을 설명할 때에도 언급한 바가 있다.

그리고 5번 파동은 가끔 각각 세 개씩의 작은 파동으로 구성되는 다섯 개의 파동으로 이루어져 삼각 쐐기형(diagonal triangle)을 형성하기도 한다. 삼각 쐐기형은 5번 파동에만 있는 특징적인 형태이며, 다른 파동에서는 나타나지 않는다. 또한 삼각 쐐기형은 4번 파동이 1번 파동과는 겹칠 수 없다는 엘리어트의 절대 불가침의 법칙의 거의 유일한 예외이다. 만약, 삼각 쐐기형으로 5번 파동이 형성되었다면 다음에 나타날 a 파동은 강력한 하락세를 나타내게 되는데, 이 때 a 파동은 앞서의 4번 파동 수준까지 하락할 수 있다. 삼각 쐐기형에 대해서는 다음의 8장에서 자세히 설명하도록 하겠다.

a 파동

1번 파동에서 출발한 거대한 상승 추세가 막을 내리면, 이제는 a 파동이 순서를 기다리고 있다. 그런데 1번 파동에서부터 시작한 상승 움직임이 1번 파동은 상승, 2번 파동은 하락, 다시 3번 파동은 상승…… 하는 식으로 계속해서 상승과 하락을 반복해 왔으므로, 일반 투자자들은 a 파동도 앞서의 경우와 마찬가지로 2보 상승을 위한 1보 후퇴쯤으로 간주하기 쉽다. 그러나 지금까지 이 책을 읽어 오면서 엘리어트 이론을 조금이나마 알게 된 여러분들은, 이제 a 파동을 다시 새로운 상승 국면에 접어들기 위한 단순한 조정이 아니라, 앞으로 길고 지루한 하락 국면이 이어질 것을 예고하는 신호탄으로 이해해야 할 것이다.

그런데 이제서야 솔직히 고백하는 일이지만, 엘리어트 이론을 믿는 많은 사람들이 주가의 움직임에 따라 파동을 제각각 매겨 보기는 하더라도, 어느 누구도 자신이 정확하게 파동을 매기고 있다고 자신 있게 말할 수 없다는 것이 엘리어트 이론의 맹점 중 하나이다. 주가의 움직임이 진행중일 때에는 지금의 움직임이 3번 파동인지 아니면 5번 파동인지 혼동될 때가 많으며, 또 나중에 설명해야 할 일이긴 하지만, 지금의 조정 움직임이 과연 61.8%라는 피보나치 숫자에 걸맞게 끝날지 아닐지는 그 파동이 끝나 봐야 알 수 있는 것이다. 그래서 많은 사람들이 1번 파동이라고 굳세게 믿고 파동의 바닥으로 생각하는 수준에서 과감하게 주식을 사들였다가, 나중에 알고 보니 1번 파동이 아니라 앞서의 하락 추세에서의 5번 파동이 아직 끝나지도 않은 것으로 판명되어서 손해만 잔뜩 뒤집어쓰는 일도 비일비재하며, 4번 파동이라고 철석같이 믿었더니 파동이 슬금슬금 1번 파동이라고 생각했던 파동의 최고점 이하로 떨어지는 바람에 4번 파동이 아닌 것으로 밝혀지는 일은 또 얼마나 많은지 모른다.

나중에 파동이 다 진행된 다음에 보면 누구에게나 1번 파동부터 c파동까지의 움직임이 환하게 보이지만, 막상 파동이 진행중일 때에는 지금이 1번 파동인지 5번 파동인지, 이것도 저것도 아니면 b파동인지 정말 오리무중인 것이다. 그래서 '아, 골치 아퍼!' 하고 대부분의 끈기 없는 사람들은 엘리어트 이론을 던져 버리고 만다. 혹시 이 책을 읽고 있는 당신도 그런 부류의 사람은 아닌가? 만약 그렇다면, 지금이라도 늦지 않았다. 얼른 이 책을 던져 버리고 중국의 현란한 무술들이 선보이는 무협지나 읽는 편이 백 번 나은 선택일지도 모른다. 하지만 엘리어트 파동 이론이 이처럼 어렵고 힘든 이론인데도 불구하고, 왜 많은 사람들이 엘리어트 이론을 못 잊어 하는 것일까? 그것은 엘리어트 이론이 비록 어렵고 힘든 것이기는 하더라도 알아 두기에 충분한 가치를 가지는 이론이어서가 아닐까?

사설은 이 정도로 접어 두고, 다시 a파동으로 돌아가자. 사실 지금의 파동이 a파동인지 아닌지 분간하기는 매우 힘든 일이다. 하지만 이것은 매우 중요한 일로서, 만약 지금의 파동이 a파동에 속하는 것으로 판단된다면 당분간 1번 파동부터 이어져 왔던 강력한 상승 추세는 만나보기 힘들므로 더 이상 주식을 매입하는 일은 자제해야겠지만, 만약 그렇지 않고 지금이 2번 파동이나 4번 파동중의 어느 한 시점이라면 주식이 하락을 거듭할 때, 바닥이라고 생각하는 수준에서 과감하게 매입의 결정을 내려야 하기 때문이다.

지금의 파동이 a파동인지 아닌지를 구분하는 가장 기본적인 방법은 파동을 한 등급 낮은 파동으로 세분하는 방법이다. 이제 여러분은 충격 파동은 5개의 파동으로 나누어지고, 조정 파동은 3개의 파동으로 세분된다는 것을 알고 있을 것이다. 만약 지금의 파동이 단순한 조정 파동이라면 3개의 파동으로 세분되어야 하지만, 그렇지 않고 지금의 하락 파동이 5개의 한 등급 낮은 파동으로 세분된다면 이 하락 파동은 상승 국면의 단순한 조정이 아니라 a파동으로 간주되어야 한다. 이 원칙은 꽤 쓸모가 있다. 즉 파동 변화의 법칙에서도 밝혔듯이, 5개의 파동으로 이어지는

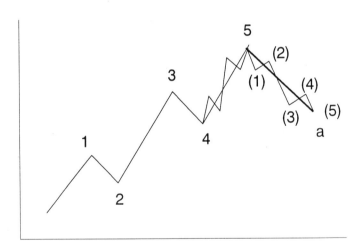

〈그림 5-10〉 a파동 : a파동은 이제까지 이어지던 커다란 상승 추세를 조정하는 첫 번째의 하락 파동이다. 만약 5개의 파동으로 구성되는 상승 파동이 끝난 이후에 다시 5개의 파동으로 구성되는 하락 파동이 이어진다면, 이 하락 파동은 단순한 조정 파동이 아니라 앞으로 커다란 하락 국면을 예고하는 a파동인 것으로 간주되어야 한다.

상승 파동이 끝나면 다시 3개의 파동으로 구성되는 하락 파동이 이어지고, 그리고는 다시 5개의 파동으로 구성되는 상승 파동이 이어지는 일이 반복된다는 것이 엘리어트 이론의 기본이다. 그런데 만약 5개의 파동으로 구성되는 상승 파동이 끝난 다음에 다시 3개가 아니라 5개의 파동으로 구성되는 하락 파동이 뒤를 잇는다면, 큰 상승의 흐름은 끝났고 이제는 하락 국면이 시장을 주도하는 장세가 될 것이라는 것이 예견되기 때문이다.

그러나 설령 파동이 3개의 한 등급 낮은 파동으로 구성된다 하더라도 그 파동이 a파동일 수가 있다는 점이 또 한 번 닥치는 난제이다. 설명의 편의를 위하여 우리의 시야를 한 단계 높여서 생각해 보자. 먼저 파동의 등급을 현재보다 한 등급 높이면, 1번 파동부터 5번 파동까지를 크게 하나의 상승 파동으로 볼 수 있다. 그리고 마찬가지의 논리로, a파동에서 c파동까지도 커다란 하나의 하락 파동으로 생각할 수 있다. 따라서, 마치 2번 파동이 1번 파동을 조정하는 것과 마찬가지로 한 등급 높여서 생각한다면, 1번 파동부터 5번 파동까지의 상승 추세를 a파동부터 c파동이 조정한다고 생각할 수 있다. 그런데 조정 파동에는 지그재그처럼 a, b, c 파동의 구성이 각각 5개-3개-5개의 파동으로 세분되는 것도 있지만, 플랫이나 불규칙 조정은 a, b, c 파동의 구성이 각각 3개-3개-5개의 파동으로 이루어지므로 a파동은 '교과서적'인 5개의 파동이 아니라 3개의 파동이 될 수도 있다는 점이 문제인 것이다. 다시 처음으로 돌아가서, 만약 a파동으로 의심되는 파동이 5개의 파동으로 세분되어진다면 이 파동은 a파동이 될 확률이 매우 높다. 그리고 다음에 이어질 b, c

파동과 아울러 전체적으로 지그재그의 조정을 보일 것으로 생각하는 편이 좋을 것이다. 그러나 설사 a 파동으로 의심되는 파동이 오직 3개의 파동으로만 구성된다 하더라도, 이 파동이 a 파동이 아니라고 확언하기는 아직 이르다. 앞서 밝혔다시피 플랫이나 불규칙 조정에서는 a 파동이 3개의 파동으로 나타나기 때문이다.

그러면 도대체 어떻게 하면 현재의 파동이 a 파동인지 아닌지

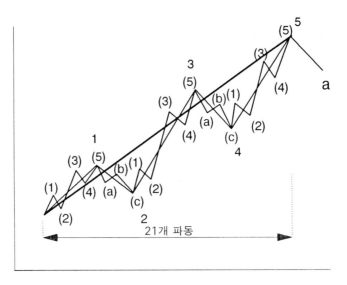

〈그림 5-11〉 파동의 세분 : 하나의 충격 파동은 두 등급 낮은 파동으로 세분하면 모두 21개의 작은 파동으로 세분된다. 따라서, 역으로 이야기하여 21개의 작은 파동이 완성되었다면, 이제는 커다란 하나의 상승 파동은 끝났고, a 파동으로부터 시작되는 커다란 하락 파동이 시작된다고 생각해야 할 것이다.

알 수 있는가? 다행스럽게도 엘리어트는 여기에 대해서, 앞선 파동들을 세분해 보면 현재의 파동이 a 파동인지 아닌지 가늠해 볼 수 있다고 하였다. 즉 엘리어트는, 하나의 충격 파동은 두 등급 낮은 파동으로 세분하면 모두 21개의 작은 파동으로 세분할 수 있다고 하였다. 여기서 1번부터 5번 파동을 한 등급 높은 충격 파동으로 볼 수 있으므로, 이 한 등급 높은 충격 파동을 한 등급 낮은 파동으로 세분하면 당연히 5개의 파동으로 세분할 수 있으며, 또한 1번 파동부터 5번 파동을 다시 한 등급 낮은 파동으로 (즉 하나의 큰 충격 파동보다 두 등급 낮은 파동으로) 세분한다면 모두 21개의 파동으로 세분된다는 말이다. 따라서, 지금의 파동이 a 파동인지 아닌지 의심이 간다면, 그 전에 진행된 1번부터 5번 파동을 한 등급 낮은 파동으로 세어 볼 일이다. 이 때 그 파동들이 모두 21개의 작은 파동들로 세분된다면 1번 파동부터 시작된 하나의 큰 흐름은 끝난 것으로 생각할 수 있고, 따라서 지금의 파동은 a 파동이라고 생각해도 무방한 것이다. 그러므로 파동을 세분했을 때 작은 파동의 숫자가 3개인지 5개인지 살펴보아서 a 파동인지 아닌지 알아보기보다는, 차라리 앞선 파동의 한 등급 낮은 파동들의 갯수를 세어 보는 편이 오히려 a 파동의 여부를 확인하기 편할 것이다.

어떤가? 그래도 아직 엘리어트 이론이 어렵고 머리 아픈가? 조금만 참자. '삼라만상의 비밀'을 알아내는 일이 간단하고 쉬워서야 어디 말이 되는가? 자, 힘을 내서 마지막 남은 b 파동과 c 파동의 비밀을 캐내 보자.

b 파동

 a 파동에 의해서 주가가 어느 정도 하락했다고 생각되면, 과거 1번 파동부터 이어지던 상승 추세를 잊지 못하던 투자자들은 다시 주가를 끌어올리기 시작한다. 이 파동이 b 파동으로 해석된다. b 파동은 a 파동으로 시작되는 새로운 하락 추세에 반발하여 나타나는 일시적인 상승 추세로서, 주식 시장에서의 거래량은 그리 활발하지 못하다. 또한 b 파동은 일반 투자자들이 아주 속기 쉬운 파동이다. 왜냐 하면, 그들은 1번 파동부터 시작된 오랜 상승 추세가 잠깐 동안의 조정기(즉 a 파동)를 거치고 다시 되살아나는 것으로 믿기 쉽다. 그러나 b 파동이야말로 5번 파동에서 처분하지 못한 주식을 처분할 수 있는 절호의 기회이기도 하며, 또한 앞으로 다가올 c 파동에 대비하여 대주(short sale) 제도를 이용해 주식을 미리 팔아 둘 시점인 것이다. 만약 b 파동의 상승 추세에 휩쓸려 주식을 덜컥 매입하는 일이 있다면, 그 행동은 아주 위험천만한 일이 될 것이다. b 파동이 진행될 때 주식을 매입하는 일은 단기적으로 보면 다소간의 이익을 가져다주는 일이 될지는 모르지만(그것도 물론 b 파동의 막바지에 정확히 판다는 전제하에서만 가능한 일이다.), 장기적으로 보면 돌이킬 수 없는 손해만을 가져다줄 가능성이 아주 높으므로 조심해야 한다.
 앞서의 a 파동은 파동을 한 등급 낮게 세분하면 3개의 파동으로 구성될 수도 있었고, 또한 5개의 작은 파동으로 세분될 수도 있었다. 그러나 b 파동은 어떤 경우라도 5개의 파동으로 세분되는 일이 없다. b 파동은 반드시 3개의 작은 파동으로만 세분되어야 한다.

그리고 b 파동은 앞선 a 파동의 형태에 따라 그 움직임을 미리 알아볼 수 있다. 만약 a 파동이 5 개의 작은 파동으로 완성되었다면, 앞으로 이어질 b, c 파동과 아울러 전체적으로 지그재그의 조정을 보일 것으로 예상된다. 그리고 이 때 b 파동은 a 파동 길이의 61.8 % 만큼 조정되는 것이 일반적이다. 또 b 파동에 앞선 a 파동이 3 개의 작은 파동으로 구성되는 경우도 있을 것이다. 이 때는 앞으로 플랫이거나 불규칙 조정이 진행될 것으로 예상된다.

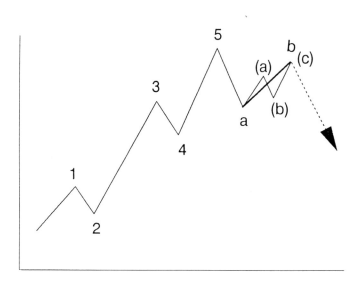

〈그림 5-12〉 b 파동 : b 파동은 일반 투자자들로 하여금 상승 추세가 재개된 것으로 오해하기 쉽게 만든다. 그러나 b 파동은 주식은 매입하기보다는 오히려 5 번 파동이 진행될 때 미처 처분하지 못한 주식을 매도할 절호의 기회로 인식되어야 한다.

그리고 앞으로 플랫이 될지 아니면 불규칙 조정이 될지는 b 파동이 a 파동의 출발점, 다시 말해 5번 파동의 최고점을 넘어서느냐 아니냐에 달려 있다. 일반적으로 플랫 조정에서는 b 파동으로 형성되는 상승 파동이 a 파동의 출발점을 넘어서지 않고, 대충 a 파동의 출발점 근처에서 상승을 멈춘다. 그러나 불규칙 조정이 일어날 때는 b 파동의 상승 추세가 a 파동의 출발점을 넘어서게 된다. 그러므로 이 경우에는 5번 파동의 최고점이 1번 파동에서 c 파동까지의 흐름에서 최고점이 되는 것이 아니라, b 파동의 최고점이 전체 흐름 중에서 최고점이 되는 것이다. 물론, 보통의 경우에는 5번 파동의 꼭대기가 전체 흐름 중에서도 최고 수준이 된다.

따라서, b 파동에 앞선 a 파동이 어떻게 세분되는지를 알아보는 일이 매우 중요한 일로 부각된다. 만약 a 파동이 5개의 작은 파동으로 세분된다면 b 파동으로 인한 상승세는 미미할 것이며, 고작해야 a 파동의 61.8 % 수준에서 그치고 말 것이다. 그러나 만약 a 파동이 5개가 아니라 3개의 파동으로 세분된다면, 문제는 달라진다. 이제는 앞으로 이어질 조정이 지그재그가 아니라 플랫이거나 불규칙 조정이 될 확률이 매우 높다. 따라서, 어떤 경우가 되든지 b 파동의 상승세는 최소한 a 파동의 출발점 근처까지는 닿을 수 있다. 만약 b 파동의 상승세가 a 파동의 출발점 부근에서 멈춘다면 앞으로 이어질 c 파동과 아울러 플랫 조정을 형성하는 꼴이 될 것이고, b 파동의 상승세가 a 파동의 출발점을 넘어선다면 앞으로는 불규칙 파동이 이어질 것으로 예상된다. 플랫 조정이 이루어질 때라면 b 파동의 길이는 a 파동과 거의 비슷한 길이(100% 조정)가 되는 것이 일반적이며, 불규칙 조정에서는 b파동의 길이가 a파동 길이의 1.382 배이거나 1.236 배(0.618×2)로 결정되는 것이 일반적이다.

그런데 여기서 또 한 번의 예외가 있다. a파동이 3개의 작은 파동으로 구성되어서 플랫이나 불규칙 조정으로 이어지는 일이 일반적이기는 하지만, a파동이 3개의 작은 파동으로 구성된다고 해서 다음의 조정이 모두 플랫이나 불규칙 조정이 되는 것은 아니라는 말이다. a파동이 3개의 파동으로 구성되는 조정에는 플랫이나 불규칙 이외에도 삼각형(triangle)이란 조정도 있다. 삼각형 조정이란 모두 다섯 개의 파동으로 구성되는 조정을 말하는데, 그 다섯 개의 파동을 모두 세분하면 3개의 작은 파동들로 구성된다. 그러므로 1번 파동에서 5번 파동으로 이어지는 커다란 하나의 충격 파동이 완성되고, 이어서 조정 파동이 진행된다고 할 때, 첫 번째의 파동이 3개의 파동으로 구성되고 곧 이은 두 번째의 파동이 3개의 파동으로 구성된다고 해서 그것이 바로 플랫이나 불규칙 파동이라고 속단할 수는 없는 것이다. 왜냐하면, 3개의 파동 다음에 3개의 파동이 이어진다 하더라도 또다시 3개-3개-3개의 파동으로 진행되는 삼각형 조정이 될지 아니면 그냥 플랫이나 불규칙 조정이 되고 말지는 아직 모르는 일인 것이다.

삼각형은 2번 파동에서는 절대로 나타나지 않지만 4번 파동에서는 드물지 않게 나타나는 유형이다. 그러므로 보다 시야를 넓게 두고서, 1번 파동부터 5번 파동까지를 한 파동으로 보았을 때 이 커다란 파동은 한 등급 높은 사이클에서는 몇 번 파동에 속하는지 알아 두어야 할 필요가 있으며, 마찬가지로 a, b, c 파동도 크게 보아 2번 파동에 속하는지 아니면 4번 파동에 속하는지 잘 살펴보아야 한다. 이 때 하나의 파동으로 묶은 a, b, c 파동이 2번 파동에 해당된다면 삼각형이 나타날 가능성은 없으므로, 앞서 이야기한 바와 마찬가지로 a파동이 3개의 파동으로 구성되면 다음에 이어지는 조정은 플랫이거나 불규칙 조정이 될 것이 분명하다. 그러나 만약, 하나의 파동으로 묶은 a, b, c 파동이 4번 파동에 해당된다면 삼각형이 나타날 가능성도 염두에 두어야 한다.

삼각형은 각각 3개의 작은 파동으로 구성되는 파동들이 모두 다섯 개 모인 형태로 형성된다고 하였다. 그런데 각각의 파동들은 서로 61.8%만큼 조정하는 형태로 나타난다. 즉 첫 번째 파동의 길이가 100으로 완성되었다면, 두 번째의 파동의 길이는 첫 번째 파동의 61.8%인 61.8로 정해지고, 세 번째의 파동은 두 번째 파동의 61.8%, 즉 38.2로 정해진다. 네 번째 파동과 다섯 번째 파동도 마찬가지다.

또 슬슬 머리가 아파 오는 사람들을 위하여 이제까지 설명한 것을 표로 요약하면 다음의 표와 같다.

a파동의 세분	앞으로 있을 조정의 모양	b파동의 길이
5개	지그재그(zig zag)	a 파동의 61.8%
3개	플랫(flat)	a 파동의 100%
3개	불규칙 조정(irregular)	a 파동의 1.236배 또는 1.382배
3개	삼각형(triangle)	a 파동의 61.8%

표에서 알 수 있듯이 b 파동이 a 파동 길이와 비슷하게 결정되거나(플랫), 또는 a 파동보다 길게 형성될 수도 있다(불규칙 조정). 그러나 마찬가지의 확률로 a 파동 길이의 고작 61.8%밖에 못 미치게 나타날 수도 있는 것이다. 그러므로 앞서 b 파동에서 덜컥 주식을 매입하는 일이 위험하다고 한 이유가 바로 여기에 있다.

사실을 말한다면, 엘리어트 이론 중에서 가장 난해하고 이해하기 어려운 부분이 바로 조정(correction)이라는 데에는 이견이 없다. 따라서, 여러분이 혼동해 하고, 머리 아파하는 것도 무리는 아니다. 그러나 어쩌랴, 어렵고 복잡하지만 그것도 다 엘리어

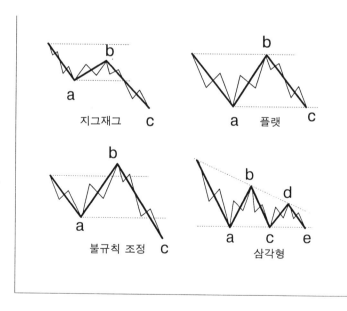

〈그림 5-13〉 조정의 4 유형 : 지그재그, 플랫, 불규칙 조정, 삼각형

트 이론의 한 부분인 것을……. 조정에 대해서는 두 장에 걸쳐 서 자세하고도 친절하게 설명할 예정이므로 여기서는 잘 이해가 안 되는 부분이 있더라도 대충 이 정도로 해 두고 다음을 기약 하기로 하자. 참고로 지그재그, 플랫, 불규칙 조정, 그리고 삼각 형을 그림으로 나타낸 것이 〈그림 5-13〉이다.

c 파동

c 파동은 a 파동, b 파동, c 파동으로 이어지는 하락 파동의 마 지막 파동이다. 그런데 c 파동은 1 번 파동에서 시작된 상승 추세 가 일단 5 번 파동을 마지막으로 하여 완성된 이후에 나타나는 강력한 하락 파동이므로, b 파동이 형성되는 것을 보고 혹시나 이전의 상승 추세가 다시 시작되지 않을까 하고 기대하던 일반 투자자들에게는 실망만을 안겨 주는 파동이 된다. 엘리어트 이 론을 모르는 보통의 일반 투자자라면 a 파동이 상승 추세의 단순 한 조정 장세라고 생각하고, 다시 주가가 b 파동을 형성하면서 상승하기 시작하자 다시 한 번 주가는 상승할 것으로 오해하기 쉽다. 그러나 그들의 기대와는 달리 b 파동에서의 주가 상승세는 미미하게 끝나 버리고 다시 주가가 하락세로 전환하면, 주가의 상승세는 끝났다고 생각해 버린다. 따라서, 주가가 상승할 것이 라는 기대와 희망은 산산이 부서졌으므로 일반 투자자들은 한시 라도 빨리 주식을 처분하고 싶어한다. 주가의 하락폭은 커지게 되며, 또 일부 투자자들은 주가가 더 하락할 것이라고 두려워한

나머지 투매(dumping)의 경향이 나타나기도 한다. 그러나 이제는 여러분도 이미 눈치챘겠지만, c파동은 하락 파동의 서막을 알리는 신호탄이 아니다. 오히려 c파동은 a파동부터 시작된 오랜 하락 국면을 마감하는 파동으로 인식되어야 한다. c파동이 끝나기만 하면 다시 1번 파동부터 시작되는 상승 추세가 또 한 번 우리를 기다리고 있기 때문이다. 상식적으로 판단해 보더라도, 주가가 바닥을 모른 채 떨어지고, 일부에서는 주식을 헐값에라도 내다 파는 투매까지 나타나고(종종 투자자들의 시위가 일어나기도 하고), 증시가 속락의 위기감에 휘말릴 때가 나중에 생각해 보니 바로 바닥이었던 것을 우리는 경험적으로 알고 있지 않은가?

특히 c파동은 a파동과 b파동에 이어지는 세 번째의 파동인데, 세 번째라는 점에서 앞서의 3번 파동과 유사한 점이 많다. 즉 3번 파동에서 거래량도 대폭 늘어나면서 거래도 활발하게 되고, 주가의 상승폭도 커지는 것과 마찬가지로, c파동이 진행될 때는 거래가 활발하게 이루어지는 것은 물론이며, 주가의 하락폭도 또한 크다. 3번 파동에서 종종 갭이 나타나는 것과 마찬가지의 이치로 c파동이 진행될 때에도 종종 갭이 발생하기도 한다.

c파동은 움직임이 매우 강력하므로, 종종 a파동의 최저점을 통과하여 하락하는 일도 발생한다(지그재그나 불규칙 조정의 경우). 이러한 형태를 전통적인 패턴 분석 기법으로 살펴보면, 5번 파동과 a파동으로 구성되는 머리(head)를 중심으로 하여, 헤드 앤 쇼울더형(head and shoulder pattern)이 형성되는 것으로 볼 수 있다. 이 때 3번 파동의 최고점과 b파동의 최고점이 각각 왼쪽

어깨(shoulder)와 오른쪽 어깨를 형성되는 것으로 인식되며, 또한 4번 파동의 바닥과 a 파동의 바닥은 각각 왼쪽 겨드랑이(armpit)와 오른쪽 겨드랑이를 형성하는 것으로 간주된다. 그리고 두 겨드랑이를 이은 직선이 네크라인(neckline)으로 받아들여진다.

삼각형의 조정을 나타내는 때를 제외한다면 a, b, c 파동으로 구성되는 전체의 조정 패턴이 지그재그가 되건, 플랫이 되건, 아니면 불규칙 조정이 될 때라도, c 파동은 세분하면 예외 없이 모두 다섯 개의 한 등급 낮은 파동으로 구성된다. 그것은 앞서 c

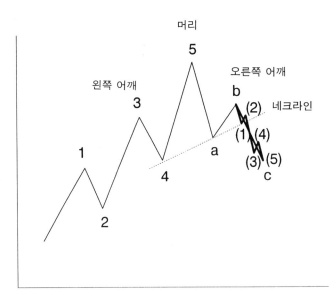

〈그림 5-14〉 c 파동 : c 파동은 주가가 혹시 더 상승하지 않을까 하는 기대가 무산되는 파동이며, 따라서 하락의 속도도 빠르다. 그리고 전통적인 패턴 분석 기법의 측면에서 본다면, c 파동은 5번 파동을 머리로 한 헤드 앤 쇼울더 패턴을 형성하는 것으로 인식될 수 있다.

파동이 충격 파동이라는 논리와도 일치한다. 모든 충격 파동은 5개의 파동으로 구성된다는 것을 잊지는 않았을 것이다. 그런데 이처럼 파동을 한 등급 낮은 파동으로 세분해 보는 것은 여러 모로 유익하다. 앞서 a파동을 설명할 때, 5개의 파동으로 구성되는 상승 파동이 완성된 다음에 다시 5개의 파동으로 구성되는 하락 파동이 이어진다면, 추세가 완전히 상승 추세에서 하락 추세로 전환되는 신호라고 이야기한 적이 있다. 마찬가지의 논리가 여기서도 성립한다. 자, 생각해 보자. c파동은 모두 몇 개의 작은 파동으로 구성되는가? 5개. 그리고 c파동이 끝난 다음에 나타날 1번 파동은 모두 몇 개의 파동으로 세분되는가? 역시 5개의 파동으로 세분된다. 즉 5개의 파동으로 구성되는 한 파동이 완성되고, 다시 5개의 파동으로 구성되는 파동이 앞서의 파동과는 반대 방향으로 형성된다면, 우리는 확신을 가지고 추세가 전환되었다고 말할 수 있는 것이다.

그리고 a, b, c 파동이 지그재그의 형태로 진행될 경우, c파동의 길이는 a파동의 길이와 거의 비슷한 길이로 형성되며, a파동의 바닥보다 현저하게 하락한 꼴로 나타난다. 또한 플랫의 경우는 c파동의 길이가 a파동과 비슷하게 결정되지만, 종종 a파동보다 조금씩 길게 나타나는 때가 많다. 다시 말해, c파동이 a파동의 바닥보다 조금 더 하락한 형태로 나타난다. 그리고 불규칙 조정이 일어날 때에는 c파동이 반드시 a파동의 바닥을 현저하게 지나 하락한다. 이 경우 일반적으로 말해 c파동의 길이는 a파동 길이의 1.618배만큼으로 결정된다.

x 파동

조정에는 지그재그나 플랫, 또는 불규칙 조정같이 단순한 형태만 있는 것이 아니라, 종종 두 개의 지그재그가 연이어 결합된다거나 혹은 플랫과 지그재그가 서로 결합된 형태로 나타나기도 하는 등 복잡한 모양을 띨 때도 많다. 이 때 두 개의 조정 패턴을 서로 연결해 주는 역할을 하는 것이 x 파동이다. 즉 x 파동은 지그재그와 지그재그 사이에 나타나기도 하고(이중 지그재그), 플랫과 플랫 사이에 나타나기도 한다(이중 플랫).

이 x 파동은 3 개의 파동으로 구성되는 것이 일반적인 현상이

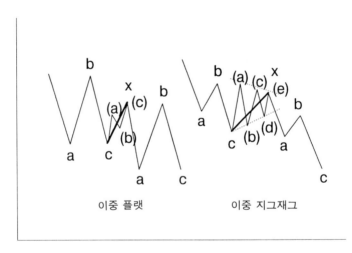

이중 플랫   이중 지그재그

〈그림 5-15〉 x 파동 : x 파동은 두 가지 이상의 조정 패턴이 서로 결합되는 형태인 복잡한 조정 패턴이 나타날 때에, 두 조정 패턴 사이에 나타나는 파동이다.

긴 하지만, 조정의 패턴이 복잡한 형태로 나타날 때에는 아주 드
물게 삼각형의 형태를 띠기도 한다.

제6장

채널 기법

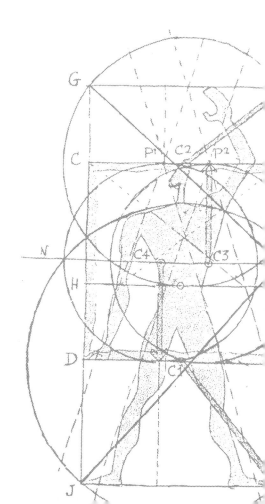

짧은 읽을거리

기화가거(奇貨可居)

전국 시대의 한(漢)나라에 여불위(呂不韋)라는 장사꾼이 있었다. 이 사람은 각국을 돌아다니며 이 나라에서 싼 물건을 저 나라에서 비싸게 파는 방법으로 큰 돈을 모으게 되었다. 그런데 어느 날 여불위는 우연한 기회에 이웃 진(秦)나라의 태자 안국군(安國君)의 서자인 자초(子楚)가 한나라에 인질로 잡혀 있다는 것을 알게 되었다. '이 기회를 놓치지 말자.'라고 생각한 여불위는 자초를 찾아갔다. 그리고는 자초에게 "지금 안국군의 정실 부인인 화양 부인(華陽夫人)에게는 아들이 없으므로 서자 중에서 한 사람이 세자로 책봉될 것입니다. 하지만 안국군의 서자가 20명이나 되고, 또 당신은 다른 나라에 볼모로 잡혀 있는 처지이므로 당신이 세자로 책봉되기가 힘들 것으로 생각됩니다. 하지만 저를 믿고 맡겨 주시면 당신이 세자로 책봉되도록 노력하겠습니다."라고 하며 자신의 재산 중 절반을 자초에게 떼어 주었다. 이렇게 자초의 신임을 얻고 난 후, 여불위는 진나라로 건너가 세자 책봉에 결정적인 영향력을 가진 화양 부인의 마음을 타고난 웅변과 그의 재력으로 움직여 마침내 자초를 세자로 책봉하는

데 성공했다.

결국 자초라는 불우한 처지에 있던 사람에게 자신의 재산을 떼어 주는 등 전력 투구한 여불위의 노력은 마침내 결실을 맺게 되고, 자초가 진나라의 황제로 등극한 이후 여불위는 자신의 공로로 인하여 부귀 영화를 누리게 된 것이다. 즉 자초라는 기화(奇貨)가 여불위의 손에서 마침내 가치가 폭등한 것이다. 이 이야기는 사마천의 '사기(史記)' 중 '여불위전(呂不韋傳)'에 나오는 이야기다.

자초의 가능성을 알아보지 못한 사람들에게는 자초란 단지 한 시대의 불우한 왕족일 뿐이었다. 하지만 자초의 가능성을 알아본 여불위에게는 자초야말로 자신의 재산 가운데 절반을 떼어 줄 정도로 부귀와 영화를 보장해 주는 인물이었던 것이다. 엘리어트 이론도 이와 같다. 엘리어트 이론을 잘 모르는 사람들에게는, 엘리어트의 이론이란 단지 골치 아프고 복잡한 이론일 따름이거나 아니면 숫자만을 늘어 놓는 괴상한 이론에 불과할 것이다. 하지만 엘리어트 이론의 가능성을 믿고 연구하는 사람들에게는 이 야말로 주식 시장에서의 성공을 보장하는 기화(奇貨)가 되고도 남을 것이다. 이번 장에서는 엘리어트만의 독특한 이론 가운데 하나인 채널 기법을 다루어 보기로 한다.

채널의 개념

파동이 진행됨에 따라, 우리는 각각의 파동을 1번 파동, 2번 파동…… 하는 식으로 하나씩 매겨 나간다. 그런데 이렇게 파동을 매겨 나가는 일이 사람에 따라서, 그리고 엘리어트 이론을 이해하는 정도에 따라 저마다 제각각으로 이루어질 가능성이 크다. 그러나 앞에서 이미 밝혔듯이, 어느 누구도 확신을 가지고 자신만이 정확하게 파동을 매기고 있다고 말하지 못한다. 어떤 사람들은 지금의 상승 움직임이 3번 파동에 속한다고 주장하여 앞으로 또 한 번의 상승 추세가 이어질 것으로 기대할지 모르지만, 또 다른 부류의 사람들은 현재의 상승 추세는 5번 파동에 속하므로 이제 상승 장세는 곧 끝난다고 주장할지도 모른다. 그런데 현재의 파동을 몇 번째 파동으로 보느냐에 따라 각각 거래 전략이 달라지므로(다시 말해, 3번 파동이라고 생각하면 과감하게 주식을 매입해야겠지만, 반대로 5번 파동이라고 생각한다면 매도할 기회를 노려야 할 것이다.), 파동을 정확하게 매기는 일은 참으로 중요하다고 하겠다. 파동을 매기는 일이 어려운 것은 사실이지만, 또한 역설적으로 이야기하여 파동을 매기는 일이 어렵기 때문에 엘리어트 이론은 그만큼 가치를 지닌다고 말할 수도 있을 것이다.

과학의 발달로 기술적 분석 기법의 대부분은 컴퓨터의 도움을 받고 있다. 과거에는 일일이 손으로 그릴 수밖에 없었던 주가 차트도 이제는 컴퓨터가 알아서 척척 그려 주고 있고, 또 옛날에는 주산이나 휴대용 계산기를 두드려야만 구할 수 있었던 이동평균이나 RSI 같은 지표도 이제는 컴퓨터가 다 알아서 자동적으로 구해 주고 있다. 그러나 아무리 컴퓨터 기술이 발달하고 뛰어난 기술적 분석 소프트웨어가 개발된다고 하더라도 엘리어트 이론은 여전히 컴퓨터를 통한 기계적인 접근을 허용하지 않고 있다. 일전에 미국 어디선가 컴퓨터를 이용하여, 파동을 자동적으로 매겨 나가는 프로그램을 개발했다는 이야기를 들은 적은 있으나, 그 이후 들려 오는 소식은 그 소프트웨어를 이용한 파동의 매김이 실망스러울 정도로 많이 틀린다는 것이었다. 역시 파동을 매기는 일은 기계적이고 획일적인 접근법보다는 보다 융통성을 가진 사람이 직접 자신의 두뇌로 이루어 내야 한다는 것을 잘 시사해 주는 이야기라 하겠다.

그런데 엘리어트는 채널(trend channel)을 그려 나가는 방법을 쓰면 보다 더 정확하게 파동을 매길 수 있다고 하였다. 채널이란, 주가 움직임이 아래쪽과 위쪽 서로 평행한 추세선 사이에서 움직일 경우를 말한다. 또한 채널은 그 모습이 마치 주가가 굴속에서 움직이는 것과 비슷하다고 하여 터널(tunnel)이라고도 말한다. 채널 기법은 전통적인 패턴 분석 기법에서도 사용하는 방법이기는 하나, 엘리어트의 접근 방법은 전통적인 패턴 기법의 채널과는 다소간 차이가 있다. 즉 전통적인 기법에서 채널을 그리는 목적은 주가의 움직임을 예측하려는 데 있다. 전통적인 기법에 따른다면, 주가가 아래쪽이나 위쪽의 추세선에는 접근하지만 그 추세선을 뚫지 못하면 앞으로 주가의 움직임은 계속해서 좁은 채널 안에서 움직일 것으로 예측하는 것이고, 반대로 주가의 움직임이 어느 순간 한 쪽의 추세선을 뚫고 나가 버리면, 새로운 추세가 시작되는 것으로 이해한다. 그러나 엘리어트 이론

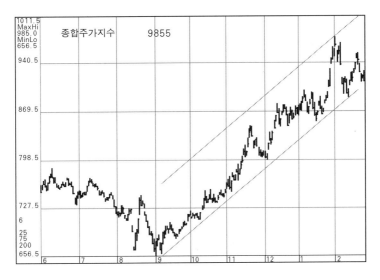

〈그림 6-1〉 채널 : 채널이란 주가의 움직임이 아래쪽과 위쪽의 서로
평행한 두 개의 추세선 사이에서 형성되는 것을 말한다.

에서는 주가가 채널을 뚫고 나가는지 그렇지 않은지를 살펴보는
일보다는, 채널을 그리는 일을 통하여 현재의 파동이 무슨 파동
인지 보다 정확하게 파악하고자 하는 데에 그 주된 목적이 있다.
　채널에 대해 자세하게 설명하기에 앞서서 또 한 번 강조한다
면, 우리가 사는 실제의 세상, 그리고 우리가 웃고 우는 실제의
주가 변동에는 '절대적인 진리'란 없다는 사실이다. 엘리어트 이
론에서도 절대 불가침의 법칙 세 가지를 빼놓으면, 다른 모든 원
칙들은 예외를 허용하고 있다. 따라서, 채널 기법을 이용하여 파
동을 매겨 나가더라도, 채널 기법이 금과 옥조인 양 너무 맹신
하지는 말라는 것이다. 0 아니면 1의 조합으로 모든 것을 풀어

나가는 컴퓨터에 비하여 인간의 두뇌는 월등히 우수하다. 그 이유는 컴퓨터에는 '융통성'이란 단어가 애당초 존재하지 않지만, 인간의 두뇌에는 바로 그 '융통성'이 사고에 상당 부분 도움을 주기 때문이다.

채널 기법의 기초적인 이용

엘리어트 이론에서 채널을 이용할 경우의 주된 관심사는 앞으로 진행될 파동이 어디까지 진행될 것이며, 또한 각각의 파동들은 언제쯤 완성될 것인지를 미리 알아보고자 하는 데 있다. 따라서, 전통적인 차트 패턴 분석 기법에서 말하는 채널 기법과는 그 접근법이 다르다는 것은 이미 밝힌 바 있다. 전통적인 패턴 분석 기법에서는 채널이 유지되는지(즉, 주가의 움직임이 아래 위쪽의 추세선 안에서 움직이는지), 그렇지 않은지가 주된 관심사이다. 그러나 엘리어트 이론에서는 파동의 움직임을 미리 알아보려는 데 그 목적이 있는 만큼, 기본적으로는 채널의 형태가 유지될 것을 전제로 한다. 다시 말하여, 각 파동의 움직임이 채널의 안에서 끝날 것을 가정하고 있다는 말이다.

그리고 또 하나 주의해야 할 사항은, 채널 기법을 이용하여 각 파동의 움직임을 미리 알아보기 위해서는 먼저 1번 파동과 2번 파동이 확인되어야 한다는 점이다. 즉 1번 파동과 2번 파동이 확인되지 않은 상태에서는 채널 기법을 이용할 수 없다. 그 이유는 앞의 〈그림 6-1〉을 살펴보면 명백해진다. 〈그림 6-1〉에서와 같이 채널이란, 아래쪽과 위쪽의 추세선 안에서 주가가 움직여 나가는 것을 말한다. 그런데 아래쪽과 위쪽의 추세선이 그려지려면 최소한 하나 이상의 천정과 바닥이 있어야만 한다. 따라서, 1차적으로 1번 파동과 2번 파동의 움직임이 선행하고, 이에 따라 바닥과 천정이 최소한 1개 이상씩은 나타나야 추세선이든 채널이든 그릴 수 있게 되는 것이다. 1번 파동과 2번 파동의 움직임이 확인된 이후에 채널 기법을 이용하더라도 늦은 것은 아니므로 우려할 필요는 없다. 이제는 이미 여러분도 알다시피 1번 파동이나 2번 파동에서의 주가 움직임에 비하여, 앞으로 전개될 3번 파동 이후에서의 주가 움직임이 훨씬 더 활발하기 때문이다.

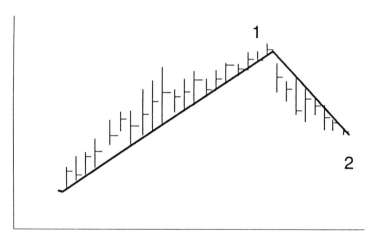

〈그림 6-2〉 채널 기법(1) : 1번 파동과 2번 파동의 추세선을 먼저 그린다. 상승 추세의 추세선은 저점들을 이어서 그리고, 하락 추세의 추세선은 고점들을 이어서 그린다.

아직까지 무슨 이야기를 하는지 잘 이해가 되지 않는 사람들을 위하여, 복잡한 사설은 그만두고 실제적인 채널 기법으로 바로 들어가 보자.

　첫째로, 1번 파동과 2번 파동의 추세선을 그려 본다. 기술적 분석 기법을 조금이라도 알고 있는 사람이라면, 상승 추세의 추세선은 각각의 저점(low)들을 이어서 그려 내고, 반대로 하락 추세의 추세선은 각각의 고점(high)들을 이어서 그려 낼 것이다. 그 원리도 마찬가지로 여기에 적용된다. 즉 1번 파동은 상승 추세이므로 추세선은 저점들을 이어서 그리고, 2번 파동은 반대로 고점들을 이어서 추세선을 그린다.

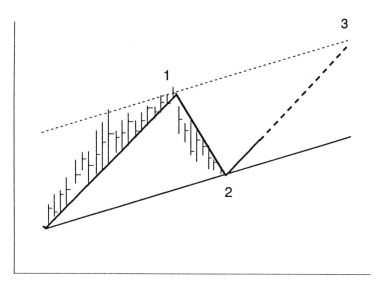

〈그림 6-3〉 채널 기법(2) : 바닥선

둘째로, 1번 파동의 바닥과 2번 파동의 바닥을 이은 추세선 (이것을 편의상 '바닥선'이라고 하자.)을 그린다. 이 바닥선은 앞으로 진행될 각 파동의 바닥을 형성하게 될 것이다.

셋째로, 앞서 그린 '바닥선'과 평행하도록, 또 하나의 추세선을 1번 파동의 정점에서부터 시작하여 그린다. 이 추세선은 앞으로 진행될 각 파동의 천정을 의미하게 된다.

넷째로, 1번 파동의 추세선과 평행한 상승 추세선을 2번 파동의 바닥부터 시작하여 그린다.

이것으로 채널은 완성되었다. 그러므로 채널 기법을 이용하여 3번 파동의 움직임을 예측한다면, 현재 진행되고 있는 3번 파동은 그림에서처럼 위쪽의 추세선과 만나는 수준까지 진행될 것으로 보여지는 것이다. 즉 차트를 참고한다면, 3번 파동이 어느 정도 수준까지 상승할 것인지 미리 알아볼 수 있게 되며, 또한 3번 파동이 진행되는 기간도 어느 정도 미리 알아낼 수 있다. 따라서, 채널 기법을 이용한다면, 순수하게 1번 파동과 2번 파동의 움직임만을 토대로 3번 파동의 움직임을 예측하게 되는 것이다.

또한 채널을 연장해 나가면 3번 파동뿐만 아니라 4번 파동과 5번 파동의 움직임도 미리 알아낼 수 있다. 이 때 4번 파동의 움직임은 2번 파동의 추세선과 평행한 추세선을 3번 파동의 마지막 수준에서부터 그려 보는 것으로 확인할 수 있다. 또한 5번 파동의 움직임은 다시 1번 파동의 추세선과 평행한 추세선을 4번 파동이 끝날 지점에서부터 연장해 보면 알아낼 수 있다. 이러한 과정을 그림으로 나타낸 것이 〈그림 6-4〉이다.

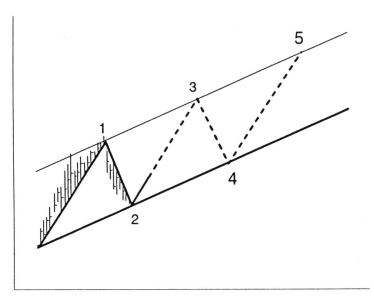

〈그림 6-4〉 채널 기법(3) : 완성된 채널

채널의 수정

앞에서 설명한 채널 기법은 무척이나 간단하면서도 쉽다. 그리고 1번 파동과 2번 파동의 움직임을 토대로 하여 채널을 그리기만 하면, 앞으로 전개될 3번 파동부터 5번 파동까지의 움직임을 손바닥 쳐다보듯 훤하게 알아볼 수 있으니, 참으로 좋은 기법이라고 생각될지도 모른다. 그러나 아직은 이르다. 세상은 그렇게 간단하지 않다. 만약 1번 파동과 2번 파동만으로 형성된 채널만 있으면 앞날을 몽땅 다 예측할 수 있으리라고 판단한다면, 그것은 대단히 유감스런 일이지만, 순진한 생각이다. 실제 주식 시장은 우리가 상상하는 것 이상으로 복잡하며, 우리가 생각하는 이상의 모든 가능성이 존재하는 시장이다. 그러므로 엘리어트의 채널 기법은 각 파동이 어느 정도 움직일 것인지에 대한 참고 사항은 될지언정, 절대적인 기준은 되지 못한다. 사실 엘리어트 자신도 3번 파동이나 5번 파동의 꼭지점은 채널의 위쪽 추세선을 충분히 넘어서서 형성되기도 한다는 점을 인정하고 있다.

여기서 중요한 것은, 만약 파동의 움직임이 채널을 돌파하여 지나쳤을 때의 처리 방법이다. 전통적인 차트 기법에서는 채널을 형성하고 있던 아래쪽이나 위쪽의 추세선이 돌파되면 채널은 더 이상 존재하지 않는다고 생각한다. 그러나 반대로 엘리어트 이론의 채널 기법에서는 채널이 돌파되는 경우라 하더라도 여전히 채널은 존재하고 있다고 생각한다. 물론, 아무리 엘리어트 이론이라 할지라도 이런 경우라면 다시 새로운 채널을 그려야 한다는 것은 분명하다.

먼저 3번 파동의 경우부터 생각해 보자. 앞의 〈그림 6-4〉를 보면, 1번 파동, 3번 파동, 그리고 5번 파동의 길이가 모두 같게 결정되는 것처럼 보인다. 그러나 앞 장에서 설명한 각 파동의 특징들을 머리 속에 떠올린다면, 세 개의 충격 파동이 같은 길이로 나타나는 경우는 거의 없다는 것을 알아차릴 수 있을 것이다. 더더구나 1번 파동의 길이와 3번 파동의 길이가 같게 나타난다는 것은 거의 생각할 수 없는 일이다. 3번 파동은 당연히 1번 파동의 길이보다 길게 진행되는 것이 보통이며, 따라서 3번 파동의 꼭지점은 채널에서 예상되는 꼭지점, 즉 1번 파동과 길이가 같게 나타나는 수준을 훨씬 넘게 형성되어야 하는 것이 정상인 것이다.

예컨대, 실제 3번 파동의 꼭지점이 우리가 앞서 1번 파동과 2번 파동을 이용하여 예상했던 가상의 꼭지점 수준을 넘어서 형성되었다고 하자. 다시 말하여, 애초에 우리가 1번 파동과 2번 파동을 이용하여 만들어 두었던 채널을 돌파하여 3번 파동의 꼭지점이 형성되었을 경우이다. 이럴 때, 제일 먼저 해야 할 일은 1번 파동의 꼭지점과 3번 파동의 꼭지점을 연결하는 새로운 추세선을 그리는 일이다. 또한 마찬가지의 방법으로 지금 그린 위쪽의 새로운 추세선과 평행하게 다시 한 번 아래쪽의 바닥선을 그릴 수 있을 것이다. 이 때의 새로운 바닥선은 앞서 1번 파동과 2번 파동의 진행에 바탕을 둔 바닥선을 수정하는 역할을 한다.

따라서, 수정된 바닥선은 4번 파동이 어느 정도까지 하락할 것인지를 미리 일러 주는 잣대가 된다. 만약 수정된 바닥선을 이용하여 알아본 4번 파동의 바닥이 3번 파동을 38.2% 되돌리는 수준이거나 혹은 3번 파동 안의 네 번째 파동과 일치하는 수준이 된다면, 그 바닥은 4번 파동의 바닥이 될 가능성이 상당히 높다. 그러나 엄밀히 말하자면, 4번 파동의 바닥은 4번 파동이 끝나 보아야 알 수 있는 일이므로, 단순히 채널의 바닥이 된다고 하여 그 수준이 4번 파동의 바닥이 될 것이라고 100% 확신하는 것은 아직은 이르다. 우리가 채널 기법을 통해 궁극적으로 알아보고자 하는 것은 5번 파동의 꼭지점이기 때문이다. 그러므로 수정된 채널을 통해서 4번 파동의 바닥이 어느 정도까지 이를 것인지를 참고하면서, 일단 4번 파동이 끝날 때까지 기다려 보기로 하자.

자, 드디어 4번 파동이 완성되었다고 하자. 4번 파동이 우리가 앞에서 만들어 두었던 수정된 바닥선과 꼭 일치한다면 그리 큰 문제는 없다. 앞으로 형성될 5번 파동도 이제까지 만들어진 채널 안에서 형성될 가능성이 매우 높기 때문이다. 그러나 만약 4번 파동이 채널의 바닥선에 못 미쳐 끝나 버린다면 어떻게 할 것인가?

엘리어트 이론의 장점의 하나는 바로 융통성에 있다고 지적한 바 있다. 또, 아무리 컴퓨터가 발달한다 하더라도 엘리어트 이론

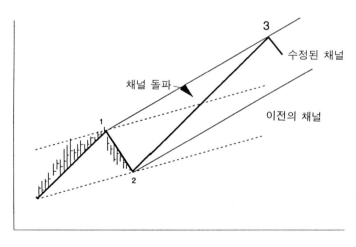

〈그림 6-5〉 수정된 채널

을 100% 커버하는 컴퓨터 모델이 개발될 수 없다는 이유도 바로 이 융통성 때문이라고 말한 바 있다. 이제 4번 파동이 애초의 바닥선에 못 미쳐 끝났다면 어떻게 할 것인가? 말할 것도 없이 엘리어트 이론의 융통성을 발휘해 보는 것이다. 즉 새로운 채널을 또 하나 그리는 것이다. 새로운 채널의 바닥선은 2번 파동의 바닥과 4번 파동의 바닥을 이은 선으로 그려질 것이다. 그리고 또 하나 새로운 위쪽의 추세선은 3번 파동의 꼭지점에서부터 새로운 바닥선과 평행하게 그리면 된다.

이렇게 하면 완성이다. 우리가 찾는 최후의 목표, 즉 5번 파동의 꼭지점은 이상의 과정을 거쳐서 그려진 최종적인 채널 안에 위치하게 되는 것이다. 너무 복잡한가? 아니면 일관성이 없게 비쳐지는가? 혹자는 위에서 죽 설명한 채널 기법에 대해서 '아니, 파동이 완성된 다음에야 채널을 뚫었는지 그렇지 않은지 확인할 수 있는 것이 무슨 의미가 있는 걸까?'라고 의문을 가질는지 모른다. 아마도 그 사람들에게는 절대 절명의 법칙이 몇 가지 있어서, 그 법칙만 알면 주가의 움직임을 척척 꿰뚫을 수 있는 이론이 구미에 맞을 것이다. 그러나 대단히 유감스런 말이지만, 엘리어트 이론은 그런 이론이 아니다. 세상의 모든 일을 몇 개의 간단한 법칙으로 옭아매는 억지를 엘리어트 이론에서는 찾을 수 없다.

그 사람들은 1번과 2번의 파동을 이용하여 채널을 척 하니 길게 그려 두고, "앞으로의 모든 파동은 반드시 채널 안에서만 움직인다."고 이야기하는 이론을 바랄지 모르지만, 엘리어트 이론은 다르다. 하지만 긍정적인 사고 방식으로 생각해 본다면 엘리어트 이론이야말로 얼마나 합리적인가? 그리고 어떤 방법이 더 좋아 보이는가? 우격다짐으로 하나의 채널만을 주장하는 방법이 옳다고 느껴지는가? 아니면 파동이 하나씩 진행될 때마다 조금씩 조금씩 그 때의 상황에 맞게 채널을 수정하는 것이 더 나은 방법으로 보이는가?

5번 파동의 꼭지점

모든 투자자들의 꿈이라면 되도록 빨리 1번 파동이 시작되는 수준에서 주식을 매입했다가 5번 파동의 제일 막바지에서 매도하는 일일 것이다. 따라서, 채널 기법을 통하여 5번 파동의 꼭지점을 미리 산정해 두는 일은 대단히 유용한 것으로 생각된다. 우리는 1번 파동과 2번 파동의 움직임을 통하여 5번 파동의 꼭지점을 일단 대략적이나마 산정해 볼 수 있다. 그러나 이 목표치는 완전히 확정된 것은 아니고 각각의 파동이 진행됨에 따라 수정될 가능성이 매우 높다. 즉 3번 파동이 완성되고 나면 한 차례 채널은 수정을 거치고, 또 4번 파동이 완성되고 나면 채널은 또 한 번의 수정을 거치게 되어 최종적으로 완성된다. 이 때 우리가 얻는 5번 파동의 꼭지점은 최후로 완성된 채널선상에 위치하게 될 것이다.

그런데 여기서 또 하나의 의문점이 남는다. 5번 파동의 꼭지점이 채널선상, 다시 말해 최종적으로 수정된 위쪽의 추세선상에 위치한다는 것은 분명할지라도, 과연 추세선 위의 어느 점에

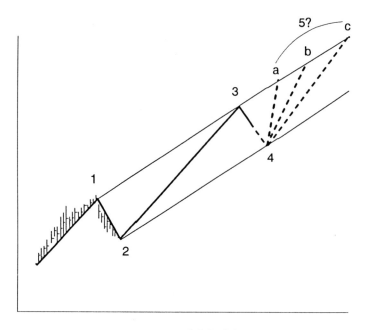

〈그림 6-6〉 완성된 채널

위치할 것인가가 문제로 대두될 것이다. 〈그림 6-6〉에서 보는 바와 같이, 5번 파동의 꼭지점이 채널 위에 위치한다 하더라도 그것이 채널상의 a점이 될지, 아니면 b점이 될지, 또는 극단적으로 c점 수준으로 결정될지 아직 알 수 없는 것이다.

따라서, 우리가 5번 파동의 꼭지점을 예측할 때 참고할 수 있는 방법은 결국 다음의 세 가지 방법 중 한 가지가 될 것이다.

첫째, 5번 파동이 완성되는 것을 지켜보면서 그 결과가 명백해질 때까지 기다리는 방법이 있다. 이럴 경우, 우리는 엄밀한 의미로 5번 파동이 어느 정도 수준까지 진행될 것인지 미리 알 수 없다. 즉 점 a가 될지, 혹은 점 b나 점 c 수준이 될지, 아니면 또 다른 수준까지 진행될지 아직은 모른다. 결국은 5번 파동이 끝나 보아야 5번 파동의 꼭지점을 알아볼 수 있다는 말인데, 이 방법은 그리 좋은 방법이 아니다. 왜냐 하면, 이 방법은 5번 파동의 꼭지점이 완성된 다음에야 비로소 거래를 할 수 있다는 것이므로, 이럴 경우 당초 우리가 목표로 하였던 "5번 파동의 꼭지점에서 매도한다."라는 원칙은 지킬 수 없기 때문이다.

두 번째의 방법으로 생각할 수 있는 것은, 4번 파동의 바닥에서부터 3번 파동과 평행한 추세선을 긋고, 그 추세선과 채널이 서로 만나는 점을 5번 파동의 꼭지점으로 예상하는 방법이다.

그리고 마지막으로 생각할 수 있는 방법으로는 두 번째의 방법에서처럼 4번 파동의 바닥에서 출발하는 상승 추세선을 그리기는 하되, 3번 파동이 아니라 1번 파동의 추세선과 평행한 추세선을 긋는 방법이다.

자, 위의 세 가지 방법 중에서 어느 방법이 가장 합리적으로 생각되는가? 우선 첫 번째의 방법은 우리의 목표와는 배치되므로 일단 버리기로 하자. 그러면 두 가지 방법 중의 하나라는 말인데, 어떤 방법일까 ?

그런데 우리가 앞서 배운 각 파동의 성격과 엘리어트 이론의 법칙 중 하나인 파동 균등의 법칙을 떠올린다면 대답은 의외로 쉽게 얻을 수 있다. 그렇다. 정답은 세 번째 방법이다. 즉 5번 파동은 바로 1번 파동과 평행하게 움직여야 하는 것이다. 엘리어트 이론의 파동 균등의 법칙에 따른다면, 5번 파동의 길이는 1번 파동의 길이와 같거나 최소한 61.8%의 길이만큼으로 결정된다. 그리고 5번 파동은 1번 파동부터 시작한 상승 추세를 마무리하는 만큼, 3번 파동에서 볼 수 있는 것처럼 강력한 상승세를 나타내는 경우는 드물다.

따라서, 5번 파동의 꼭지점을 미리 알아내는 방법은 4번 파동의 바닥에서부터 1번 파동과 평행한 추세선을 긋고, 그 추세

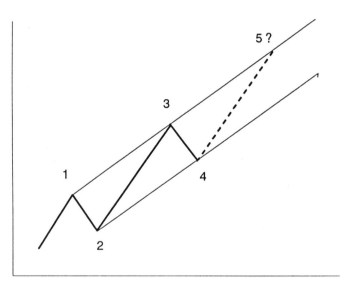

〈그림 6-7〉 잘못된 5번 파동의 꼭지점 : 5번 파동의 꼭지점을 예측하려면 5번 파동을 3번 파동의 움직임과 평행한 모습으로 이어 나가며 그려서는 안 된다.

선이 채널과 만나는 점을 5번 파동의 최종적인 꼭지점이라고 생
각하는 것이다. 이 때 예상되는 5번 파동의 움직임은 1번 파동
의 움직임과 마찬가지로 짧으면서 비교적 가파른 상승세가 될
것이다.

　이제까지의 설명에서 알 수 있는 것처럼, 우리는 파동이 진행
될 때마다 이전의 채널은 잊어버리고, 새로운 채널을 하나씩 차
례로 그려 나간다. 그러나 여기에도 한 가지 예외가 있다. 즉 3
번 파동의 움직임이 극단적으로 힘차고, 가파른 상승세를 보이

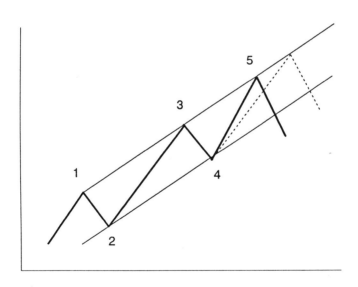

〈그림 6-8〉 옳은 5번 파동의 꼭지점 : 채널 기법을 이용하여 5번 파동
의 꼭지점을 예측하려면 파동의 성격을 십분 발휘하여, 5번 파동의 움
직임을 1번 파동의 움직임과 평행한 모습으로 이어 나가야 할 것이다.

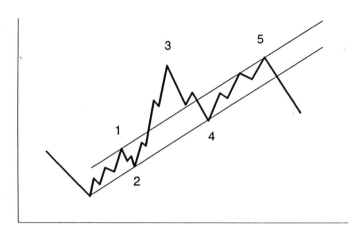

〈그림 6-9〉 채널 기법의 예외 : 3번 파동의 움직임이 비정상적으로 가파르게 상승한 경우라면, 채널 기법을 통한 5번 파동의 꼭지점은 너무 높은 수준에서 결정될 것이다. 이 때 5번 파동의 꼭지점은 수정된 채널이 아닌, 기존의 채널 안에서 움직임을 멈추는 경우도 종종 있으므로 주의해야 한다.

는 경우에는 채널 기법을 통한 5번 파동의 꼭지점은 너무 높은 수준에서 결정될 것이다. 이럴 경우에는 5번 파동의 꼭지점이 수정된 채널 위에서 결정되는 것이 아니라 기존에 있어 왔던, 즉 1번 파동과 2번 파동으로 만들어진 채널 위에서 결정되기도 한다는 사실이다. 그러므로 앞서 말한 엘리어트 이론에서의 융통성을 다시 한 번 발휘하여, 너무 도식적으로 5번 파동의 움직임을 예상하기보다는 이런 저런 가능성을 모두 염두에 두고 거래에 임할 일이다.

제7장
파동의 연장

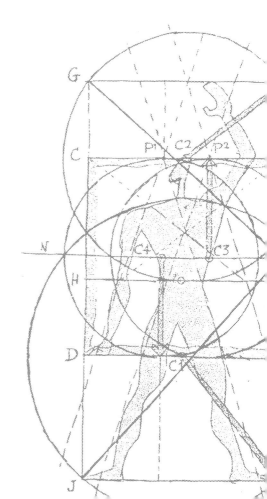

짧은 읽을거리

"사랑하면 알게 되고, 알면 보이나니……"

　최근에 읽은 책 중에서 가장 좋았던 책을 말하라면 나는 단연코 유홍준 교수가 쓴 '나의 문화 유산 답사기'(창작과 비평사)를 꼽을 것이다. 이 책이 단순히 베스트셀러라는 이유에서만이 아니라, 이 책의 구석구석에 살아 숨쉬는 우리 나라의 문화적 유적에 대한 저자의 사랑을 확인할 수 있었기 때문이며, 나아가 우리가 우리의 문화 유적에 대하여 이렇게도 무식하였는지 새삼 깨달을 수 있는 기회를 제공하였기 때문이다.

　이 책에서는 불국사나 현충사같이 이름난 '인위적인' 유적지보다는 우리의 산하 구석구석에 널려 있는 '때묻지 않은' 문화 유적들을 더 사랑스러운 눈으로 보고 있다. 하지만 솔직히 우리들같이 평범한 사람들의 눈에는 그래도 불국사 같은 유적들이 멋있게 보일 뿐이지, 이름없는 조그마한 절의 석탑이 아름답다고 느껴지지는 않는다. 어떻게 하면 이들 문화 유적들을 보며 아름다움과 애정을 느끼게 되는가?

여기에 대해 저자 유홍준 교수(영남대)는 책의 첫머리에 다음과 같이 밝히고 있다. "인간은 아는 만큼 느낄 뿐이며, 느낀 만큼 보인다." 즉 어떤 사물이든 그것이 무엇을 의미하는지 알지 못하고서는 아름답다는 사실도 느낄 수 없다는 말이다. 그러면 그것을 어떻게 아는가? 유 교수는 말한다. "사랑하면 알게 되고, 알면 보이나니, 그 때 보이는 것은 전과 같지 않으리라."

우리들의 문제인 엘리어트로 다시 돌아가서 생각해 보자. 보통 사람들에게 주식 시장의 움직임은 예측하기 어렵고 불규칙적인 움직임으로 느껴질 것이다. 그러나 엘리어트 이론을 '아는' 사람들에게는 얼핏 보기에 불규칙해 보이는 주식 시장의 움직임 속에서도 다 질서와 조화가 숨어 있다는 것을 발견할 수 있을 것이다. 그러면 불규칙해 보이는 주식 시장의 움직임을 어떻게 알 수 있는가? 대답은 마찬가지다. "(엘리어트 이론을) 사랑하면 알게 되고, 알면 보이나니, 그 때 보이는 것은 전과 같지 않으리라."

파동의 연장

가장 정통적인 엘리어트 파동이라면, 1번 파동부터 5번 파동이 엘리어트의 절대 불가침의 원칙과 채널 기법의 원칙에 걸맞게 정상적으로 형성되고, 이어서 a파동, b파동, c파동이 차례로 나타나는 꼴일 것이다. 그러나 솔직히 말해서 우리의 현실 세계에서는 엘리어트의 정통적인 파동이 차례로 이어지는 예는 거의 없다고 해도 과언이 아니다. '토라지기 쉬운 사춘기 소녀의 마음과도 같은' 주식 시장에서는 언제, 어떤 일이 벌어질지 속단할 수 없으며, 그래서 예외 없는 정통적인 엘리어트 파동을 추구하기보다는 차라리 모든 예외들을 인정하고 그것에 걸맞는 거래를 하는 것이 우리가 취할 합당한 태도가 될 것이다.

이 장에서는 정상적인 엘리어트의 충격 파동과는 그 모양이 조금씩 달리 나타나는 변형꼴들을 설명하기로 한다. 그런데 여기서 다시 한 번 밝혀 두지만, 변형꼴이라고 해서 정통적인 파동에 비하여 발생하는 빈도 수가 적을 것이라고 생각하는 것은 오산이다. 현실적인 경험에 따르면 오히려 정통적인 엘리어트 파동보다는 변형의 발생 빈도 수가 훨씬 더 높다는 것을 유념해야만 할 것이다.

먼저 〈그림 7-1〉을 살펴보자. 그리고 이제까지 배운 엘리어트의 이론에 따라 주가의 움직임을 1번 파동부터 시작하여 엘리어트의 파동으로 순서를 매겨 보자. 각각의 파동들에게 걸맞는 파동의 번호를 손쉽게 매길 수 있는가? 엘리어트의 절대 불가침의 법칙에 의거하여 생각할 때, 어디 위반되는 구석은 없는가?

엘리어트 이론에 대해 초보적인 지식을 가지고 있는 보통의 사람들이라면, 주가의 움직임이 꼭지점과 바닥을 형성하면서 움직일 경우 제일 바닥에서부터 차례대로 1번 파동, 2번 파동, 3번 파동…… 하는 식으로 파동을 매겨 나갈 것이다. 그런데 이처럼 '순진하게' 파동을 매겨 나가는 일이 가끔 벽에 부닥칠 때가 있다. 순서상으로 보아 분명히 세 번째로 나타나는 파동인데도 불구하고, 3번 파동이라고 하자니 앞선 1번 파동에 비하여 현저하게 길이가 짧게 나타난다든지, 아니면 순서로 보아 네 번째의 파

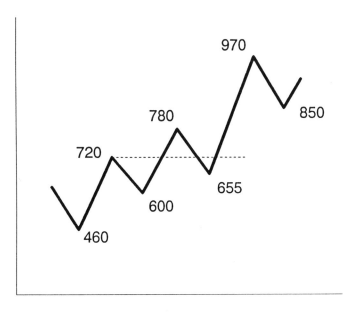

〈그림 7-1〉 파동의 연장(실제 예)

동임은 분명하지만 1번 파동의 꼭지점을 하향 돌파하는 것으로
나타나는 등, 우리가 알고 있는 엘리어트의 절대 불가침의 법칙
에 위배되는 현상이 나타나는 경우가 바로 그렇다. 그런데 혹시
여러분 가운데서 일부는 아무 생각 없이 엘리어트의 절대 불가침
의 원칙과 위배되는지도 확인하지 않고 제일 바닥부터 1번 파동,
그 다음을 2번…… 하는 식으로 5번 파동까지 매겨 놓지나 않았
는지 모르겠다. 다시 한 번 찬찬히 살펴보라. 과연 지금 파동을
매긴 것과 엘리어트의 절대 불가침의 원칙이 상반되지는 않는가?

이럴 때 대부분의 '초보적인' 분석가들은 자신이 매긴 엘리어트 파동이 어디서부터 잘못되었는지 다시 한 번 살펴보지만, 이들의 눈에는 결정적인 잘못이 대개 잘 발견되지 않는 법이다. 이에 따라 어떤 부류의 사람들은 엘리어트의 절대 불가침의 법칙은 '무시해 버리고' 계속해서 파동의 매김을 고집스럽게 강행해 나갈 것이고, 또 다른 부류의 사람들은 "아! 모르겠다." 하고 파동의 매김을 포기해 버릴 것이다. 여러분은 어떤 종류의 사람인가? 엘리어트의 절대 불가침의 법칙이야 있든지 말든지 계속해서 자신의 주장을 고집스럽게 밀고 나가는 사람인가? 아니면 "아! 골치 아프다."고 중도에서 그냥 포기해 버리는 사람인가?

　〈그림 7-1〉은 그냥 아무렇게나 그린 그림이 아니라 현실의 상황에서 따온 실제 예이다. 즉 우리 나라의 종합 주가 지수의 움직임을 간략하게 나타낸 그림인데, 여기서는 92년 8월, 종합 주가 지수가 456을 바닥으로 상승세로 반전한 이후의 움직임을 나타낸 것이다. 우리는 우리 나라의 종합 주가 지수가 89년 3월말 1,000 포인트 바로 위에서부터 하락하기 시작한 이래, 92년 8월말 456 수준까지 하락한 것을 이미 알고 있다. 또한 그 456이라는 바닥에서 상승 추세로 반전한 이후 이미 900 선 이상까지 상승한 것도 익히 잘 알고 있다. 그렇다면 종합 주가 지수 456이라는 것은 분명히 바닥이므로 틀림없이 1번 파동의 출발점인 것은 명백한 사실일 것이다. 따라서 1번 파동, 2번 파동…… 하는 식으로 파동을 매겨 나가야지, 아직 잘 알지도 못하면서 a 파동, b 파동, c 파동…… 하는 식으로 파동을 매겨서는 안 될 것이 확실하다.

엘리어트의 이론은 삼라만상을 지배하는 법칙이라고 했는데, 왜 현실에서는 잘 맞지 않는가? 혹시 우리 나라의 종합 주가 지수는 엘리어트 파동과는 상관없이 움직이는 '특수한' 움직임을 나타내 주는 것은 아닌가? 하지만 상식적으로 생각해 보더라도, 우리 나라의 종합 주가 지수가 유독 엘리어트의 이론과 동떨어지게 움직인다는 것은 납득하기 힘든 사실이다. 그렇다면 우리가 알고 있는 것 이외에 또 다른 엘리어트의 법칙이 있는 것이 분명할 것이다.

초보적인 엘리어트 분석가들이 파동을 매길 때 혼란을 느끼는 대부분의 이유는 아마도 파동이 연장(extension)될 수 있다는 사실을 몰랐거나 혹은 잊어버렸을 때로 생각된다. 그러면 먼저 파동이 연장된다는 것이 무엇인지 알아보기로 하자.

파동이 연장된다는 것은 세 가지 충격 파동, 즉 1번 파동이건 3번 파동이건 혹은 5번 파동이건 간에 어느 하나의 충격 파동의 움직임이 너무나 활발하여 정상적인 파동의 움직임보다도 그 움직임이 더 길고, 강력하게 나타나는 것을 말한다. 그런데 파동의 연장이라는 것은 다른 말로 바꾸면, 하나의 완전한 5개의 파동이 다른 파동 안에 더부살이하고 있다고 생각하면 쉽다. 한 파동 안에 다시 다섯 개의 파동이 들어가 있는 것이다.

그런데 파동이 연장되어 그 파동 안에 다섯 개의 완전한 파동이 있다는 말과, 파동을 다섯 개의 한 등급 낮은 파동으로 세분할 수 있다는 말은 서로 다르다. 즉 파동이 연장되었을 때, 한 파동 안에 더부살이하는 5개의 파동은 한 등급 낮은 파동들이 아니라, 다른 파동들과 등급이 같은 파동이라는 의미이다. 그것은 〈그림 7-1〉로 다시 돌아가서 살펴보면 명백하다. 얼핏 보기에 3번 파동, 4번 파동으로 보이는 세 번째, 네 번째의 파동들은 사실은 3번 파동이 연장된 꼴이다. 그리고 그림에서 보다시피 세 번째, 네 번째 파동의 움직임이 우리가 3번 파동, 4번 파동으로 오인할 수 있을 정도로 크고 길어서 앞선 1번 파동이나 2번 파동과 그 길이나 형성하는 데 걸리는 시간이 거의 비슷하지 않은가? 즉 연장된 파동들의 등급은 다른 1번 파동이나 2번 파동의 등급과 같게 나타난다는 말이 성립하는 것이다. 그리고 마지막으로 한 마디 덧붙이자면, 만약 파동이 연장되었다면, 1번 파동부터 5번 파동까지의 전체 파동의 숫자는 5개가 아니라 모두 9개가 되어야 한다는 점을 유의해야 한다.

그러면 이제 〈그림 7-1〉의 파동은 어떻게 매기는 것이 정답이 되는지 알아보기로 하자. 정답은 〈그림 7-2〉처럼 매기는 것이 되어야 한다. 즉 1번 파동, 2번 파동 다음에 다시 (1)번 파동, (2)번 파동, (3)번 파동 하는 식으로 매겨야 하며, 모두 (5)번 파동까지 이렇게 파동을 매긴 것이 전체적으로 3번 파동이 된다. 그런 다음에는 다시 4번 파동, 5번 파동으로 파동을 매겨야 한다.

그렇다면 이렇게 파동의 연장을 감안하여 파동을 매긴다고 했을 때는 엘리어트의 절대 불가침의 법칙에 위배되는 것이 없는지 살펴보자. 우리가 아무 생각 없이 4번 파동이라고 생각했던 네 번째의 파동은 4번 파동이 아니라 3번 파동의 (2)번 파동으로 밝혀졌으므로 1번 파동의 꼭지점을 통과하여 아래쪽으로 하락하였더라도 엘리어트 법칙을 위배하지는 않는다. 또 우리가 3

번 파동이라고 생각했던 세 번째의 파동도 사실은 3번 파동의 (1)번 파동에 불과하므로 1번 파동보다 짧게 형성된다고 해서 문제될 것은 없다. 그러므로 현재까지 엘리어트의 절대 불가침의 법칙과 위배되는 것이 없으므로 이렇게 파동을 매겨 나가는 것이 정확하다고 하겠다.

파동의 연장 여부를 미리 알아내는 일은 대단히 중요하다. 그것은 단순히 파동을 매기는 일의 옳고 그름을 떠나서 실제적으로 우리가 주식을 거래하는 데 있어서 의사 결정에 막대한 영향을 미치기 때문이다. 만약 우리가 파동의 연장을 감안하지 않고, 엘리어트의 절대 불가침의 법칙을 무시한 상태로 파동 매기는 일

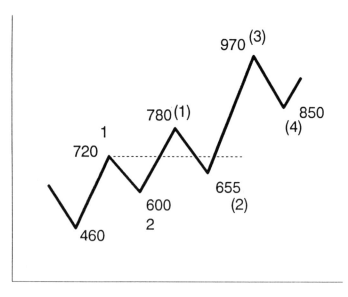

〈그림 7-2〉 파동의 연장을 감안한 파동 매김(1)

을 고집스럽게 강행했다면, 〈그림 7-1〉에서는 1번 파동부터 5번 파동까지의 움직임이 모두 끝난 것으로 인식되며, 따라서 앞으로 예상되는 주가 움직임은 a 파동, b 파동, c 파동으로 이어지는 하락 국면일 것이다. 따라서, 우리의 의사 결정은 당연히 5번 파동의 막바지에서 매도하는 것이 된다. 그리고 앞으로 예상되는 주가 움직임은 계속적인 하락이 될 것이므로 주식을 더 이상 매입하는 것은 위험하다는 결정이 내려질 것이다(〈그림 7-3〉의 위쪽 그림).

그런데 앞서 살펴본 대로 3번 파동이 연장되고 있다고 생각한다면, 아직도 1번 파동에서 시작한 상승 움직임이 완전히 끝나지 않은 상태이므로 앞으로 최소한 두 번의 상승 움직임이 더 있을 것으로 예상된다. 따라서, 이 때 우리의 의사 결정은 주식을 3번 파동의 (3)번 파동에서 서둘러 팔아 버리기에는 아직 이르다는 것이 될 것이며, 앞으로 3번 파동의 (5)번 파동이 지나고, 4번 파동이 지나고, 바야흐로 5번 파동에 이르기 전까지는 주식을 계속 보유하는 것이 좋다고 생각될 것이다(〈그림 7-3〉의 아래쪽 그림).

여러분은 어느 쪽을 선택할 것인가? 대답은 들어 보나마나이다. 당연히 주식을 더 보유하고 있든지, 아니면 3번 파동의 (4)번 파동에서나 혹은 그 다음의 4번 파동에서 주식을 더 매입하는 것이 옳은 선택임은 명백하다. 그림에서는 생략하였지만, 우리 나라의 종합 주가 지수가 〈그림 7-3〉의 위쪽 그림처럼 움직이지 않고 아래쪽 그림처럼 상승을 지속했다는 것을 우리는 잘 알고 있지 않은가!

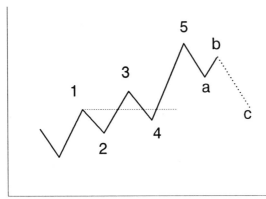

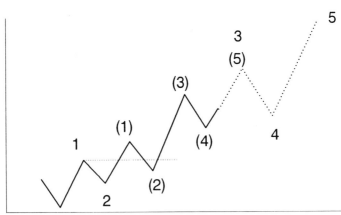

〈그림 7-3〉 파동의 연장을 감안한 파동 매김(2)

파동 연장의 원칙

충격 파동의 움직임이 너무나 활발하여 정상적인 파동의 움직임보다도 길고 강력하게 파동이 형성되며, 또한 한 파동 안에 같은 등급의 완전한 다섯 개의 파동이 더부살이하고 있는 형태를 파동이 연장된 것이라고 이야기한다는 것은 앞에서 이미 설명한 바 있다. 그러나 파동의 움직임이 아무리 강력하다 하더라도 무턱대고 어떤 파동이건 연장되는 것은 아니다. 엘리어트의 이론 중에는 파동이 연장되는 경우라 할지라도 일정한 원칙이 반드시 존재하고 있다.

첫째, 반드시 1번 파동, 3번 파동, 5번 파동의 충격 파동만이 연장될 수 있으며 2번 파동이나 4번 파동, 또는 a 파동, b 파동, c 파동 같은 조정 파동은 연장될 수 없다. 예를 들면, c 파동은 그 성격이 3번 파동과 유사하여 파동의 움직임이 크고 강력하게 형성될 때가 많지만, c 파동은 근본적으로 a-b-c 파동을 형성하면서 조정 파동을 구성하기 때문에 결코 연장되어서는 안 된다. 2번 파동이나 4번 파동은 각각 1번 파동과 3번 파동을 조정하는 역할을 하기 때문에, 그 움직임이 크게 나타날 가능성은 별로 없으며, 따라서 당연히 연장되지도 않는다.

둘째, 하나의 사이클 안에서는 반드시 한 번의 연장만 일어난다. 다시 말하여 1번 파동, 3번 파동, 5번 파동 중에 어느 하나만이 연장될 수 있다는 말이다. 이 말을 역으로 생각하면, 앞으로 진행될 파동의 성격을 점칠 수 있다. 즉 1번 파동이 연장된 형태로 진행되고 있다면, 다음에 나타날 3번 파동이나 5번 파동은 절대로 연장될 수 없고 정상적인 형태로 나타나야 할 것이다. 마찬가지 논리로, 3번 파동이 연장되었다면 다음에 나타날 5번 파동은 반드시 정상적인 형태가 될 것이며, 또한 1번 파동이나 3번 파동이 연장되지 않고 정상적인 형태가 되었다면 5번 파동

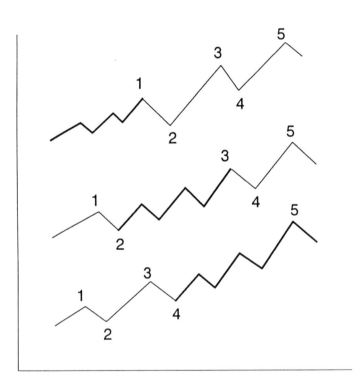

〈그림 7-4〉 파동이 연장되는 여러 경우 : 파동의 연장은 주로 3번 파동이나 5번 파동에서 발생하지만, 1번 파동이 연장될 가능성을 전혀 배제할 수는 없다.

이 연장될 가능성이 높다는 말이 된다.

셋째로, 우리는 1번 파동에서 5번 파동까지의 움직임 가운데 그 중 어느 하나의 충격 파동이 연장되면 파동들의 숫자는 5개가 아니라 모두 9개가 된다는 것을 알고 있다. 그런데 아주 드문 경우이긴 하지만, 어떤 파동이 연장된 것이 분간할 수 없을 정도로 연장이 일어나는 수도 있다. 이 때는 9개의 파동이 거의 비슷한 크기로 형성되는 경우로서, 비록 어떤 파동이 연장되었는지는 알 수 없을지라도 파동의 연장이 일어난 것은 분명히 확인할 수 있는 경우이다. 또한 이처럼 9개의 파동의 크기가 모두 비슷하게 나타나서 어느 파동이 연장된 것인지 알아볼 수 없는 때는, 이보다 한 등급 높은 파동이 3번 파동일 경우에 일어나는 것이 일반적이다.

넷째로, 거래량의 움직임을 관찰하면 파동이 연장될 것인지의 여부를 확인하기 용이하다. 일반적으로 거래량은 주식 시장이 파행적으로 움직일 때 급격히 늘어나는 경향이 있다. 그러므로 어느 한 파동이 연장될 때는 거래량도 따라서 급격히 증가하게 된다.

다섯째로, 한 파동의 움직임이 비정상적으로 강력할 경우에는 연장의 연장(extension of extensions)이 일어날 가능성도 배제할 수 없다. 무슨 말인가 하면, 1번 파동에서 5번 파동 중의 어느 한 충격 파동이 연장되어 모두 9개의 파동이 되었다고 할 때, 연장된 파동이 다시 한 번 연장되어 모두 13개의 파동이 형성되는 꼴을 말한다. 즉 연장된 3번 파동 안의 세 번째 파동이 다시 연장되는 것이 그 한 예이다. 연장의 연장은 5번 파동 안에서 일

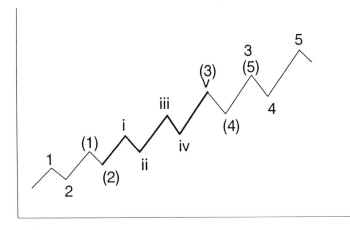

〈그림 7-5〉 연장의 연장 : 파동의 움직임이 비정상적으로 강력할 때에
는 연장된 파동 안에서 또 하나의 파동이 연장되는 경우도 있을 수 있
다. 그런데 연장의 연장은 일반적으로 3번 파동에서 발생한다.

어날 수도 있지만, 대개 3번 파동 안에서 발생하는 것이 일반적
이다.

 이론적으로만 따진다면, 1번 파동이나 3번 파동, 그리고 5번
파동 모두 같은 확률로 연장될 수 있다. 그러나 파동의 성격으
로 미루어 보건대, 1번 파동이 연장될 확률은 거의 없다고 생각
해도 무방하다. 왜냐 하면, 1번 파동이란 본질적으로 추세가 형
성되기 시작하는 단계라고 보아진다. 그런데 1번 파동이 연장된
다는 말은 어떤 추세의 움직임이 채 시작되자마자 당장 추세의
움직임이 가파르게 형성되고 또 과도하게 나타나고 있다는 이야

기가 되는데, 이것은 우리의 상식으로 판단해 보더라도 무리가 따르기 때문이다. 따라서, 대부분의 연장은 3번 파동이거나 혹은 5번 파동에서 일어난다고 생각하는 것이 타당하게 느껴진다.

2중 되돌림

　1번 파동이 연장될 가능성은 미미하지만, 3번 파동이나 5번 파동은 항상 연장될 가능성을 가지고 있다. 그런데 3번 파동이 연장되는 것은 큰 문제가 되지 않는다. 본질적으로 3번 파동은 다른 충격 파동에 비해서 길고 강력하게 나타나게 되어 있으므로, 3번 파동이 연장되었다고 해서 파동 전체의 구도가 크게 달라지는 것은 아니기 때문이다. 또 3번 파동이 연장되고 또다시 3번 파동 안의 세 번째 파동이 연장되는 것도 새삼 놀랄 일만은 아니다.

　그런데 문제는 5번 파동이 연장될 때이다. 이 때는 조금 복잡하다. 왜냐 하면, 5번 파동이 연장되는 것은 그 파동이 연장되는 데 그치지 않고 그 다음에 이어질 a-b-c 파동의 성격을 규정하는 데 결정적인 역할을 하기 때문이다. 또한 다음에 이어질 a-b-c 파동은 난삽하기 그지없는 2중 되돌림(double retracement)을 포함하는 불규칙 파동이 되기 때문에 주의해서 보지 않으면 안 된다. 우선, 2중 되돌림에 대해서 알아보기로 하자. 2중 되돌림은 5번 파동이 연장될 때만 나타나는 특수한 형태로서 1번 파동이 연장되거나 3번 파동이 연장될 때에는 발생하지 않는다.

5번 파동까지의 한 추세가 끝나면, 이제는 하락 국면으로 접어드는 a-b-c 파동이 이어지는 것이 일반적인 엘리어트 파동의 형태일 것이다. 이 때 나타나는 a-b-c 파동은 지그재그인지 플랫인지에 따라 다소간 차이가 있지만, 그래도 전체적으로 보아서는 고점들이 서서히 낮아지는 하락 추세의 꼴로 나타나게 된다. 그러나 5번 파동이 연장되었을 경우라면 사정은 좀 다르다. 즉 a 파동이 하락의 형태로 나타나고 이어지는 b 파동이 상승의 형태로 나타나는 것은 변함이 없지만, 2중 되돌림에서는 b 파동의 꼭지점이 5번 파동의 꼭지점을 넘어서는 형태로 되는 것이다.

일반적으로 말해서 되돌림(retracement)이라는 것은 어떤 움직임에 대한 반대 방향으로의 조정을 말한다. 1번 파동에 대한 2번 파동이든지, 혹은 3번 파동에 대한 4번 파동의 움직임이 그

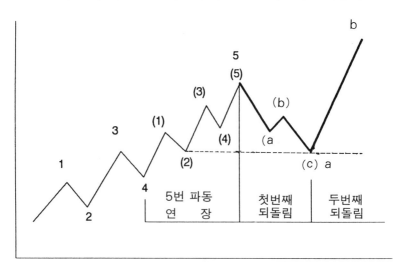

〈그림 7-6〉 2중 되돌림

예이다. 따라서, 2번 파동이나 4번 파동은 1번 파동이나 3번 파동의 움직임을 넘어서는 일이 없다. 대부분 61.8%나 38.2%의 범위 안에서 움직이며, 설사 아무리 조정의 폭이 크다 할지라도 조정이 당초의 움직임을 넘어서서 일어나는 경우는 없는 것이다.

그러나 2중 되돌림의 경우를 보면, 상승하는 b파동은 하락한 a파동이 움직인 거리 이상으로 움직이고 있다. 그래서 바로 이러한 형태를 특별하게 일컬어서 '2중 되돌림'이라고 부르는 것이다.

다시 한 번 2중 되돌림을 정리하여 설명해 보자.

첫째로, 5번 파동이 연장되어야 한다는 것이 절대 절명의 선결 조건이 된다.

둘째로, 5번 파동의 (5)번 파동이 끝나면 3개의 파동으로 구성되는 a파동이 하락 국면을 선도하게 된다. 이 때 보통의 경우 a파동은 연장이 시작된 수준, 즉 5번 파동의 (2)번 파동의 바닥까지 하락하게 된다. 그런데 왜 5번 파동의 (2)번 파동 바닥을 연장이 시작된 시점으로 잡느냐 하면, 5번 파동의 (2)번 파동 바닥은 바로 (3)번 파동이 시작된 출발점이 되는 것이며, 동시에 만약 5번 파동의 (3)번 파동이 형성되지 않았다면 5번 파동의 연장도 없었기 때문이다. 어찌되었든 첫 번째로 나타나는 3개의 파동은 a파동을 구성하게 되며, 이 하락 파동은 앞선 5번 파동의 (2)번 파동 바닥까지 진행하게 된다.

셋째로, a파동이 완성되고 곧 이어 나타나는 b파동은 급격한 상승세를 나타내게 되는데, 이 상승 파동은 a파동의 출발점, 다시 말해 5번 파동의 꼭지점을 넘어서까지 상승하게 된다. 그러므로 b 파동의 꼭지점은 5 번 파동의 꼭지점보다 더 높은 새로운 꼭지점(new high)를 형성하게 된다. 우리가 알고 있는 일반적인 엘리어트 이론의 상식에 따르면 1 번 파동부터 c 파동에 이르는 하나의 사이클 안에서 5 번 파동의 꼭지점이 가장 높다. 그런데 2 중 되돌림에 있어서는 b 파동의 꼭지점이 정통적인 5 번 파동의 꼭지점보다 높게 나타나는 결과가 된다. 따라서, 5 번 파동이 연장될 경우는 특별히, 5 번 파동의 꼭지점을 정통 꼭지점(orthodox top : OT)이라 하고, b 파동의 꼭지점을 불규칙 꼭지점(irregular top : IT)이라고 부른다.

넷째로, 사이비 꼭지점이 형성되면서 b 파동이 완성되고 나면 또 한 번 하락 파동인 c 파동이 기다리고 있다. 그런데 이번에 나타나는 c 파동은 하락의 속도가 상당히 급격하며 하락의 폭도 매우 크고 강력하다. 그러므로 미처 손쓸 사이도 없이 주가는 저만치 하락해 버리는 것이다.

다섯째로, 이상과 같이 b 파동의 꼭지점이 a 파동의 출발점을 넘어서까지 상승하고, 다시 c 파동은 급격한 하락을 나타내면서 a 파동의 바닥 이하로 하락하는 조정 형태를 불규칙 조정(irregular correction)이라고 한다. 불규칙 조정에 대해서는 뒷 장에서 자세히 다루도록 하자.

대부분의 초보적인 투자자들에게 5 번 파동의 연장과, 곧바로 이어지는 2 중 되돌림은 다시는 기억하고 싶지 않은 악몽으로 작용할지도 모른다. 그들은 5 번 파동의 막바지에 주가가 이상적으로 급등하고 거래량도 늘어나는 분위기에 휩싸여 주식을 덜컥 매입하였을 것이고, 바로 이어지는 하락 국면인 a 파동에서는 '본전'이라도 건질 수 있을지 노심 초사했을 것임에 틀림없다. 그들은 주가가 다시 b 파동에 이르러 새로운 고점을 형성하면서 상승하자 이제는 본격적인 상승 추세가 시작되었노라고 좋아하다가, 급격한 하락세가 이어지는 c 파동으로 인해 돌이킬 수 없는 나락으로 빠뜨려졌기 때문일 것이다.

그런데 굳이 엘리어트 파동을 감안하지 않고, 우리가 곰곰히 상식적으로 판단해 보더라도 2 중 되돌림에서 c 파동 같은 급격한 하락 국면은 쉽게 이해할 수 있다. 생각해 보자. 2 중 되돌림

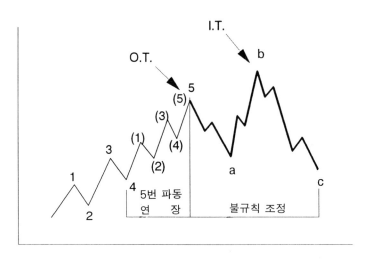

〈그림 7-7〉 사이비 꼭지점 : 5 번 파동이 연장될 경우, b 파동은 5 번 파동의 꼭지점을 넘어서서까지 진행되게 된다. 이 때 5 번 파동의 꼭지점을 정통 꼭지점이라 하고, b 파동의 꼭지점을 불규칙 꼭지점, 또는 사이비 꼭지점이라고 특별히 일컫는다.

은 반드시 5번 파동이 연장되어야만 발생한다고 하였다. 그런데 주가는 이미 1번 파동에서 출발하여 5번 파동에 이르도록 충분히 오를 만큼은 올랐다. 하지만 상승 국면의 막바지인 5번 파동에 이르러 주식 시장의 분위기가 '비정상적으로' 과열되었기 때문에 5번 파동의 연장이 발생된 것이다. 그렇지만 5번 파동의 연장이 일어났던 시점의 상승 분위기를 못 잊은 나머지 b파동으로 대표되는 상승 움직임이 또 한 번 비정상적으로 주가를 새로운 고점으로 몰고 간 것뿐이지, 이미 주가는 오를 대로 다 올랐으므로 이제는 떨어지는 일만 남은 것이 정상이 아닌가?

5번 파동의 연장

앞에서 살펴본 바와 같이 5번 파동이 연장되는 것을 인식하는 것은 대단히 중요하다. 왜냐 하면, 5번 파동이 연장된다면 5번 파동의 꼭지점(정통 꼭지점)보다 한 단계 높은 b파동의 꼭지점(불규칙 꼭지점)이 나타날 것이 틀림없으므로 보다 높은 가격으로 주식을 처분할 기회가 반드시 올 것이며, 또한 일단 새로운 고점(불규칙 꼭지점)이 형성된 다음의 주가는 급강하할 것이 명백하기 때문이다. 그러므로 이미 우리가 알고 있는 사실을 포함하여, 5번 파동이 연장될 가능성을 다음과 같이 미리 점쳐 보는 것은 상당히 유익한 일이 될 것이다.

첫째, 하나의 충격 파동만이 연장될 수 있다. 따라서, 1번 파동이나 3번 파동이 이미 연장되었다면 5번 파동은 연장되지 않는다. 그러므로 5번 파동은 정상적인 형태를 띠게 될 것인데, 5번 파동의 끝은 채널 기법으로 살펴본 위쪽 추세선 근방에서 형성될 것이며, 그 길이도 3번 파동에 비하여 짧게 나타날 것이다.

둘째로, 만약 1번 파동과 3번 파동이 연장되지 않았다면 5번 파동이 연장될 가능성은 높아진다. 물론, 반드시 하나의 충격 파동이 연장되어야만 하는 것은 아니므로 5번 파동마저 연장되지 않을 수 있다. 그러나 앞선 두 개의 충격 파동이 연장되지 아니한 형태라면 5번 파동이 연장될 가능성은 항상 존재하므로, 주가의 움직임과 주식 시장에서의 거래량의 변화를 세밀하게 관찰해야 한다.

셋째로, 4번 파동의 길이나 걸린 시간이 정상적인 경우와 비교하여 상당히 작고 또 짧게 나타났다면 5번 파동이 연장될 확률은 매우 높다.

넷째로, 4번 파동의 길이나 걸린 시간이 정상적인 경우와 비교하여 상당히 작고 또 짧게 나타난 데다, 파동의 움직임이 불완전한 형태(조정 파동은 종종 불완전한 파동이 되기도 한다. 뒷 장에서 자세히 다룰 것이므로 잠깐만 기다리라!)로 나타난다면 5번 파동이 연장될 확률은 더 더욱 높아진다.

다섯째로, 5번 파동에 접어들면서 주식 시장의 거래량이 급격히 늘어나고 있다면 5번 파동이 연장되고 있다고 생각해도 무방하다.

여섯째로, 만약 5번 파동이 연장되고 있는 것이 확실하다면 앞으로 다가올 2중 되돌림에 대한 마음의 준비를 갖추어 놓아야 한다. 5번 파동의 꼭지점이 완성되고 나타날 a 파동은 5번 파동

안의 (2)번 파동 바닥까지 진행될 것이다. 그러나 아무리 a 파동의 하락세가 강력하다고 하더라도 그 하락 움직임이 5번 파동의 (2)번 파동 바닥 이하로 내려가는 일은 거의 없다. 또 a 파동은 3개의 파동으로 구성되는데, 이 3개의 파동은 1번 파동부터 5번 파동까지 진행된 다음에 나타나는 세 개의 파동인 a-b-c 파동이 아니라, 그 중의 일부인 a 파동이므로 유의해야 한다. 그리고 a 파동이 완성된 다음에는 다시 한 번 강력한 상승세인 b 파동이 새로운 고점을 만들어 낸다는 것은 앞에서 설명한 바와 같다. 그런데 이 b 파동도 역시 3개의 파동으로 세분된다.

b 파동이 마무리되고 나면 마지막으로 대부분의 투자자들에게 악몽으로 작용하는 강력한 하락 파동으로 c 파동이 찾아온다. 이 파동은 매우 강력하다는 점을 다시 한 번 강조하자. 그리고 c 파동을 세분하면 모두 5개의 파동으로 구성되는데, 이 원칙은 예외 없이 적용된다. 즉 c 파동은 반드시 5개의 작은 파동으로 세분되므로, 앞선 a 파동의 예를 보아서 하락 움직임이 3개의 파동으로 끝날 것이라고 생각해서는 안 된다.

제8장
충격 파동의 변형

짧은 읽을거리

짧은 읽을거리

아르키메데스의 "유레카(Eureka)!"

아르키메데스의 원리로 유명한 고대 그리스의 과학자 아르키
메데스(Archimedes, 기원전 287~212)의 이야기를 잠깐 해 보도록
하자.

아르키메데스는 원래 이탈리아의 시칠리 섬에 있던 그리스의 식
민지 시라쿠사의 학자였다. 하루는 시라쿠사의 왕인 히에로(Hiero)
에게서 급한 호출이 왔다. 아르키메데스가 달려가 보니, 왕이 만든
황금 왕관이 정말로 순금으로 만들어졌는지를 일주일 내로 확인해
보라는 엄명이 떨어진 것이었다. 히에로 왕은 자신의 위엄을 널리
과시해 보고자는 욕심에서 자신의 왕관을 순금으로 화려하게 만들
것을 지시했었지만, 왕관이 다 만들어진 이후 누군가가 그 왕관이
순금으로 만들어진 것이 아니라 은이 일부 섞여 있다고 밀고를 했던
것이다. 그래서 왕은 당대의 저명한 과학자인 아르키메데스에게 진
상을 밝혀 내라는 명령을 내렸던 것이다.

이미 왕관은 화려하게 다 만들어졌고, 그래서 완성된 왕관을 다시 녹여서 조사할 형편도 못되었으므로 아르키메데스의 입장은 참으로 난처하였다. 그렇다고 조사도 해 보지 않고 순금으로 되어 있다고 허위 보고를 하자니 자신의 목숨마저 위태로왔으므로 아르키메데스는 난감하기 그지없었다.

아르키메데스는 자나 깨나 이 문제를 골똘히 생각해 보았지만, 왕관을 녹여 보지 않고서는 그 속이 순금으로 되어 있는지, 아니면 은이 일부 섞여 있는지 확인하는 방법을 알아내지 못하고 있었다. 그러던 어느 날 아르키메데스는 목욕탕에서 이 문제를 생각하고 있었다. 탕 속에는 더운 물이 가득 채워져 있었다. 그리고 그가 탕 안으로 들어가자 더운 물이 넘쳐 흘렀다. 그 순간 아르키메데스는 이제까지 그가 고심하였던 문제의 해답을 발견하게 된다.

그리고 기쁨에 넘친 나머지 "유레카! 유레카!(발견했다)"라고 외치며, 벌거벗은 몸이라는 것도 잊은 채 길거리로 뛰쳐 나갔던 것이다. 아르키메데스가 발견해 낸 방법은 간단하다. 물을 가득히 채운 통에 왕의 금관을 넣으면 물이 흘러 나올 것이고, 흘러 나온 물의 분량은 왕관의 부피와 같다. 그러면 이제 그 물과 같은 분량의 황금의 무게와 왕관의 무게를 서로 비교해 보면 된다. 조사 결과 황금의 무게가 왕관의 무게보다 무겁다는 것이 밝혀졌고, 이에 따라 왕관 속에는 순금보다 가벼운 은이 다량 섞여 있다는 것이 판명되었다.

아르키메데스의 원리는 바로 "모든 물체를 액체 속에 넣으면 밀려 나온 분량만큼 가벼워진다."라는 것이다.

중학교 물상 시간에나 나올 법한 이야기를 엘리어트 이론을 설명하는 모두에 꺼내는 이유는 다름이 아니다. 한 문제를 골똘히 집중적으로 생각하면 누구나 그 해답을 찾아낼 수 있다는 사실을 이야기하고 싶어서인 것이다. 엘리어트는 주가의 변동을 읽어내기 위하여 과거 75년 동안의 주가 변동 자료를 모아서 '골똘히' 생각하고 연구한 나머지 그의 불후의 이론을 완성했다. 우리라고 해서 엘리어트 이론을 이해하지 말라는 법은 없다.

이 책을 다 읽은 이후, 여러분들도 "유레카!"라고 기쁨에 겨워 외칠 수 있으리라고 믿어 본다.

삼각 쐐기형

삼각 쐐기형(diagonal triangle)은 5 번 파동에만 나타나는 독특한 형태의 삼각형을 말한다. 엘리어트는 이 모양을 조정 파동의 패턴 중 하나인 삼각형(triangle)과 구분하기 위하여 삼각 쐐기형(경사진 삼각형이라는 말로 번역될 수도 있겠다.)이라는 말을 사용하였다. 그러나 삼각 쐐기형은 삼각형이라고 보기보다는 우리가 흔히 알고 있는 쐐기형(wedge)이라고 생각해도 무방할 것이다. 쐐기형의 특징이라면, 위쪽에 형성되는 저항선과 아래쪽에서 지지하는 지지선을 각각 연장해 나가면 나중에는 결국 한 점에서 만난다는 것이다. 그러나 삼각형과는 달리, 쐐기형의 지지선과 저항선은 같은 방향을 향한다는 점이 독특하다.

다시 말하여, 삼각형의 경우 상승 삼각형에서는 지지선이 상승으로 나타나지만 위쪽의 저항선은 거의 평행으로 이루어지며, 반대로 하락 삼각형에서는 저항선은 하향으로 형성되는 데 비해 아래쪽의 지지선이 이번에는 거의 수평으로 만들어지는 것이다. 그러나 쐐기형에서는 위쪽과 아래쪽의 저항선과 지지선이 모두 같은 방향으로 구성되는데, 상승 쐐기형에서는 지지선과 저항선이 모두 상향으로 나타나게 되며, 하락 쐐기형은 반대로 지지선과 저항선이 모두 하락의 모양을 띠게 된다. 그런데 쐐기형에서도 지지선과 저항선이 한 점에서 만나게 되는 것은, 비록 두 개의 선이 같은 방향으로 형성된다 하더라도 각각의 각도가 서로 다르기 때문인 것이다. 그리고 삼각 쐐기형도 쐐기형의 일종이라고 하였으므로, 방금 이야기한 쐐기형의 특징이 그대로 적용되는 것은 물론이다.

전통적인 패턴 분석 기법으로 잠깐 돌아가 보자. 패턴 분석 기법에 의하자면 쐐기형은 지속형 패턴(continuation pattern : 패턴의 전후 추세의 방향이 서로 일치하는 패턴)에 속한다. 그러나 드문 경

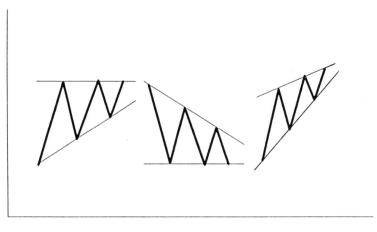

〈그림 8-1〉 상승 삼각형, 하락 삼각형, 쐐기형

우에는 반전형 패턴(reversal pattern : 패턴의 전후 추세의 방향이 서로 반대로 나타나는 패턴)으로 작용하기도 한다. 하지만 쐐기형이 지속형 패턴으로 작용하든 반전형 패턴으로 작용하든, 한 가지 변함없는 진실이 있다. 그것은 상승 쐐기형은 앞으로 하락 추세가 이어질 것을 예고하고, 하락 쐐기형은 앞으로 상승 추세가 이어질 것을 예고한다는 사실이다. 이러한 특징은 삼각 쐐기형에서도 변함없이 적용된다. 예를 들어 1번 파동부터의 추세가 상승 추세라고 하자. 그리고 5번 파동에 이르러 삼각 쐐기형이 형성되었다고 하자. 그러면 당연히 5번 파동에서의 삼각 쐐기형은 상승 쐐기형의 형태로 나타날 것이고, 따라서 앞으로 이어질 a-b-c 파동은 자연스럽게 하락의 추세로 형성될 것이 틀림없다.

삼각 쐐기형은 5번 파동에서만 나타난다고 하였는데, 5번 파동은 충격 파동이므로 세분하면 모두 5개의 한 등급 낮은 파동들로 구성되어야 한다. 그러므로 삼각 쐐기형도 세분해 보면 모두 5개의 한 등급 낮은 파동으로 나누어진다. 그런데 삼각 쐐기형을 또 한 번 세분하여 두 등급 낮은 파동들로 나누어 보면, 다른 충격 파동들과는 조금 다른 구성을 보이게 된다. 즉 일반적인 충격 파동에서는 하나의 충격 파동은 모두 5개의 한 등급 낮은 파동들로 구성되고, 이들 5개의 한 등급 낮은 파동들을 다시 세분해 보면 각각의 파동들은 저마다 5개~3개씩의 두 등급 낮은 파동들이 서로 번갈아 가면서 나타나게 된다. 그러나 삼각 쐐기형의 경우는 좀 특별해서, 파동들을 세분하더라도 모든 파동들이 3개씩의 두 등급 낮은 파동들로만 구성된다(〈그림 8-2〉 참조).

삼각 쐐기형은 그리 흔하게 나타나는 형태는 아니지만, 그렇다고 해서 완전히 무시해 버릴 만큼 드물게 나타나는 것도 아니다. 그리고 삼각 쐐기형은, 그보다는 자주 나타나게 되는 4번 파동이나 b 파동에서의 삼각형과 혼동될 우려가 있으므로 유의해야 한다. 그런데 엄밀히 말하여, 삼각형과 삼각 쐐기형을 완벽하게 구별하는 방법은 없다. 따라서, 파동을 처음부터 정확하게 매

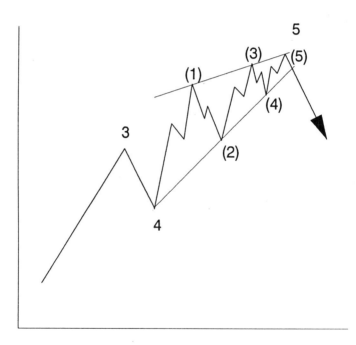

〈그림 8-2〉 삼각 쐐기형 : 삼각 쐐기형은 5번 파동에만 나타나는 독특한 형태의 쐐기형을 말한다.

겨서 지금의 파동이 4번 파동에 속하는지 5번 파동에 속하는지 따져 보는 일이 중요한 것이다. 단지 하나의 요령이라면, 5번 파동에서의 삼각 쐐기형은 비교적 드물게 나타나는 반면, 4번 파동이나 b 파동에서의 삼각형은 자주 나타나는 경향이 있으므로, 현재의 움직임이 세모꼴의 모양을 보이고 있다면 먼저 지금의 파동이 4번 파동이거나 b 파동이 될 확률이 높다고 생각하는 정도일 것이다.

앞으로 진행될 5번 파동이 삼각 쐐기형이 될 것을 미리부터 확실하게 예측하는 방법은 없다. 그러나 오랜 경험에 의하여 엘리어트 이론의 연구가들은, 앞서 진행된 3번 파동의 움직임이 극도로 강력했지만 빠른 시간 안에 주가가 급등하거나 급락해 버려서 3번 파동을 형성하는 데 걸린 시간이 비교적 짧게 나타나고, 그 움직임도 가파르게 나타났을 경우 5번 파동이 삼각 쐐기형의 꼴로 나타날 확률이 높다고 이야기하고 있다. 물론 현실로 닥쳐 보아야 5번 파동이 삼각 쐐기형의 형태로 진행되는지 아니면 보통의 정상적인 모양이 되는지 알 수 있는 노릇이긴 하지만, 그래도 3번 파동의 움직임이 급박했다면 5번 파동이 삼각 쐐기형이 될 수도 있다는 생각을 미리 해 두는 것이 좋을 것이다.

그리고 한 가지 중요한 사실은, 앞으로 설명할 삼각형을 포함하여 삼각 쐐기형은 엘리어트의 절대 불가침의 법칙을 위반하는 유일한 예외라는 것이다. 엘리어트의 절대 불가침의 법칙을 다시 되살려 보자. 법칙의 첫째, 2번 파동은 1번 파동의 바닥 아래로 내려가서는 안 된다. 둘째, 3번 파동은 가장 짧은 충격 파동이 될 수가 없다. 셋째, 4번 파동은 1번 파동과 겹치면 안 된다. 여기에는 단 한 가지의 예외만 제외하면 절대로 예외란 있을 수 없다라는 것이다. 여기에서 말하는 유일한 예외가 바로 삼각형, 또는 삼각 쐐기형에서 발생한다. 즉 삼각형이나 삼각 쐐기형에서는 4번 파동이 1번 파동과 겹칠 수 없다는 법칙의 예외가 인정되는 것이다. 앞선 〈그림 8-2〉를 살펴보면 알 수 있듯이, 삼각 쐐기형에서는 4번 파동이 1번 파동과 겹친 채로 형성되고 있는 것이다. 그런데 다시 한 번 강조하지만, 이 경우가 엘리어트의 절대 불가침의 법칙 가운데 유일한 예외이고, 다른 어떤 경우라도 절대 불가침의 법칙은 침범되지 않는다는 것을 잊어서는 안 된다. 즉 '예외 없는 법칙은 없다.'라는 말을 너무 확대 해석하지 말라는 이야기다.

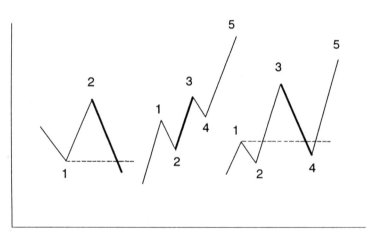

〈그림 8-3〉 엘리어트의 절대 불가침의 법칙

5번 파동의 연장에서 나타나는 삼각 쐐기형

가장 흔하게 나타나는 삼각형의 형태는 주로 4번 파동이나 b 파동에서 나타나게 된다. 그렇지만 만약 5번 파동이 진행되는 모양이 삼각 쐐기형의 형태를 취하고 있다면, 이 삼각 쐐기형은 앞으로의 주가 움직임을 예측하는 데 매우 중요한 가치를 가지고 있다고 할 수 있다. 즉 쐐기형의 일반적인 원칙에 따라 상승 쐐기형은 앞으로의 하락 국면을 예고하고, 하락 쐐기형은 향후의 상승 분위기의 신호탄이라는 사실은 물론이거니와, 앞으로 진행될 파동의 모양까지도 미리 예측할 수 있다는 점에서 매우 유용한 것이다.

특별히 5번 파동이 연장되면서 정상적인 모양이 아니라 삼각 쐐기형의 형태로 진행된다면, 이것은 대단히 값진 의미를 가진다. 먼저 〈그림 8-4〉를 살펴보자. 1번 파동에서 출발한 상승세가 4번 파동을 거쳐 5번 파동으로 접어들었다. 그런데 얼핏 보기에 5번 파동이 완성된 수준으로 생각되는 (1)의 꼭지점은 채널 기법에 의한 5번 파동의 목표치와는 상당히 동떨어져 형성되었다. 그러므로 이것은 바로 다음에 설명할 미달형(failure)과 유사하다고 볼 수 있다. 그리고 이어서 형성되는 다음의 파동들이 (1)의 꼭지점을 넘어서서 진행되지 않는다면(그림에서의 점선), 이와 같은 모양은 정상적인 미달형으로 간주되고, 따라서 그림에서의 (1)번 파동은 5번 파동으로 매겨지게 될 것이며, 우리는 뒤 이은 파동들을 계속해서 a 파동, b 파동…… 하는 식으로 매겨 나갈 것이다.

그런데 문제는 이와 같이 5번 파동의 꼭지점으로 생각되는 수준이 채널 기법에 의한 목표치보다 크게 낮은 위치로 형성된 데 이어서, 그 다음에 형성되는 파동들이 그 5번 파동의 꼭지점으로 생각했던 수준을 넘어서서 상승하는 경우이다. 다시 그림으로 돌아가 보면 (2)번 파동 다음에 나타나는 (3)번 파동은 당초 5번 파동의 꼭지점이라고 생각되었던 수준을 넘어서서 진행되었다. 바로 이와 같은 형태라면 우리는 5번 파동이 연장되고 있다고 생각할 수 있는 것이다. 그리고 이같이 5번 파동이 목표에 못 미친 채로 연장된다면, 이러한 연장의 꼴은 삼각 쐐기형이 될 가

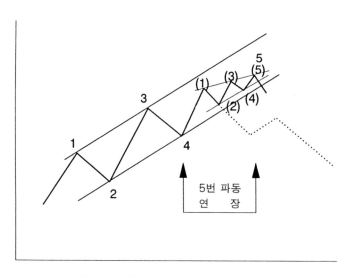

〈그림 8-4〉 5번 파동의 연장에서 나타나는 삼각 쐐기형 : 5번 파동이 채널 기법에 의한 목표치에 도달하지 못한 채 연장된다면 삼각 쐐기형으로 진행될 가능성이 크다.

능성이 매우 높다.

　5번 파동이 연장되면서 삼각 쐐기형으로 진행되는 것은 주식 시장에서 전혀 예상치 못했던 호재가 발표되었든지, 혹은 유사한 돌발 사태가 발생함에 따라 사그러져 가던 시장의 상승 분위기가 일시적으로 호전되었기 때문이다. 그러나 역시 한번 사그려져 가던 시장의 분위기가 일시적인 뉴스나 호재에 의해서 영속적으로 이어질 수는 없는 노릇이므로, 5번 파동이 연장의 형태로 진행되는 것도 잠깐일 뿐이고 종내는 하락 국면이 도래하게 되는 것이다.

　5번 파동이 삼각 쐐기형의 꼴로 연장되는 것을 파악하려면 주식 시장에서의 거래량을 살펴보는 것이 상당히 유익하다. 일반적으로 거래량은 5번 파동의 (1)번 파동에서 가장 많아지며, 그이후 서서히 감소하게 된다. 따라서, 5번 파동이 삼각 쐐기형으로 연장될 때는 비록 주가는 연장의 형태로 상승하는 모습을 띠지만, 반대로 주식의 거래량은 서서히 줄어드는 모습을 취하므로 다른 정상적인 연장의 경우와는 구별된다. 즉 앞에서 설명한 대로 5번 파동이 정상적으로 연장되는 때라면 5번 파동이 진행되는 내내 거래는 활발하게 진행되며, 거래량도 따라서 늘어나게 되는 것이다.

　결국 5번 파동이 삼각 쐐기형의 꼴로 연장되었다면, 사실은 주식 시장의 분위기는 약세지만 상승 장세의 마지막에 주가가 일시적으로 강세를 보였던 것으로 해석된다. 그것은 주식 시장의 거래량이 사실을 잘 입증해 주고 있다. 또한 5번 파동의 연장으로 나타나는 삼각 쐐기형은 쐐기형이 완성되는 것과 동시에 현재까지 진행되었던 주식의 상승 국면은 완전히 끝났으며, 이제부터는 완전한 약세 국면이 도래할 것을 알리는 신호탄으로 작용하게 된다. 그리고 삼각 쐐기형 이후에 나타나는 하락 추세는 다른 때와는 달리 강력하고도 빠르게 진행되어 대폭락 장세가 되기가 쉬우므로 주의해야 한다.

우리는 5번 파동이 정상적으로 연장될 경우, 반드시 2중 되돌림의 형태가 진행된다고 알고 있다. 즉 5번 파동이 연장되었다면, a 파동 다음에 찾아오는 b 파동의 꼭지점이 5번 파동의 정통 꼭지점보다도 높게 위치할 것으로 예상된다. 그러나 5번 파

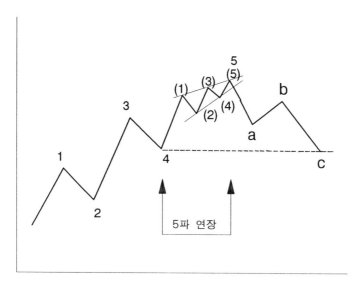

〈그림 8-5〉 5번 파동의 연장에서 나타나는 삼각 쐐기형 : 정상적인 5번 파동의 연장과는 달리 다음에 나타나는 a-b-c 파동은 2중 되돌림의 형태를 띠지 않는다.

동이 연장되기는 하되, 삼각 쐐기형으로 연장되었다면 사정은 다르다. 5번 파동이 삼각 쐐기형으로 연장되었다는 것은 원래의 주가 상승 분위기는 다 사그러져 가는데, 일시적인 뉴스나 호재의 돌출로 인하여 잠시 상승 분위기가 이어진 것뿐이다. 즉 벌써부터 약세로 돌아섰어야 할 시장의 분위기가 잠시 연장된 것뿐이므로, 다음에 또 한 번 강세 분위기가 연출되어 b파동의 꼭지점이 5번 파동의 꼭지점을 넘어서는 정도로 강력해질 것이라고 기대하는 것은 무리인 것이다.

따라서, 5번 파동이 연장되더라도 삼각 쐐기형의 형태로 연장되는 경우라면 정상적인 5번 파동의 연장과는 달리 2중 되돌림이나 불규칙 조정이 찾아오지는 않는다. 오히려 b파동은 5번 파동의 꼭지점에도 못 미치고 끝나 버리며, 곧 이어 진행되는 c파동은 매우 강력한 폭락 장세를 나타내면서 4번 파동의 바닥까지 순식간에 하락해 버릴 것이다.

미달형(failure)

미달형이란 5번 파동의 움직임이 상당히 미약하여, 5번 파동의 꼭지점이 3번 파동에 의하여 형성된 꼭지점의 수준을 넘지 못하거나, 설혹 3번 파동의 꼭지점을 겨우 넘어선다 하더라도 채널 기법에 의해 구해지는 5번 파동의 목표치와는 상당히 동떨어진 채로 끝나 버리는 것을 말한다. 그런데 엘리어트가 미달형에 대해서 언급한 것은 그의 첫 번째 저서인 '파동의 원리(The

Wave Principle)'에서만 잠깐 다루었을 뿐, 그의 역작으로 일컬어지는 '자연의 법칙——우주의 신비(Nature's Law——The Secrets of the Universe)'에서는 미달형에 대한 일체 언급이 없다. 그것은 아마도 미달형이 나타나는 빈도가 극히 낮기 때문일 것으로 생각된다.

그러나 그럼에도 불구하고, 미달형이 있다는 것을 알아 두는 것은 분명히 유익하다. 주식 시장은 "토라지기 쉬운 사춘기 소녀의 마음과 같다."고 했거니와 실제의 주식 시장이 어떻게 움

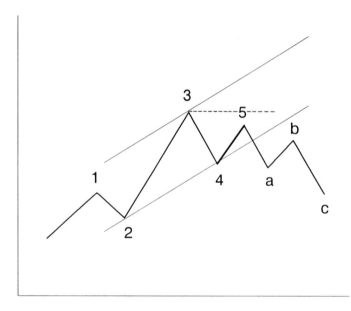

〈그림 8-6〉 미달형 : 미달형이란 5번 파동의 움직임이 미약하여 3번 파동을 넘어서지 못하거나, 설사 3번 파동을 상회하는 경우라도 채널 기법에 의한 목표치보다는 상당히 못 미쳐서 5번 파동의 꼭지점이 완성되는 것을 말한다.

직일지는 어느 누구도 모르기 때문에, 설사 발생하는 빈도가 낮다고 해서 미달형의 존재를 무시하는 것은 바람직한 태도가 아닌 것이다. 만약 미달형의 존재를 완전히 무시하고 있다가, 최악의 경우 미달형이 실제로 나타나게 되면 파동을 매기는 일이 완전히 헝클어지게 될 것이고, 현재의 움직임이 도대체 어떤 파동에 속하는지 혼란만 가중될 것이다.

그런데 주의해야 할 사항은 설령 5번 파동의 움직임이 너무나 미약하여 미달형이 발생한다 하더라도, 5번 파동의 구성이 불완전한 형태로 끝나는 것은 아니라는 사실이다. 5번 파동은 충격 파동이므로 반드시 5개의 파동으로 구성되어야 한다는 것은 철칙이다. 그러므로 4번 파동 다음에 이어지는 5번 파동의 움직임이 미미하다 할지라도, 이 파동이 3개의 파동쯤으로 끝나고 그 결과 미달형이 될 것이라고 생각하는 것은 잘못된 생각이라는 말이다. 따라서, 한 등급 낮은 파동이 이미 5개 완성되었는데도 불구하고 마지막 5개째 파동의 꼭지점이 3번 파동의 꼭지점을 상회하지 못하는 경우라야만 비로소 미달형이라고 확인되는 것이다. 그러므로 이 말을 역으로 생각한다면, 5번 파동을 한 등급 낮은 파동으로 세분해 보면 미달형이 될지 아닐지를 쉽게 확인해 볼 수 있다는 이야기가 된다.

〈그림 8-7〉을 살펴보자. 얼핏 보기에 상승 국면은 3개의 파동으로 불완전한 형태로 끝난 다음에 5개의 파동으로 구성되는 하락 국면이 이어진 것으로 나타난다. 그러나 이렇게 파동을 매기는 것은 틀린 것이다. 왜냐 하면, 충격 파동은 반드시 5개의 파동으로 이루어져야 하고, 3개의 파동으로 구성된 채로 불완전하

게 끝나는 일은 없으며, 조정 파동 또한 5개의 파동으로 구성될 수는 없기 때문이다. 따라서, 파동을 한 등급 낮게 세분해 보면 파동을 매기는 일이 보다 손쉽게 이루어질 수 있다. 그림을 보면 각각의 파동이 5개-3개-5개……의 식으로 세분되어짐을 알 수 있다. 우리가 얼핏 보아 a파동과 b파동이라고 생각했던 파동이 사실은 4번 파동과 5번 파동이며, 여기서는 5번 파동이 미달형의 꼴로 진행되고 있음을 확인할 수 있는 것이다.

그런데 여기서 어떤 사람들은 〈그림 8-7〉의 가운데 그림과 같이 1번 파동, 2번 파동, …… c파동으로 매기지 않고, 전체를 하락 국면으로 생각하여 〈그림 8-7〉의 제일 아래쪽 그림처럼 a파동, b파동, c파동이 진행된 다음, 다시 1번 파동, 2번 파동, ……이 진행되는 것으로 생각할지도 모른다. 그 의견은 파동을 세분해 보기 전까지는 옳게 느껴질 수도 있다. 그러나 파동을 세분해 본 결과 〈그림 8-7〉의 가운데 그림처럼 세분된다면 미달형으로 생각하여 1번 파동부터 진행되었다고 생각해야지, a-b-c 파동이 이어진 이후에 다시 1번 파동, 2번 파동, …… 하는 식으로 생각해서는 안 된다. 왜냐 하면, 전체가 하락 국면이라면 하락 파동이 충격 파동이 되므로 하락 파동이 5개의 파동으로 나누어져야 하고, 상승 파동은 조정 파동으로 3개의 파동으로 세분되어야 하는데, 그림에서는 상승 파동이 5개의 작은 파동으로, 또 하락 파동이 3개의 작은 파동으로 세분되어 있기 때문이다.

결론적으로 이야기하여, 파동을 한 등급 낮은 파동으로 세분해 보는 것이 이처럼 파동을 매기는 데 중요하다는 것을 잊어서는 안 된다.

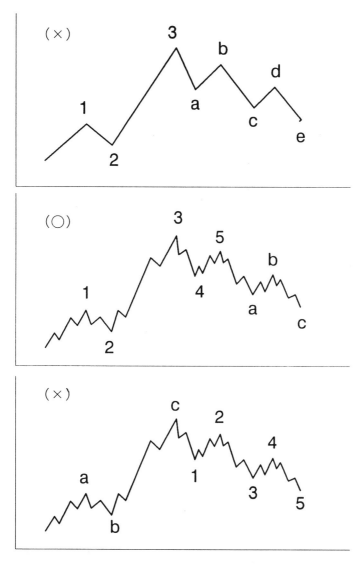

〈그림 8-7〉 파동을 세분하면 파동을 매기기가 용이해진다.

그리고 아주 단기적인 사이클에서는 미달형이 그리 드물게 나타나는 것은 아니다. 만약 미달형이 나타났다면 이제까지의 추세는 반전될 가능성이 매우 높아지는 것이다. 그러면 여기서 엘리어트는 잠시 잊어버리고 전통적인 패턴 분석 기법으로 돌아가 보자. 미달형은 어떤 패턴으로 생각되는가? 바로 이중 천정형이다. 굳이 엘리어트를 모르더라도 우리가 아는 상식에 따르면, 이중 천정형(double top)은 대표적인 반전 패턴인 것이다. 즉 이제까지의 추세가 완전하게 뒤집혀 버릴 것을 예고해 주는 것이 이중 천정형 같은 반전 패턴이며, 엘리어트 이론에서 이야기하는 미달형이 바로 그것이다.

다시 기본으로

이제까지 여러분은 지루하고 골치 아픈 것을 참고 이겨 내며 잘 따라와 주었다. 이 부분까지 읽었다면 여러분은 대성공을 거둔 것이라 하여도 과언이 아니다. 아마도 여러분들은 이 책을 읽으며 이처럼 복잡한 이론을 만들어 낸 엘리어트를 저주하면서, 그리고 그의 이론을 잘 설명하지도 못한 채 어려운 말로 빙빙 돌리기만 하는 필자를 욕해 가면서, 또한 이 난삽한 이론을 꼭 알아야 하는지, 집어치워 버릴까 하는 유혹에 몇 번이나 시달리면서 이 부분까지 따라왔을 것이다. 그러나 장하다. 그래도 여기까지 왔지 않은가? 우선 여러분의 노력에 경의를 보내는 바이다.

그러나 불행히도 고난의 길은 아직도 끝나지 않고 있다. 이제 여러분의 앞에는 엘리어트 이론 중에서 가장 어렵고 복잡하고 이해하기 힘들다는 '조정 파동'이란 강이 버티고 있다. 사실 따지고 보면 충격 파동의 경우에는 예외란 별로 없다. 충격 파동에서 예외적인 변형이 있다고 해 보았자 연장, 삼각 쐐기형, 미달형 정도인 것이다. 그리고 나머지 부분들은 모두 5개의 충격 파동과 3개의 조정 파동이라는 범주 안에 속하는 것들로서, 어찌 보면 단순한 법칙이기도 하다. 그러나 조정 파동에 접어들면 모든 것이 예외 투성이요, 우리가 이제까지 알고 있던 엘리어트 이론의 상식을 벗어나는 일들이 마구 벌어지기도 한다. 그러나 어떡하겠는가, 조정 파동을 모른다면 엘리어트 이론을 절반밖에 모르는 셈이 되는데……. 죽으나 사나 조정 파동이라는 괴물에 덤벼 보는 수밖에…….

엘리어트의 이론을 열심히 배워 보겠다는 여러분의 기를 꺾는 발언은 대충 이 정도로 마치기로 하자. 그러나 확실한 것은 아무리 엘리어트 이론의 조정 파동이 어렵다고 하더라도, 또한 그것이 넘어서기 힘든 넓은 강으로 우리들 앞에 버티고 서 있다 하더라도, 엘리어트의 조정 파동이 전혀 이해할 수 없을 정도로 난해한 것은 아니라는 사실이다. 하나씩 하나씩 찬찬히 살펴 나가면, 의외로 쉽게 이해될 수도 있는 것이므로 용기를 잃지 말도록 하자.

그러면, 머리도 식힐 겸 지금까지 배운 것을 다시 한 번 총정리 한다는 기분으로, 처음으로 돌아가서 이제까지 배운 엘리어트의 이론을 복습해 보자.

1) 엘리어트의 파동 이론은 20세기 초 엘리어트에 의해 주가 지수의 변동을 예측하기 위하여 만들어졌다. 이 이론의 기본 골격은, 주식 시장에서 하나의 완전한 사이클은 모두 8개의 파동으로 구성된다는 전제에서 출발한다. 그리고 그 8개의 파동은 전체적으로 상승 국면 속에서 움직이는 1번 파동부터 5번 파동까지의 파동과, 또한 하락 국면 속에서 움직이면서 상승 국면을 조정하는 파동들인 a-b-c 파동으로 구성된다. 이 때 각각의 파동들을 충격 파동과 조정 파동으로 구분할 수 있는데, 충격 파동이란 전체적인 시장의 움직임과 같은 방향으로 움직이는 파동을 말하며, 조정 파동이란 이러한 움직임을 거슬리는 역할을 하는 파동을 의미한다.

2) 따라서 1번 파동, 3번 파동, 5번 파동이 충격 파동이라면 2번 파동, 4번 파동은 조정 파동이 되며, 같은 논리로 1번 파동에서 5번 파동까지를 전체적으로 하나의 충격 파동이라 한다면 a파동부터 c파동도 전체적으로 이들 파동들을 조정하는 조정 파동이라고 말할 수 있다.

3) 각각의 파동들은 형성되는 기간을 기준으로 해서 초대형 장기 파동에서부터 초미세 파동까지 여러 단계로 세분할 수 있는데, 이러한 구분을 파동의 등급이라고 한다. 그런데 여기서 중요한 하나의 원칙은 충격 파동은 반드시 5개의 파동으로 세분되며, 반대로 조정 파동은 반드시 3개의 파동으로만 세분된다는 점이다. 따라서 1번 파동, 3번 파동, 5번 파동, a파동, c파동은

충격 파동으로서 5개의 파동으로 세분될 수 있으며 2번 파동, 4번 파동, b파동은 조정 파동으로서 3개의 파동으로 세분된다.

4) 따라서, 파동의 등급을 한 등급 낮추어서 생각해 보면 1번 파동부터 5번 파동까지는 모두 21개의 작은 파동으로 구성되며, a파동에서 c파동까지는 모두 13개의 작은 파동들로 구성된다. 그리고 파동들을 또 한 등급 낮추어서 현재보다 두 등급 낮은 파동들로도 세분할 수 있다. 이럴 경우, 1번 파동부터 5번 파동까지는 모두 89개의 파동들이 되며, a파동부터 c파동까지는 모두 55개의 파동들로 나누어진다. 또한 시야를 보다 크게 하면, 1번 파동부터 5번 파동까지를 하나의 상승 파동으로 생각할 수 있고, a-b-c 파동들도 크게 보아서 하나의 하락 파동으로 상정할 수 있다. 그런데 여기서 밝힌 파동들의 숫자인 1, 1, 3, 5, 8, 13, 21, 34, 55, 89, 144 등은 아무렇게나 쓴 숫자가 아니라, 고대 피라미드나 파르테논 신전의 건축에서 사용되었던 피보나치 숫자들이다. 따라서, 엘리어트 이론에서는 이러한 피보나치 숫자를 이용하여 만들어진 비율인 0.618이나 0.382 같은 비율들이 중요시된다.

5) 엘리어트 이론에는 절대적으로 예외를 인정하지 않는 절대 불가침의 법칙이라는 것이 있다. 그것은 첫째, 2번 파동은 1번 파동의 바닥 이하로 내려갈 수 없다. 둘째, 3번 파동은 최소한 가장 짧은 충격 파동이 될 수 없다. 셋째, 4번 파동의 바닥은 1번 파동의 꼭지점과는 겹치지 않는다라는 것이다. 이 법칙에는

삼각 쐐기형이 세 번째 법칙의 유일한 예외라는 점만을 제외하면, 결코 예외란 있을 수 없다.

6) 엘리어트 이론에는 절대 불가침의 법칙 이외에도 몇 가지 법칙들이 존재한다. 그것들은 4번 파동은 앞선 3번 파동 안의 작은 4번째 파동과 일치하는 경향을 나타낸다는 법칙(4번 파동의 법칙), 파동은 서로 변화하면서 진행된다는 법칙(파동 변화의 법칙), 3개의 충격 파동 중에서 두 개의 충격 파동은 항상 비슷한 길이로 형성된다는 법칙(파동 균등의 법칙) 등이다. 이들 법칙들은 절대 불가침의 법칙처럼 엄격하게 적용되지는 않지만, 그래도 실제로 엘리어트의 파동을 매길 때에는 쓸모 있게 이용된다.

7) 각각의 파동들도 나름대로의 특징을 가지고 있다. 1번 파동은 새로운 움직임이 출발하는 단계이며, 2번 파동은 그 움직임을 거스르는 방향으로 나타난다. 그러므로 1번 파동과 2번 파동이 완전히 끝나기 전에는 추세의 방향을 정확하게 알아내기 힘들다. 그러나 추세의 움직임이 3번 파동에 접어들면 주가의 움직임도 급격해지며, 주식 시장에서의 거래도 활발해진다. 따라서, 3번 파동에서는 종종 갭(gap)이 발생하기도 한다. 주가의 움직임이 4번 파동에 접어들면 주식 시장은 다시 소강 상태를 맞이하게 되며, 주가는 3번 파동에서의 급격한 움직임에 반발하는 조정 국면을 나타내게 된다. 4번 파동에서는 삼각형 패턴이 형성되는 경향이 많다. 5번 파동은 1번 파동에서 출발한 주가의 추세가 마무리를 맺는 단계이다. 그리고 1번 파동에서 5번 파동

에 이르는 하나의 추세가 끝나게 되면, a-b-c 파동으로 이어지는 조정 장세가 대기하고 있다. 이 중에서도 특히 c 파동은 강력한 하락 장세가 될 가능성이 매우 높으므로 주의해야 한다.

8) 5개의 파동으로 이루어지는 충격 파동은 채널 기법을 통해 마지막 파동인 5번 파동이 어느 수준에서 끝날 것인지를 미리 예측할 수 있다.

9) 충격 파동들은 종종 그 움직임이 지나치게 강력한 나머지 정상 궤도를 이탈하기도 한다. 즉 충격 파동이 연장되는 경우가 바로 이런 때이다. 이론적으로 말하자면, 충격 파동의 연장은 1번 파동이나 3번 파동, 혹은 5번 파동 어느 파동에서나 발생할 수 있다. 그러나 현실적으로 따져 본다면 3번 파동이 연장되는 것이 대부분이며, 간혹 5번 파동도 연장될 수 있는 정도라고 말할 수 있다. 특히 5번 파동이 연장될 때에는 '2중 되돌림'이란 특수한 형태가 진행된다. 또, 충격 파동의 연장은 반드시 1회에 한하여 발생한다.

10) 그 밖에 충격 파동이 변형된 형태로 나타나는 것으로는 삼각 쐐기형(diagonal triangle)과 미달형(failure)을 들 수 있다.

이제 모든 것이 확실하십니까? 그렇다면, 드디어 조정 파동이다. 자, 조정 파동이라는 괴물을 무찌르기 위하여 앞으로!

제9장
조정 파동

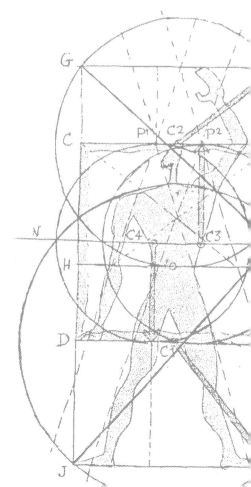

"하느님께서 반드시 구해 줄 것입니다"(?)

아주 신앙심이 투철한 목사님이 한 분 계셨다. 하루는 이 분이 배를 타고 가는데 갑자기 거센 풍파가 몰아 닥쳐서 그만 배가 침몰할 위기에 빠져 버렸다. 그래서 배에 탄 모든 사람들이 두려워서 벌벌 떨고 있는데, 이 목사님만은 의젓하게 "여러분, 겁내지 말고 제 말을 들으세요. 다 같이 하느님께 우리를 구해 달라고 기도를 드립시다."라고 말하고는 열심으로 기도를 올리는 것이었다.

배 안의 사람들도 목사님을 따라서 기도를 드리기는 하였으나, 풍랑은 점점 거세어져 가고 배에는 점점 물이 차 올라 마침내 배를 버리고 구명정을 내리게 되었다. 사람들이 목사님더러 빨리 구명정에 올라 타라고 권했지만, 신앙심 깊은 우리의 목사님은 "아닙니다. 하느님께서 반드시 저를 구해 주실 것입니다."라고 구명정에 올라 탈 것을 완강하게 거부하는 것이었다.

배에 탄 사람들 중 반 이상이 구명정에 올라타고 구명정이 떠나간 다음에, 다시 저 멀리서 지나가던 상선 한 척이 조난한 이 배를 구하려고 접근하였다. "목사님, 어서 이 배에 올라 타세요." 사람들이 애타서 외쳤지만 목사님은 더 한층 의연하게 "아닙니다. 하느님께서 반드시 저를 구해 줄 것입니다."라며 배에 남아 있는 것이었다.

급한 연락을 받고 해군 군함까지 출동하였다. 그리고 풍랑은 더욱 거세어져서 배의 운명은 촌각에 달하였지만, 우리의 의연한 목사님은 하느님이 자신을 구해 줄 것으로 굳건히 믿어 의심치 않았으므로 배를 떠날 줄 몰랐다. 마침내 배는 풍랑을 이기지 못해 침몰하고, 우리의 신앙심 깊은 목사님도 배와 운명을 같이하여 물에 빠져 죽고 말았다.

목사님이 죽어 천당에 올라가서 하느님을 뵈었다. 하느님을 보자 목사님이 불평을 늘어 놓았다. "아니, 하느님. 저는 평생 하느님만을 의지하여 한 점 부끄럽지 않은 생을 살았습니다. 그런데 왜 저를 풍랑에서 구해 주시지 않은 겁니까?"

목사님의 불평을 들은 하느님께서 목사님을 물끄러미 쳐다보더니 하시는 말씀이, "글쎄, 네 말은 좀 억지 같구나. 너도 알다시피 난 너를 구하려고 배를 세 척이나 보내지 않았니?"

엘리어트 이론을 현실 세계에 적용할 때에 우리에게 부닥치는 문제점이라면, 현실의 주가 움직임에는 엘리어트가 말하는 '전형적'이고 교과서적인 움직임은 거의 찾아볼 수 없다는 점이다. 이 때 우리에게 필요한 덕목은 바로 '융통성'이다. 신앙심 깊은 목사님이 '하느님께서 반드시 자신을 구해 줄 것'으로 믿고 배를 떠나지 않은 것처럼, 자신이 매긴 엘리어트의 파동과 다른 방향으로 주가가 움직일 때 '엘리어트 이론에 따라 반드시 주가는 오를 것'이라고 융통성 없이 고집을 부리는 것은 바로 파멸에 이르는 지름길인 것이다. 거듭 강조하지만, 엘리어트 이론의 장점은 바로 융통성에 있다. 아집을 버리고 유연하게 주가 움직임에 대처하는 것, 이것이 바로 성공의 지름길인 것이다.

조정 파동의 종류

이제부터 말로만 듣던 조정 파동의 실체를 파고 들어가 보자. 아무리 조정 파동이 복잡하고 어렵다 하더라도, 결국은 한 인간의 머리에서 나온 이론이다. 엘리어트가 조정 파동의 실체를 정리하였다면 우리라고 해서 조정 파동을 이해하지 못하라는 법은 없다. 그러나 조정 파동을 본격적으로 설명하기에 앞서서 꼭 한마디는 하고 시작해야겠다.

그것은 이제까지 알고 있는 엘리어트 이론에 관한 모든 지식은 깡그리 잊어버리라는 것이다. 아니, 이제까지 입에 침 튀겨가며 중요하다고 강조하고 또 강조하던 것들을 모두 잊으라니, 이건 또 무슨 말인가? 그러나 이 말은 조정 파동을 보다 정확히 이해하려면 우리가 알고 있는 엘리어트 파동의 상식에 너무 연연해서는 안 된다는 말이다. 왜냐 하면, 조정 파동이라는 것 자체가 수많은 예외들을 인정하고 있기 때문에, 앞에서 배운 지식을 계속 고집하다가는 점점 혼란 속에 빠질 수가 있기에 하는 말이다.

예를 하나만 들어 보자. 앞에서 우리는 충격 파동이 무엇인지, 그리고 조정 파동이 무엇인지를 길게 설명했었다. 그리고 엘리어트의 '기본적인' 이론에 따르면 충격 파동은 5개의 파동으로 세분되고, 또한 조정 파동은 3개의 파동으로 세분된다는 것도 안다. 또 그 이론에 따라 1번, 3번, 5번, a파동, c파동은 충격 파동으로 분류된다는 것도 우리는 알고 있다. 그런데 다음에서 당장 다루게 될 플랫이라는 조정 파동은 a-b-c파동이 각각 3 개-3개-5개의 파동으로 구성되고 있다. 우리가 알고 있는 '상 식'에 따르면 a파동은 충격 파동이므로 5개의 파동으로 세분되 어져야만 한다. 그런데 실제로는 엄연히 a파동임에도 불구하고 3개의 파동밖에 없는 경우가 당장 나타나는 것이다. 이건 분명 히 모순이거나 이론의 오류가 아닌가?

이런 데서 문제가 발생한다. 우리의 상식으로는 a파동이 5개 의 파동으로 세분되어야 하지만 실제로는 3개의 파동밖에 없을 때, 과연 우리는 어떻게 해야 하나? "아, 골치 아픈 엘리어트 이 론이야." 하고 엘리어트 이론을 포기하면 그만이지만, 이까지 왔 는데, 고지가 바로 저긴데 여기서 포기할 수는 없지 않은가? 그 러므로 이런 '모순'에 부닥치게 될 때 가장 바람직한 태도는 엘 리어트의 조정 파동을 있는 그대로 받아들이는 것이다.

사실 엘리어트의 파동 이론 중에서 충격 파동 부분은 별로 어 렵지 않다. 대부분의 파동들이 규칙적인 모양으로 형성되며, 굳 이 예외라고 해 보아야 연장, 미달형, 삼각 쐐기형 정도이다. 그 러므로 조금만 엘리어트 이론에 익숙해지면 누구나가 충격 파동 을 매겨 나가는 일은 쉽게 할 수 있을 것이다. 그러나 파동의 움 직임이 조정 파동에 접어들면 이제까지의 충격 파동과는 전혀 딴 판인 세상이 우리를 기다린다. 모든 파동의 움직임이 뒤죽박죽 으로 섞여서 나타나는 것처럼 느껴지고, 어느 하나라도 명확한 움직임은 없는 것처럼 보인다. 그러나 본인의 경험을 빌어서 이야기하자면, 엘리어트의 조정 파동을 잘만 들여다 보면 의외로 그 속에서 또 하나의 질서가 살아 숨쉬고 있는 것을 느낄 수 있을 것이다. 엘리어트의 조정 파동 안에 숨어 있는 질서를 발견하게 되는 날, 바로 그 때가 여러분이 엘리어트의 모든 '복잡한' 이론을 정복하는 날이다.

조정 파동은 충격 파동에 비하여 그 형태가 분명하지 않으며, 따라서 각각의 파동에 적절한 번호를 매기기도 힘들다. 그러므로 조정 파동이 완성되기 전에 그 파동이 무슨 모양으로 형성될 것인지 미리 점치는 일은 상당한 통찰력을 필요로 하게 된다. 조정 파동이 언제 완성될지는 보통 분명하지 않으므로, 엘리어트 이론을 이용하는 투자자들은 파동의 움직임이 조정 파동에 접어들면 분석에 세심한 주의를 기울이지 않으면 안 된다.

그러나 한 가지 분명한 사실은, 조정 파동의 형태나 기간이 어떻게 형성되든지 기존의 충격 파동이 상승으로 움직여 왔다면 조정 파동은 분명히 하락의 형태를 띠거나 혹은 옆으로 기는(side-way consolidation) 형태를 띤다는 것이며, 반대로 충격 파동이 하락의 형태였다면 이 파동을 조정하는 조정 파동은 반드시 상승의 모양으로 나타나거나 최소한 옆으로 기는 꼴이 된다는 사실이다. 이 말은 아주 상식적으로 들리지만 사실은 매우 중요한 개념이다. 왜냐 하면, 조정 파동이라는 것은 근본적으로 '조정할' 대상이 있어야 하는 것이 원칙이다. 그런데 사람들은 조정 파동이라는 말 자체에만 너무 얽매인 나머지, 조정 파동이 조정하고 있는 대상을 종종 잊어버리는 경우가 허다하기 때문이다.

조정 파동은 크게 나누어서 지그재그(zig zag), 플랫(flat), 불규칙 조정(irregular correction), 그리고 삼각형(triangle)의 네 종류로 분류되며, 또한 보다 더 복잡한 형태로는 지그재그나 플랫 등이 두 개 혹은 세 개씩 결합된 형태로 나타나는 것도 있다. 복합형 조정에 대해서는 다음 장에서 다루기로 하고, 우선 조정 파동의 형태를 정리해 보자.

그리고 또 한 가지 덧붙일 말이 있는데, 그것은 이번 장에서 다루게 될 조정 파동의 유형들이 1번 파동부터 5번 파동까지의 파동이 완료된 다음에 나타나는 a-b-c 파동에도 적용되지만, 또한 2번 파동이나 4번 파동에서도 적용된다는 사실이다. 우리는

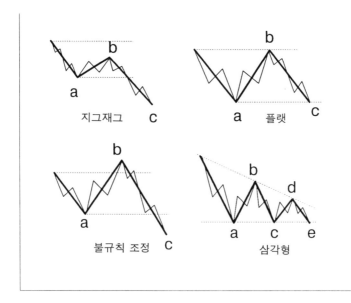

〈그림 9-1〉 조정 파동의 종류 : 지그재그, 플랫, 불규칙 조정, 삼각형

2번 파동이나 4번 파동이 조정 파동임을 이미 알고 있다. 따라서, 앞으로 다루게 될 지그재그나 플랫 같은 모양들이 2번 파동이나 4번 파동을 단독으로 볼 경우에도 나타난다는 말이다. 즉 2번 파동이나 4번 파동을 다시 한 등급 낮은 파동으로 세분해 보았을 때, 파동의 구성이 지그재그나 플랫, 또는 불규칙 조정, 혹은 삼각형으로 나타날 수 있다는 것이다.

그리고 전체적으로 보아 1번 파동부터 5번 파동까지를 하나의 충격 파동으로 간주할 수 있으므로, 5번 파동 다음에 이어지는 a-b-c 파동도 전체적으로 하나의 조정 파동으로 간주될 수 있다. 지그재그 같은 모양들이 a-b-c 파동 전체의 모양을 형성하는 것도 마찬가지 이유인 것이다.

조정 파동의 유형을 정리하면 다음의 표와 같다.

조정 파동의 종류	파동의 구성	변 형
지그재그(zig zag)	5-3-5	이중 지그재그(double zig zag)
플랫(flat)	3-3-5	이중 플랫(double flat) 확장형 플랫(elongated flat)
불규칙 조정(irregular)	3-3-5	가속 조정(running correction)
삼각형(triangle)	3-3-3-3-3	상승 삼각형(ascending triangle) 하락 삼각형(descending triangle) 이등변삼각형(symmetrical triangle) 확대형(broadening triangle)
혼합형		이중 혼합형(double three) 확장형 플랫(tripple three)

지그재그(5-3-5)

1. 지그재그의 특징

지그재그는 조정 파동 중에서도 가장 간단한 형태를 띠는 유형이다. 그리고 그 이름 자체가 벌써 파동의 모양을 잘 나타내 주고 있다. 또한 이 모양은 우리가 알고 있는 엘리어트 이론의 '상식'을 벗어나지 않는 유일한 조정 파동이다. 즉 a파동은 5개의 파동으로 구성되고, b파동은 3개의 파동으로 나누어지며, 마지막으로 c파동은 5개의 파동으로 세분할 수 있으므로, 충격 파동은 5개의 파동이고 조정 파동은 3개의 파동이라는 원칙에도 부합된다.

지그재그는 〈그림 9-2〉와 같이 하락의 방향으로 나타나는 a파동과 c파동 사이에 상승의 방향으로 진행되는 b파동이 들어간 형태로 구성되며, 전체적으로 보아 a파동의 바닥 수준에 비하여 c파동의 바닥은 현저하게 낮은 꼴로 이루어진다. 따라서, 지그재그가 나타날 경우에는 조정의 폭이 매우 크게 나타난다고 볼 수 있다(또 한 번의 노파심! 여기서는 충격 파동이 상승인 경우를 예로 들어 설명하고 있다. 그러므로 충격 파동이 하락일 경우 나타나는 지그재그는 a파동과 c파동이 상승의 형태로 나타나고, 가운데 b파동은 하락의 형태로 진행된다. "모든 지그재그에서 무조건 a파동과 c파동은 하락이고, b파동은 상승이다."라고 믿는 사람은 이제 없겠지만, 그래도 혹시나 해서 덧붙인다.).

또한 일반적으로 b파동의 상승폭은 최대한으로 잡더라도 a파동의 61.8%에 그친다. 말을 바꾸자면, 어떤 조정 파동이 지그재그의 모양을 띠기 위해서는 가운데의 b 파동이 a 파동을 피보나치 숫자인 61.8% 이상으로 조정해서는 안 된다.

지그재그에서 a 파동은 충격 파동의 역할을 하게 된다. 그러므로 움직임도 전체적인 추세의 방향(하락)으로 강력하게 이루어지며, 파동도 5개의 작은 파동으로 세분할 수 있다. 또 b 파동은 전체적인 하락 추세에 반발하는 형태로 나타나게 된다. 따라서, b 파동은 전형적인 조정 파동의 성질을 띠게 되는데, 파동의 움직임이 비교적 완만하게 이루어지며, 파동의 구성도 3개의 작은 파동으로 세분될 뿐이다. 그리고 b 파동이 a 파동을 61.8% 이상 조정해서는 안 된다는 것은 앞서 밝힌 바와 같다.

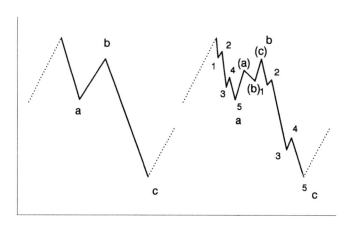

〈그림 9-2〉 지그재그 : 5-3-5의 파동으로 구성되며, 특히 c 파동의 바닥은 a 파동의 바닥에 비해서 현저하게 낮은 수준에서 결정된다.

그런데 3개의 파동으로 구성되는 b 파동을 곰곰 들여다보면, 이 파동이 조그마한 지그재그의 형태를 띤다는 것을 발견할 수 있을 것이다. 즉 b 파동 그 자체가 다시 하나의 작은 지그재그 모양이 된다는 말이다. 단, 우리가 여기서 다루는 전체적인 a-b-c 파동이 하락의 꼴로 이루어지는 지그재그라면, 그 안에서의 b 파동은 반대로 상승의 형태를 띤 자그마한 지그재그가 된다는 점을 유의해야 할 것이다.

그리고 마지막으로 나타나는 c 파동은 상당히 강력하게 나타난다. 이미 앞 장에서도 밝힌 바 있으나, c 파동은 세 번째로 나타나는 파동이면서 또한 충격 파동이므로 그 성격이 충격 파동의 3번 파동과 유사한 점이 많다. c 파동은 강력한 하락 추세를 나타내는 것이 보통이며, c 파동의 바닥은 a 파동의 바닥을 훨씬 지나쳐 현저하게 아래쪽에 형성되게 된다. 그런데 일반적으로 지그재그에서는 a 파동의 길이와 c 파동의 길이가 비슷한 길이로 형성된다. 따라서, a 파동의 길이는 파동이 진행되는 가운데 우리가 이미 알고 있기 때문에, 현재의 조정 파동이 지그재그라는 것이 확실하다면 앞으로 c 파동이 어느 정도에서 완성될지 미리 예측해 보는 일도 가능하다. 또한 c 파동은 충격 파동이므로 5개의 파동으로 구성된다는 것은 당연한 사실이다.

2. 지그재그의 예측

만약 현재의 조정 파동이 지그재그인 것이 확인된다면, 비록 현재의 주식 움직임이 조정 파동에 접어들어 충격 파동에 비해서는 활발하게 움직이지 않는다 하더라도, 우리가 알고 있는 지그재그의 특징을 이용하여 보다 나은 주식 거래를 할 수 있을 것이다.

그런데 지그재그의 특징을 이용하여 앞날의 주가 움직임을 예측하더라도 변함없이 적용되어야 할 파동들의 원칙은 변하지 않는다. 즉 우리가 앞 장의 각 파동의 특징에서 배운 대로, 3번 파동은 1번 파동의 1.618배만큼 형성되는 경향이 높다는 것, 5번 파동과 1번 파동은 그 길이가 서로 비슷하게 형성된다는 것, 그리고 각각의 조정 파동은 충격 파동을 대략 61.8% 정도 조정하는 것이 일반적이라는 원칙은 변함이 없다. 그러므로 조정 파동에서도 각각의 파동들을 매겨 나가면서 우리가 알고 있는 이와 같은 원칙들을 되살린다면 파동을 정확하게 매기고, 또한 각각의 파동이 어느 수준에서 완성될 것인지를 미리 알아보는 일이 더욱 더 확실하게 된다.

그러면, 지그재그라고 의심이 되는 조정 파동이 진행되고 있을 때 먼저 우리가 해야 할 일이란, 현재의 조정 파동이 과연 지그재그인지 아니면 플랫이나 불규칙 조정 등 지그재그가 아닌 다른 조정의 형태를 띤 것인지를 확인하는 일일 것이다. 그런데 지그재그의 경우에는 a 파동이 완성되는 것만 확인하여도 지금의 조정 국면이 지그재그가 될지 아니면 다른 조정의 형태가 될 것인지 쉽게 알아볼 수 있다. 앞의 표에서 확인할 수 있는 것처럼 a 파동이 다섯 개의 파동으로 구성되는 것은 지그재그밖에 없다. 그러므로 a 파동이 다섯 개의 파동으로 구성된 채 완성되었다면, 우리는 상당히 높은 확률로 현재의 조정 국면이 지그재그가 되리라고 예측할 수 있는 것이다. 물론, a 파동이 다섯 개의 파동이 아니라 세 개의 파동만으로 완성되었다면 앞으로 지그재그가 아닌 다른 조정의 꼴이 나타날 것이다.

그래서 a 파동의 구성이 다섯 개로 이루어지는 것을 보고 일단 현재의 조정 국면이 지그재그가 되리라고 확신한다고 하자. 그러면, 그 다음에 해야 할 일은 b 파동으로 인해서 주가가 얼마나 상승할 것인지를 예상하는 일이다. 여기에는 앞서 배운 것이 하나 필요하다. 즉 b 파동이 아무리 크다 하더라도 a 파동의 61.8% 이상은 될 수 없다는 것이 바로 그것이다. 그러므로 여기서 우리는 b 파동의 꼭지점이 최대한 어느 정도 수준에 이를 것이라는 것을 계산할 수 있겠다. 물론 현 시점에서 우리가 알 수 있는 것은 b 파동이 '최대한' 얼마까지 갈 수 있는가에 대한 것이지, b 파동이 '꼭' 어느 수준까지 갈 것이라고 확신할 수 있는 것은 아니다. 다시 말해, b 파동은 a 파동의 61.8% 수준까지밖에는 상승하지 못하지만, 그렇다고 해서 꼭 61.8% 수준까지 상승하는 것이 아니라 50% 상승할 수도 있고 38.2% 수준만 상승할 수도 있다. 그러므로 b 파동의 꼭지점을 정확하게 집어낸다는 것은 현재로서는 어려운 일이다. 그러나 그럼에도 불구하고, b 파동이 '최대한' 어느 수준까지 상승할 수 있는지를 미리 알 수 있다는 것 자체로도 우리는 상당히 유익한 정보를 알고 있는 것이다.

이제 a 파동이 진행된 것을 관찰하여 지그재그가 될 것을 확인하고, 나아가 b 파동의 목표 지점까지 설정했다면, 앞으로 남은 일은 c 파동의 바닥을 알아내는 일이다. 그런데 이미 우리는 a 파동과 c 파동은 서로 길이가 비슷하게 형성된다는 것을 알고 있다. 그러므로 b 파동의 꼭지점만 알아낸다면 c 파동의 꼭지점을 알아내는 일은 아주 쉬운 일이 되는 것이다.

마지막으로 정말 주가의 움직임이 c파동에 접어들어 있고, 한 창 주가의 하락 움직임이 활발하여 c파동이 거의 막바지에 이른 것으로 생각된다고 하자. 그러면, 이 때 우리는 지금까지 a파동 부터 시작하여 진행되어 온 주가의 하락 움직임이 '정확하게' 어디서 끝날 것인지 예측할 수 있다. 그것은 c파동을 한 등급 낮은 파동으로 세분해 보면 가능해진다. 즉 c파동을 한 등급 낮은 다섯 개의 작은 파동으로 세분했을 때, c파동 안의 마지막 파동

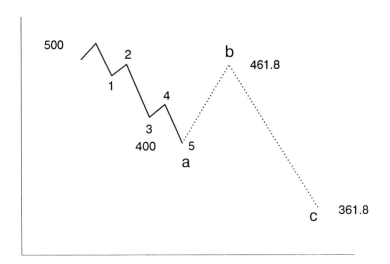

〈그림 9-3〉 지그재그의 예측 : a파동이 다섯 개의 작은 파동으로 구성되고 있다는 것을 확인한다면 앞으로 지그재그의 모양이 이루어질 것이라고 예측할 수 있다. 또 지그재그의 성질을 이용하여, b파동은 a파동의 최대한 61.8%의 크기로 결정되며 c파동은 a파동과 비슷한 크기로 형성된다는 것과, 전체적인 주가 움직임을 미리 알아볼 수 있다.

인 5번째 파동은 엘리어트가 이야기한 각 파동의 성질에 따라 c 파동의 첫 번째 작은 파동과 일치하는 경향을 가진다는 것이다. 그러므로 c 파동 안의 첫 번째 파동의 길이만 알아낸다면, c 파동의 막바지에 이르러 이 파동이 어느 수준에서 끝날지 쉽게 예측할 수 있게 되는 것이다.

또한 지그재그에서 각각의 파동을 형성하는 데 걸리는 시간도 앞에서 설명한 것과 같은 비율로 결정되는 것이 일반적이다. 즉 b 파동을 형성하는 데 걸리는 시간은 a 파동을 형성하는 데 걸리는 시간을 61.8% 곱한 만큼이 되는 것이 보통이며, 또 c 파동은 a 파동을 형성하는 데 걸린 시간과 비슷하게 되는 것이 일반적이라는 것이다.

앞에서 설명한 내용들을 그림으로 나타낸 것이 〈그림 9-3〉이다.

플랫(3-3-5)

1. 플랫의 특징

플랫은 이미 그 이름에서도 알수 있듯이 a-b-c 파동으로 이어지는 조정의 움직임이 평평하게 나타나는 모양을 말한다. 그리고 파동들을 세분해 보면, 각각 3개-3개-5개의 파동으로 구성되어 있음을 확인할 수 있다.

플랫이 결정적으로 지그재그와 다른 점은, 첫째로 파동의 구성이 지그재그는 5개-3개-5개로 구성되는 반면, 플랫은 3개-3개-5개의 파동으로 세분된다는 점이며, 둘째로 지그재그에서는

b 파동의 꼭지점이 a 파동의 꼭지점에 미치지 못하고 최대한 a 파동 길이의 61.8% 수준에 그치는 데 반하여, 플랫에서는 b 파동의 꼭지점이 거의 a 파동의 꼭지점 수준까지 상승하게 되며, 그 길이도 a 파동이나 b 파동이나 비슷하게 형성된다는 점, 그리고 셋째로 지그재그에서는 c 파동의 바닥이 a 파동의 바닥보다 현저하게 낮은 수준에서 결정되지만, 플랫에서는 c 파동의 바닥이 a 파동의 바닥과 비슷한 수준에서 결정된다는 점이다.

그러므로 전체적으로 보아 플랫은 전통적인 패턴 분석 기법에서 이야기하는 직사각형 패턴(rectangle pattern)의 형태를 띠게 된다. 그리고 또 플랫은 수평으로 평평한 모양으로 형성되기 때문에, 주가의 상승에 반발하는 조정 국면(correction)이라 하기보다는 차라리 보합 국면(consolidation)이라고 생각하는 것이 타당할지 모른다.

플랫은 2번 파동에서 발견되기도 하지만, 주로 4번 파동에서 더 높은 빈도로 발생된다. 또한 다른 조정 패턴과는 달리 플랫의 경우는 5번 파동이 완성된 다음에 형성되는 a-b-c 파동에서는 거의 나타나지 않는다.

이미 앞에서 밝힌 바 있지만, 플랫은 첫 번째로 시작하는 a 파동이 다섯 개의 파동이 아니라 3개의 파동으로 구성되기 때문에 파동을 매기는 데 혼란을 가져다주기 쉽다. 그런데 여기서 다시 한 번 우리가 알고 있는 엘리어트 이론의 법칙을 원용한다면, 조정 파동의 형태가 플랫으로 될 수도 있다는 사실을 미리 알 수 있게 된다. 그것은 파동 변화의 법칙을 생각하면 된다.

파동 변화의 법칙에 따르면 2번 파동과 4번 파동이라는 두 개

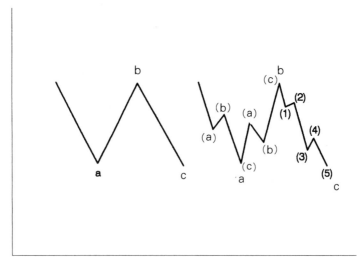

〈그림 9-4〉 플랫

의 조정 파동은 서로 그 형태가 변화되어 나타나야만 한다. 따라서, 앞선 2번 파동이 지그재그의 형태로 진행되었다면 우리는 4번 파동에서의 조정 파동은 지그재그가 아닌 다른 조정의 형태를 띨 것으로 미리 예상할 수 있다. 그러므로 2번 파동의 움직임이 지그재그인 것이 확인된다면 4번 파동은 지그재그가 될 수 없고, 따라서 4번 파동 안의 첫 번째 작은 파동인 a 파동은 반드시 3개의 파동으로만 구성되는 것이다(a 파동이 다섯 개의 파동으로 구성되는 조정 파동은 지그재그뿐이라는 사실을 유념하라.).

2. 플랫의 형성 기간

또한 플랫을 세분해 보면 a파동은 조그만 지그재그의 형태를 나타내고, b파동도 다시 조그마한 지그재그의 꼴로 진행되며, 마지막 c파동은 정상적인 5개의 파동을 가진 충격 파동의 모양을 띠고 있다. 따라서, 플랫의 첫 번째 파동이 조그마한 지그재그의 모양으로 진행되는 까닭에 종종 사람들은 짧은 지그재그가 하나의 완전한 조정 파동이라고 혼동하기 쉽다.

현재 진행되는 조정 파동이 완전한 형태로서 지그재그로 끝나 버릴지 아니면 현재의 지그재그 모양이 플랫의 일부분인지 구별하려면, 파동을 형성하는 데 걸린 시간을 서로 비교하는 일이 필수적으로 요구된다. 일반적으로 이야기하여, 조정 파동을 형성하는 시간은 충격 파동을 형성하는 시간에 비하여 더 길게 나타난다. 심지어 어떤 학자는 하나의 사이클에서 충격 파동과 조정 파동이 소요되는 시간은 30 대 70 정도이며, 따라서 조정 파동을 형성하는 데 걸리는 시간이 훨씬 많다고까지 이야기하고 있다. 조정 파동에 걸리는 시간이 길다는 것은 우리가 상식적으로도 잘 알 수 있다. 보통 주가가 상승하는 기간은 순식간이다. 일반 투자자들이 '어어' 하는 사이에 주가는 저만치 줄달음쳐 올라가는 일이 비일비재하다. 그러나 일단 주식 시장이 조정 국면에 들어서면 참으로 지루하고 답답한 보합 국면이 길게 진행됨을 우리는 경험적으로 잘 알고 있지 않은가?

또한 같은 등급의 파동이 대충 어느 정도 시간을 경과하여 완성되었는지 참고하는 것도 좋은 방법이 될 것이다. 예컨대, 현재 2번 파동이 진행되고 있다면, 앞선 1번 파동이 완성되는 데 어느 정도의 시간이 걸렸는지 확인하는 것이 유익하다. 또, 4번 파동이라면 앞선 조정 파동인 2번 파동에서 어느 정도 기간이 경과되었는지를 확인해야 할 것이며, 3번 파동이 걸린 시간을 알아 두는 것도 유용할 것이다. 일반적으로 말하여 충격 파동을 조정하는 조정 파동은 그 충격 파동과 비슷한 시간이 걸리거나, 혹은 더 긴 시간이 소용되는 것이 보통이며, 설혹 충격 파동에 비

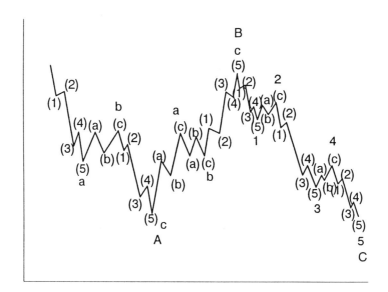

〈그림 9-5〉 플랫의 세분 : 플랫을 낮은 등급의 파동으로 세분해 보면 첫 번째, 두 번째 파동인 A 파동과 B 파동은 각각 작은 지그재그의 형태를 띠게 된다. 이 때 투자자들은 파동의 등급을 혼동하여, 지그재그로 나타나는 첫 번째 A 파동이 마치 전체 조정 파동인 것으로 오인하기 쉽다. 그러므로 이러한 잘못된 해석을 막기 위해서는 파동을 형성하는 데 걸린 시간을 확인하는 일이 꼭 필요하다.

하여 완성되는 기간이 짧게 나타난다 하더라도 대략 피보나치 숫자인 61.8%의 비율은 유지하고 있다. 그러므로 현재의 조정 파동이 예상되는 조정 파동의 기간에 비하여 현저하게 짧게 진행되고 말았다면, 이것을 완전한 조정 파동으로 인식하는 것은 잘못된 일이 될 것이며, 따라서 앞으로 조정 파동이 상당 기간 더 진행될 것이라고 예상하는 것이 타당하다.

다시 플랫으로 돌아가자. 도중에 만약 조정 파동으로 생각되는 파동이 지그재그의 형태로 진행되기는 하지만, 그 파동이 형성되는 기간이 우리가 예상하고 있는 조정 파동의 진행 기간에 비하여 현저하게 짧은 기간 안에 완성되었다면, 우리는 그 파동을 완전한 형태의 지그재그로 간주해서는 안 된다. 오히려, 시간상 앞으로 조정 파동이 더 진행되어야 하는데 너무 일찍 하나의 지그재그가 완성되어 버렸다면, 그것을 지그재그로 인식하기보다는 차라리 플랫 모양 중에서 첫 번째의 파동인 a 파동으로 인식하는 것이 타당할 것이다.

3. 플랫의 확장형

때때로, 플랫의 마지막 파동인 c 파동이 의외로 길게 나타나는 수가 있다. 이와 같은 일은 언제 발생하는가 하면, c 파동 안의 다섯 개의 작은 파동이 다 마무리될 때, 그 바닥이 여전히 a 파동의 바닥에 비해서는 높은 수준에서 형성될 때에 나타날 수 있다. 다음의 〈그림 9-6〉에서 알 수 있는 것처럼, c 파동의 첫 번째 파동인 (1)번 파동은 5개의 파동으로 구성된 것처럼 보이지만, 아직도 a 파동의 바닥보다는 높은 수준이다. 이 때, 우리는 비록

c파동이 완전한 5개의 파동으로 완성되긴 하였지만, 지금 이 상태로 c파동이 끝났다고 해석해서는 안 된다. 그러므로 5개의 작은 파동은 c파동 안의 5개 작은 파동이 아니라, 그보다 한 등급 더 낮은 c파동 안의 첫 번째 파동 안의 5개 작은 파동으로 해석되어야 한다.

이 개념은 상당히 중요하므로 다시 한 번 설명한다. 자, 생각해 보자. 앞에서 우리는 플랫 모양의 c파동은 a파동의 바닥과 비슷한 수준에서 형성된다고 배웠다. 그런데 현실적으로 생각해 볼 때, 아무리 플랫이 평평하다고 하지만 결국은 상승 국면에 있던 충격 파동을 조정하는 역할을 하는 것이므로 다소간 하향 추

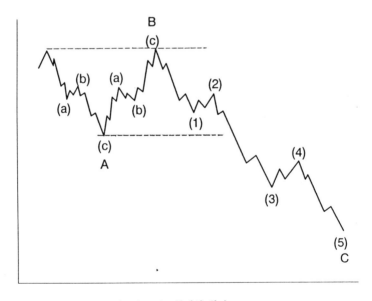

〈그림 9-6〉 플랫의 확장

세를 나타내는 것이 보통일 것이다. 따라서, c파동의 바닥이나 a파동의 바닥이 서로 비슷하게 형성된다 하더라도, 최소한 c파동의 바닥은 a파동의 바닥보다 조금이라도 더 낮은 수준에서 형성되어야만 정상일 것이다.

그런데 〈그림 9-6〉을 다시 살펴보면, c파동의 (1)번 파동으로 표시되어 있는 파동은 a파동의 바닥에 못 미쳐서 형성되었다. 따라서, 플랫이라 하더라도 전체적으로는 하향 추세를 보이는 것이 정상이라고 할 때, 우리는 앞으로 또 한 번 더 강력한 하락세가 있을 것이라고 예감할 수 있는 것이다.

어떤 사람들은 〈그림 9-6〉이나 〈그림 9-7〉을 보고, 우리가 알고 있는 '단순한' 형태의 플랫 모양이 아니고, 특히 c파동이 a파동이나 b파동에 비해 너무 길게 나타난다고 해서 혼란을 일으킬지 모른다. 그러나 이미 일러둔 바와 같이 엘리어트 이론에서의 조정 파동은 있는 그대로 받아들이는 것이 상책이다. 너무 복잡하게 생각하기보다는 현실적으로 판단하고, 이론에 얽매이기보다는 '융통성'을 가지는 것이 올바른 태도라는 것을 또 한 번 '귀에 못이 박히도록' 여기 밝혀 두는 바이다. 참고로, 〈그림 9-6〉이나 〈그림 9-7〉이 비록 확장된 플랫의 형태이긴 하지만 그래도 플랫임이 분명한 것은 b파동의 꼭지점을 보면 알 수 있다. 그림에서 b파동의 꼭지점은 a파동의 출발점과 거의 비슷한 수준으로 형성되고 있다. 앞서 배운 지그재그에서 b파동은 a파동의 61.8%가 되는 것이 최대였고, 나중에 배울 불규칙 조정에서는 b파동이 a파동의 꼭지점을 넘어서서 상승한다. 그러므로 비록 c파동이 확장되었다 하더라도, b파동의 꼭지점과 a파동의 꼭지

〈그림 9-7〉 플랫의 확장

점이 서로 비슷하게 형성되는 것을 보면 〈그림 9-6〉이나 〈그림 9-7〉은 영락없는 플랫인 것이다.

불규칙 조정(3-3-5)

1. 불규칙 조정의 특징

엘리어트 이론을 파고 들어가면서, 필자는 이론의 심오함에도 매료되었지만, 또 한편으로는 엘리어트가 여러 가지 모양에 대해 붙여 놓은 이름들에 대해서도 탄복을 금치 못했다. 조정 파동에서 지그재그는 말 그대로 주가의 움직임이 들쭉날쭉하는 모양을 말하고, 플랫은 문자 그대로 주가의 움직임이 평평하게 이루어지는 모양을 의미한다. 불규칙 조정(irregular correction)의 경우도 마찬가지다. 벌써 그 이름에서 풍기는 이미지처럼 불규칙 조정은 우리가 알고 있는 상식을 뛰어넘는 '불규칙'한 조정을 가리키는 말이다.

이미 여러분들은 불규칙 조정이라는 말이 낯설지 않을 것이다. 앞 장에서 5번 파동의 연장을 배울 때, 이미 불규칙 조정이나 정통 꼭지점(orthodox top), 그리고 사이비 꼭지점(irregular top) 같은 말들을 접해 보았을 것이다.

불규칙 조정의 가장 큰 특징은 b 파동에 있다. 우리는 지그재그의 경우, b 파동의 꼭지점은 최대한 올라가더라도 a 파동의 61.8% 수준, 또는 a 파동 안의 네 번째 파동 이상으로는 상승할 수 없다는 것을 알고 있다. 그리고 플랫의 경우를 다시 한 번 상기한다면, 플랫의 b 파동은 a 파동의 꼭지점과 비슷한 수준까지는 상승할 수 있었다. 반면, 앞선 두 가지 조정 파동과는 달리, 지금 배우게 될 불규칙 조정에 있어서 b 파동은 a 파동의 꼭지점을 현저하게 넘어서까지 상승한다는 것이 큰 특징 중의 하나이다. 그리고 이 때의 b 파동은 a 파동 길이의 1.382배 또는 1.236배(0.618+0.618)로 결정되는 경향이 높다.

그리고 불규칙 조정이 나타나는 시기에 있어서도 다른 두 조정 파동과 다르다. 지그재그나 플랫은 일반적으로 2번 파동이나 4번 파동에 나타나는 경우가 태반이다. 그러나 불규칙 조정은 2번 파동이나 4번 파동에서 나타나는 일은 별로 없으며, 주로 5번 파동이 마무리된 다음에 나타나는 a-b-c 파동을 구성하고 있고, 따라서 어느 하나의 충격 파동을 조정하기보다는 1번 파동부터 5번 파동에 걸치는 전체적인 파동의 움직임을 조정하는 역할을 하는 것이 대부분이다. 또한 앞서 배운 대로 5번 파동이 연장되는 경우라면 '반드시' 불규칙 조정이 나타나야 하는 것은 물론이고, 설사 5번 파동이 연장되지 않더라도 불규칙 조정이 뒤를 잇는 일도 없지는 않다는 것에 유의해야 할 것이다.

마지막으로 불규칙 파동에 있어서 c파동은 지그재그 모양처럼 대폭적인 하락의 모습을 보인다. 또, 5번 파동이 연장된 이후에 나타나는 불규칙 조정이라면 c파동은 종종 폭락 장세를 나타낸다는 것은 이미 언급한 바와 같다.

그러므로 불규칙 조정의 모양을 한 마디로 정의하자면, b파동의 모양은 플랫의 모양과 비슷하고(단, 플랫과는 달리 b파동의 꼭

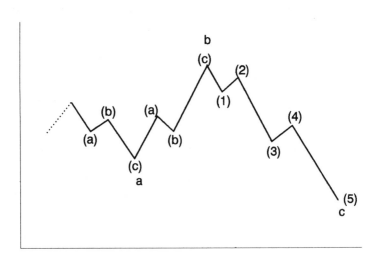

〈그림 9-8〉 불규칙 조정

지점은 a 파동의 꼭지점을 상회하지만), c 파동의 모양은 지그재그와 비슷한 꼴이 된다. 다시 말해, 불규칙 조정은 플랫과 지그재그가 서로 혼합된 형태이면서 다소간 아래 위쪽으로 틀어진 모양으로 형성되는 것이다. 그리고 불규칙 조정의 각 파동을 세분해 보면, a 파동과 b 파동은 각각 3개의 파동으로 세분되며, c 파동은 5개의 파동으로 나누어진다. 결국 3파-3파-5파의 구성이 되는 것이다. 이것은 플랫의 구성과 똑같다.

2. 사이비 꼭지점

불규칙 조정이 일어날 경우, b 파동은 a 파동의 꼭지점을 넘어선 수준까지 상승한다고 하였다. 그런데 불규칙 조정은 5번 파동까지의 움직임이 완료된 다음에 나타난다고 하였으므로, 불규칙 조정에서 a 파동의 꼭지점이란 결국 5번 파동의 꼭지점이 된다. 따라서, 불규칙 조정의 b 파동이 a 파동의 꼭지점을 넘어서서 상승한다는 말을 바꾸어 이야기하자면, 5번 파동의 꼭지점을 넘어서는 새로운 꼭지점이 조정 파동에서 생겨난다는 것이다.

우리는 상식적으로 1번 파동에서 c 파동까지의 한 사이클 안에서 5번 파동의 꼭지점이 가장 높아야 하는 것으로 알고 있다. 그러나 불규칙 조정이 일어나는 경우에는 사정이 달라져서 이와 같이 우리의 상식을 뒤집는 일이 발생하는 것이다.

그러므로 불규칙 조정으로 새로운 꼭지점이 생겨날 경우, 두 꼭지점을 구별할 필요성이 생긴다. 그래서 우리가 상식적으로 알고 있는 5번 파동의 꼭지점을 정통 꼭지점(orthodox top)이라고 부르고, 또 한편으로 불규칙 조정에 의해 생겨나는 b 파동의 꼭지점을 사이비 꼭지점(irregular top : 불규칙 꼭지점이라고도 한다.)
이라고 부른다.

  사실 불규칙 조정이 일어날 때, 투자자들은 혼란스러워진다.
5번 파동이 연장된 다음에 나타나는 불규칙 조정이라면 그래도
사정은 좀 낫다. 왜냐 하면, 5번 파동이 연장되는 것은 채널 기
법을 통해서 확인할 수 있고, 따라서 5번 파동이 연장된 다음에
는 반드시 불규칙 조정이 뒤따른다는 것을 이미 알고 있으므로,
b파동의 움직임이 슬금슬금 5번 파동의 꼭지점을 넘어선다 하
더라도 그리 놀라지 않게 되기 때문이다. 그러나 문제는 5번 파
동이 연장되지 않았음에도 불구하고, 그 다음에 이어지는 조정
파동이 불규칙 조정의 모습을 띨 때이다.

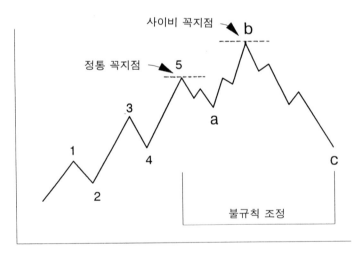

〈그림 9-9〉 사이비 꼭지점

사람들은 5번 파동으로 인해 생기는 꼭지점을 보고, 이제는 최고점을 확인하였다고 생각했는데, 이어지는 조정 파동에서 다시 한 번 주가가 상승하여 새로운 고점(new high)을 형성하면 당황하기 십상이다. 우리가 아는 일반적인 상식으로 조정 파동은 전체적으로 반드시 하락의 모습을 띠는 것이 정상이요, 따라서 조정 파동에서의 일시적인 상승 움직임은 5번 파동을 넘어서지 못하는 것으로 알고 있었는데, 주가가 5번 파동이라고 철석같이 믿었던 파동의 꼭지점을 넘어서 재상승을 시도하면 혼란에 빠지고 말 것이다. 그래서 이제까지 자신이 매겨 왔던 파동의 번호를 다시 한 번 되돌아보게 되고, 일부는 5번 파동의 상승세가 아직도 끝나지 않은 것으로 여겨 주식을 도리어 매입하는 우까지 범할지 모른다.

　그러나 이제까지 5번 파동이라고 믿었던 파동을 넘어서는 상승 움직임이 일어날 때, 그 움직임이 정말로 기존의 상승 움직임이 계속되고 있는 것인지 아니면 '속기 쉬운' 사이비 꼭지점이 형성되고 있는지 판별하는 방법은 의외로 간단하다. 그 방법이란 상승 움직임의 파동을 세분해 보는 것이다.

　앞에서 배운 대로 불규칙 조정은 3파-3파-5파의 구성을 보이고 있다. 그러므로 5번 파동의 꼭지점을 넘어서는 상승 움직임을 보여 주는 b파동은 반드시 3개의 파동으로 구성되고 있다. 따라서, 상승 움직임의 파동을 세분해 보아서 3개의 파동으로밖에 세분되지 않는다면 그것은 틀림없이 사이비 꼭지점이며, 앞으로 있을 드라마틱한 하락 국면(c파동)을 예고하는 전주곡으로 간주되어야 한다. 왜냐 하면, 1번 파동부터 시작한 추세의 움직

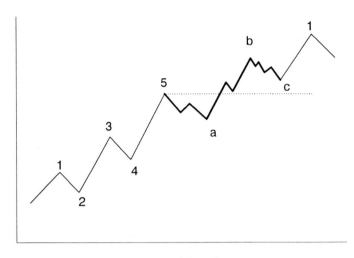

〈그림 9-10〉 가속 조정

임은 상승 움직임이었으므로 엘리어트의 이론상 추세와 같은 방
향으로 움직이는 파동은 반드시 5개의 파동으로 구성되어져야
하고, 따라서 고작 3개의 파동으로 그치는 상승 움직임은 '사이
비' 상승 움직임이 분명하기 때문이다. 혹시 이 말이 이해가 되
지 않는 사람은 앞 부분으로 돌아가서 〈그림 2-2〉나 〈그림 2-3〉
을 참조하라. 1번 파동, 3번 파동, 5번 파동이 상승 파동으로서
5개의 파동으로 구성되는 것은 물론이며, 또 각각의 파동들을
세분하더라도 대세의 흐름과 같은 방향(상승)으로 움직이는 파동
은 모두 5개의 작은 파동으로 구성되어 있는 것을 확인할 수 있
을 것이다.

3. 가속 조정

가속 조정은 불규칙 조정의 예외적인 패턴으로 간주된다. 즉 b파동의 꼭지점은 정상적인 불규칙 조정처럼 a파동의 꼭지점을 넘어서서 형성되지만, c파동의 바닥은 정상적인 불규칙 조정처럼 a파동의 바닥보다 현저하게 낮게 내려가는 것이 아니라, 오히려 a파동의 바닥에 못 미쳐 끝나 버리는 것을 말한다.

이와 같은 가속 조정은 상승 국면의 경우, 추세의 움직임이 상상 외로 강력하여 조정이 있더라도 아주 짧게 끝날 때에 발생하게 되는데, 현실적으로는 발생 빈도가 매우 낮다.

삼각형(3-3-3-3-3)

이제까지 살펴본 조정 파동들은 나타나는 시기가 조금씩 다르다. 즉 플랫이나 지그재그는 2번 파동이건 4번 파동이건 어디서나 나타날 수 있었지만, 불규칙 조정은 주로 5번 파동이 마무리된 다음에 나타나는 예가 많다고 했다. 마찬가지로, 지금부터 다룰 삼각형(triangle)의 경우에도 언제 어디서나 나타나는 것이 아니라, 불규칙 조정처럼 나타나는 시기가 정해져 있다. 삼각형은 반드시 4번 파동에서만 나타난다. 또한 절대로 2번 파동에서는 나타나지 않는다. 그러므로 파동을 매기는 일이 좀 혼란스러워진다면 삼각형이 나타났는지를 살펴서, 나타났다면 그 파동은 4번 파동이라고 생각하여도 좋을 것이다.

엘리어트의 삼각형은 우리가 전통적인 차트 패턴 분석에서 이야기하는 삼각형 패턴이나 다를 바 없다. 즉 엘리어트의 삼각형에도 상승 삼각형, 하락 삼각형, 이등변 삼각형, 그리고 확장형의 4가지 종류가 있으며, 또한 패턴 분석 기법에서 이야기하는 것처럼 엘리어트의 삼각형도 지속형 패턴(삼각형은 4번 파동에서 나타난다고 하였으므로, 4번 파동으로 생기는 삼각형이 완성된 다음에는 5번 파동에 의한 상승 추세가 이어지고, 결국 기존의 추세가 계속 진행됨)으로 간주되는 것 등도 또한 같다.

그러나 삼각형 패턴은 우리가 아는 '상식적'인 엘리어트 이론을 벗어나는 모습을 띠고 있다는 점에서 주의해야 한다. 그것은 첫째로, 삼각형은 4번 파동으로 나타나는 조정 파동이긴 하지만, 전형적인 조정 파동과는 달리 5개의 파동으로 구성된다. 우리가 이제까지 살펴본 플랫, 지그재그, 그리고 불규칙 조정들은 모두 a-b-c 파동으로 형성되는 3개의 파동으로 구성되었다. 그러나 삼각형은 유일하게도 모두 5개의 파동으로 구성된다. 그러므로 삼각형을 구성하는 각 파동은 a-b-c의 파동이 아니라, a-b-c-d-e라는 5개의 파동들로 매겨져야 한다.

둘째로, 엘리어트의 파동들을 한 등급 낮은 파동으로 세분해 보면, 대체적으로 5개의 파동과 3개의 파동이 번갈아 가면서 진행된다. 그것은 앞에서 살펴본 지그재그나 플랫의 경우도 마찬가지다. 그러나 삼각형은 또 유별나서, 5개의 파동을 한 등급 낮은 파동으로 세분하면 모두 3개의 파동으로만 세분된다.

셋째로, 삼각형은 엘리어트의 절대 불가침의 법칙에 어긋나는 유일한 파동이다. 즉 삼각형에서는 4번 파동의 바닥이 1번 파동의 꼭지점보다도 아래쪽에 형성된다. 우리가 아는 '상식'은 4번 파동이 1번 파동과 겹쳐서는 안 된다는 것이지만, 삼각형은 이 상식의 유일 무이한 예외로 간주되는 것이다.

이처럼 삼각형이 수많은 예외를 인정한다고 해서 미리부터 겁 먹을 필요는 없다. 왜냐 하면, 삼각형이라는 모양이 실제로 차트 를 그려 보면 많이 나타나기도 하지만, 또한 초보자라도 삼각형 이라는 것을 한눈에 쉽게 알아볼 수 있기 때문에 앞서 밝힌 세 가지 유의 사항만 잘 익히고 있다면 결코 어려울 것이 없기 때 문이다.

삼각형은 그 본질상, 주가의 움직임이 점점 작아져서 그 움직 임이 계속 진행된다면 아래 위의 지지선과 저항선이 마침내 한

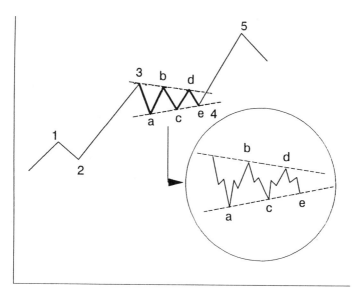

〈그림 9-11〉 4번 파동으로서의 삼각형

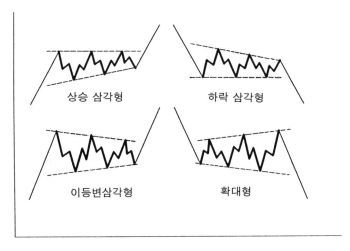

〈그림 9-12〉 삼각형의 종류

점으로 모이게 되는 꼴로 형성된다. 따라서, a파동에 비해 b파동의 움직임이 작아질 수밖에 없으며, 마찬가지로 b파동의 움직임에 비해 c파동이 작게 나타나고, 또 c파동에 비해 d파동의 움직임이, 그리고 d파동에 비해 e파동의 움직임이 상대적으로 작게 나타날 것이다. 그러므로 이상적인 삼각형 모양은 각 파동의 크기가 서로 61.8%의 관계를 가지게 되는 것이 보통이다. 이것을 숫자로 표현한다면, 삼각형에서 a파동이 100포인트 상승한 꼴로 진행되었을 때 b파동은 100×0.618, 즉 61.8포인트 하락하는 모양이 되는 것이고, 다시 c파동은 b파동의 61.8%인 38.2포인트 하락하는 형태가 된다. 마찬가지로 계산을 해 나가면, d파동은 23.6으로, 그리고 e파동은 14.6의 길이로 각각 정해진다.

이처럼 삼각형에서는 파동이 진행될수록 점점 주가의 움직임이 둔화되는 것이다.

　마지막으로, 4번 파동에서 나타나는 모양인 삼각형(triangle)과 5번 파동에서 나타나는 삼각 쐐기형(diagonal triangle)을 혼동해서는 안 된다는 것을 일러 두고자 한다. 주지하듯이 삼각 쐐기형은 쐐기형의 모양을 띤다. 즉 위쪽에 형성되는 저항선이나 아래쪽에 생겨나는 지지선이나 모두 같은 방향으로 움직이게 되는 것이다. 예컨대, 상승 쐐기형에서는 지지선이나 저항선 모두 상향의 모습으로 진행되며, 하향 쐐기형은 지지선과 저항선 공히 하락의 모양으로 나타난다. 그러나 삼각형의 경우는 지지선이나 저항선 어느 하나는 반드시 거의 수평으로 나타난다. 그러므로 파동이 세모꼴의 형태로 진행될 때, 아래 위쪽에 나타나는 지지선과 저항선의 각도만 살펴보면, 지금이 삼각형인지 아니면 삼각 쐐기형인지 구별할 수 있다. 특히 엘리어트는 삼각형과 삼각 쐐기형을 구별하기 위하여, 삼각형을 수평형 삼각형(horizontal triangle)이라는 말로 표현하고 있다.

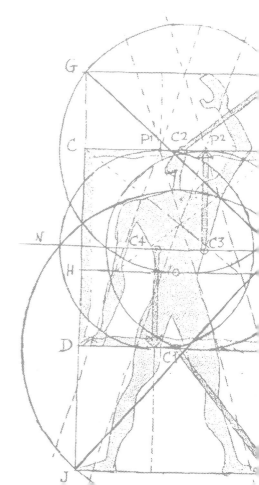

짧은 읽을거리

미생지신 (尾生之信)

융통성 없이 꽉 막힌 사람의 이야기를 하나만 더 하자. 이 이야기는 '장자(莊子)'에 나오는 이야기다.

옛날 노(魯)나라에 미생(尾生)이라는 한 어리석은 사람이, 어느 날 사랑하는 여인과 다리 밑에서 만나기로 약속하였다. 그러나 기다리는 여인은 오지 않고 비는 억수같이 내려, 때마침 밀물까지 된 참에 강물은 점점 불어나기만 하였다. 그런데도 이 어리석은 미생은 사랑하는 여인과 꼭 다리 밑 그 자리에서 만나기로 했다는 생각에, 몸이 점점 물에 잠겨 가도 꼼짝하지 않고 계속 그 여인을 기다리다가 마침내 물에 빠져 죽었다고 한다.

이처럼 미련하고 우직하게 지키는 약속을 우리는 '미생지신 (尾生之信)'이라고 한다.

내가 무엇을 말하고자 하는지 이제 여러분도 감을 잡을 수 있을 것이다. "a 파동은 충격 파동이므로 반드시 5 개의 파동이어야 한다."라고 굳건히 믿는 사람에게는 아무리 뛰어난 엘리어트 이론이라 할지라도 늘상 틀릴 수밖에 없다. a 파동이 비록 충격 파동이긴 하지만 3 개의 파동으로 구성될 수도 있는 것이 현실인 것이다. 여인과, 더구나 사랑하는 여인과의 약속은 당연히 지켜야 하겠지만, 비가 억수같이 오고 강물이 철철 넘치는데도 자리를 뜨지 않고 기다리는 것은 바보짓인 것처럼, 엘리어트 이론 중의 기본적인 틀은 반드시 존중되어야 하지만 현실적으로 억지를 부릴 일만은 아닌 것이다.

9 장에 이어서, 엘리어트 이론 중 제일 까다롭다는 조정 파동에 대해 계속 알아보기로 하자.

이중 지그재그

만약 엘리어트의 조정 파동이 지그재그로만 이루어진다면 얼마나 좋을까? 그러면 굳이 골치 아프게 수많은 예외들을 머리 속에 심어 놓으려 애쓸 필요도 없어질 것이다. 지그재그는 아주 전형적인 조정 파동이다. a-b-c 3 개의 파동으로 구성되고, 각각의 파동들도 5 개-3 개-5 개로 이루어지므로 우리가 알고 있는 상식적인 엘리어트 이론에도 꼭 들어맞는다.

아니 백보를 양보하여 조정 파동에 지그재그뿐 아니라 플랫, 불규칙 조정, 그리고 삼각형까지 포함한다 하더라도 그리 어려울 것은 없다. 삼각형은 특수한 형태이므로 논외로 한다면, 플랫과 지그재그, 그리고 불규칙 조정을 알아보는 방법만 강구하면

될 것이기 때문이다. 그것은 이미 우리가 알고 있듯이 a 파동을 세분해 보기만 하면 된다. a 파동이 5 개의 파동으로 세분되면 그 것은 틀림없이 지그재그가 될 것이요, 그렇지 않고 a 파동이 3 개 의 파동으로 세분된다면 플랫이나 불규칙 조정이라고 생각하면 된다. 플랫과 불규칙 조정을 구별하는 방법은? 그것은 b 파동을 살펴보면 될 것이다. b 파동의 꼭지점이 a 파동을 넘어 가면 불 규칙 조정일 것이고, b 파동의 꼭지점이나 a 파동의 꼭지점이 서 로 비슷한 위치로 결정된다면 플랫이라고 생각하면 된다.

그러나 불행하게도 엘리어트의 조정 파동이 그렇게 녹록한 것 은 아니다. 우리가 사는 인생이 다 그러하듯이 주식 시장의 움 직임도 변화 무쌍하기 이를 데 없으며, 그에 따라 조정 파동도 서로 얽히고 섥켜 점점 복잡한 형태로 나타나기 다반사인 것이 다. 즉 조정 파동에는 단순한 꼴의 지그재그나 플랫도 있지만, 이들 지그재그나 플랫이 2 중, 3 중으로 결합하여 복잡한 형태를 꾸미는 것도 또한 존재한다.

그러면 복잡한 조정 패턴 중에서 우선 두 개의 지그재그가 서 로 결합하여 나타나는 형태인 이중 지그재그(double zig zag)를 살 펴보기로 하자. 단순한 형태로 지그재그가 진행된다면 a-b-c 파 동은 각각 5 개-3 개-5 개의 파동으로 구성될 것이다. 그러나 이 중 지그재그는 지그재그가 서로 결합된 모양이므로, a-b-c 파동 의 형태로 진행되는 완전한 지그재그가 두 개 독립적으로 존재 하고 있으며, 그 사이에 두 지그재그를 결합하는 역할을 하는 x 파동이 들어가 있는 형태로 전개된다.

따라서, 두 개의 지그재그가 각각 완전한 지그재그의 꼴을 띤다고 하였으므로, 〈그림 10-1〉에서처럼 첫 번째로 나타나는 지그재그 모양을 세분해 보면 파동은 3개로밖에 세분되지 않는다. 그리고 첫 번째의 지그재그 모양을 다시 한 등급 더 낮은 파동으로 세분한다면 정상적인 지그재그처럼 5개-3개-5개의 작은 파동들로 세분되어질 것이다. 또한 이처럼 첫 번째의 지그재그 파동이 완성되고 나면 x파동이 이어지는데, 이 x파동도 조그마

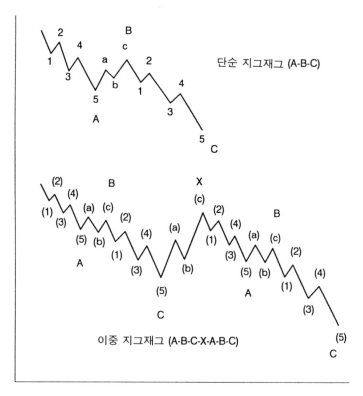

〈그림 10-1〉 단순 지그재그와 이중 지그재그

한 지그재그의 형태를 띠게 되며 움직임의 방향은 상승의 꼴로 된다. 그리고 마지막으로 또 하나의 지그재그가 진행되게 되는데, 이 파동도 그 자체가 5개-3개-5개의 파동으로 이루어지면서 하나의 완전한 지그재그를 형성하게 된다.

그러므로 이중 지그재그를 한 등급만 낮은 파동으로 세분해 보면, 첫 번째 지그재그로 나타나는 3개의 파동, 두 번째 x 파동, 그리고 또다시 지그재그로 형성되는 3개의 파동을 합하여 모두 7개의 파동으로 세분되는 것이다.

그런데 사람들은 이중 지그재그가 나타날 경우, 첫 번째 파동인 a-b-c 파동이 완전한 형태의 지그재그가 되므로, 그것으로 조정이 끝났다고 생각하기 쉽다. 그러다가 x 파동이 나타나고 a-b-c 파동으로 지그재그가 또다시 이어지게 되면, 그만 혼란 속에 빠져 버린다.

그러나 유감스럽게도 현재의 조정 파동이 단순한 지그재그로 끝날지, 아니면 더 복잡한 이중 지그재그 같은 모양으로 진행될지 미리 알아내는 비결은 없다. 단지 방법이라면 첫째로, 파동 변화의 법칙을 다시 한 번 상기하는 것이다. 우리는 2번 파동과 4번 파동은 각각 조정 파동으로서 서로 그 모양이 다르게 나타나야 한다는 법칙을 알고 있다. 그러므로 만약 2번 파동이 단순한 형태로 진행되었다면 4번 파동에서는 복잡한 형태가 될 가능성을 항상 염두에 두어야 할 것이다. 그리고 두 번째의 방법으로는 역시 조정 파동이 형성되는 데 걸리는 시간을 확인하는 것이다. 만약 첫 번째로 나타나는 조정 파동이 완전한 형태의 지그재그 모양으로 완성되었다 하더라도, 그 모양을 형성하는 데 걸린 시간이 우리가 당초 기대했던 시간보다 짧게 진행되었다면, 첫 번째로 나타나는 지그재그로 조정 파동이 다 끝난 것은 아니라고 생각해야 하는 것이다.

일반적으로 조정 파동은 길고 지리하다. 따라서, 조정 파동이 완성되는 데 걸리는 시간도 우리가 통상적으로 예상하는 것보다 더 길게 나타나는 것이 보통인 것이다. 그러므로 단순히 지그재그가 완성되었다고 해서 앞뒤 재어보지도 않고 조정 국면이 끝났다고 단정하는 것은 나쁜 결과를 초래하기 쉽다. 다시 한 번 말한다. 조정 파동은 길고도 지루하다. 그러므로 느긋하라. 그리고 예상보다 일찍 조정 파동이 끝나는 것처럼 보인다면, 그것은 끝이 아니라 또 다른 조정 파동의 시작을 예고하는 신호로 받아들여져야 한다.

엘리어트 이론을 외환 시장에 적용하는 방법에 대해 역작을 펴낸 로버트 발란(Robert Balan)은 그의 책 '엘리어트 이론의 외환 시장 적용(Elliott Wave Principle applied to Foreign Exchange Markets)'에서, 시장의 움직임은 충격 파동에서 30%의 시간이 걸리고, 조정 파동을 지나는 데 70%의 시간이 걸린다고 하였다. 즉 충격 파동과 조정 파동이 소요되는 시간은 30 대 70으로, 조정 파동이 월등하게 더 오래 걸린다는 이야기다. 발란은 외환 시장의 경우로만 국한시켰지만, 주식 시장의 경우도 마찬가지다. 통상 조정 국면을 지나는 데 걸리는 시간이 훨씬 더 긴 법이다. 그러므로 또다시 이야기한다. 느긋하라! 조정 파동은 예상 외로 길게 나타난다.

이중 플랫과 삼중 플랫

　이중 지그재그가 형성될 수 있다면 이중 플랫이 형성되지 말라는 법도 없다. 이중 플랫(double flat)은 이름 그대로 플랫 두 개가 서로 결합된 형태로 나타난다. 그러므로 앞서 배운 이중 지그재그를 원용하여 생각하면, 이중 플랫에서도 첫 번째로 나타나는 a-b-c 파동이 완전한 플랫으로 완성되게 될 것이고, 이어서 x 파동이 뒤를 따르며, 그리고 또 한 번의 a-b-c 파동에서 재차 완전한 플랫 모양이 이루어질 것이다. 또한 이중 플랫을 한 등

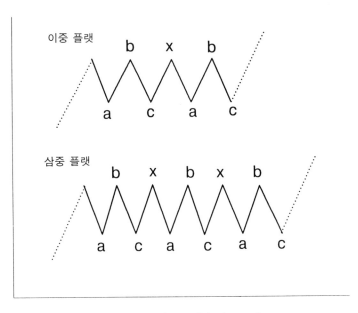

〈그림 10-2〉 이중 플랫과 삼중 플랫

급 낮은 파동으로 세분해 보면, 이중 지그재그와 마찬가지로 모두 7개의 파동으로 세분된다.

그런데 이중 지그재그에서는 주가가 비교적 활발하게 움직였다고 할 수 있겠지만, 이중 플랫이 나타날 때의 주가 움직임은 상대적으로 완만하다고 이야기할 수 있다. 〈그림 10-2〉에 나타난 것처럼 이중 플랫이 형성될 경우, 7개의 파동은 모두 거의 같은 크기로 이루어진다. 그러므로 이중 플랫을 전통적인 차트 패턴 분석법으로 이야기한다면 직사각형 모양(rectangle)이 된다.

또한 이중 플랫보다도 한층 더 복잡한 모양으로는 세 개의 플랫이 결합한 꼴로 나타나는 삼중 플랫(triple flat)이 있다. 삼중 플랫이라고 하지만, 이중 플랫에서 플랫이 하나 더 추가된 것 외에는 더 이상 복잡할 것도 없으며, 그 모양도 이중 플랫과 마찬가지로 평평하게 나타난다. 그러나 삼중 플랫의 경우에는 파동을 세분하면 모두 11개의 파동으로 구성된다.

마지막으로 이중 지그재그가 가능하고, 이중 플랫도 가능하다면 이중 불규칙 조정은 왜 없는가 하는 의문이 들지도 모른다. 엘리어트는 그의 책에서 이중 지그재그와 이중 플랫만 언급했지, 이중 불규칙 조정에 대해서는 아무런 언급도 하지 않았다. 그러나 우리가 알듯이 주식 시장의 주가 변화는 천변 만화하는 것이기 때문에 현실 세계에서 이중 불규칙 조정만 나타나지 않는다는 법은 없을 것이다.

혼합형

또 한 번 우리를 혼란스럽게 만드는 것은 엘리어트의 조정 파동에는 이중 지그재그나 이중 플랫같이 같은 종류의 조정 파동이 서로 결합된 형태만 있는 것이 아니라 플랫과 지그재그가 서로 결합한다든지(이중 혼합형), 아니면 플랫, 지그재그, 불규칙 조정이 몽땅 결합된 형태로 나타나는 조정 파동(삼중 혼합형)도 있다는 점이다.

만약 조정 파동이 이처럼 서로 뒤엉켜서 진행될 경우, 우리는 지극히 혼란스럽다. 예를 들어 삼중 혼합형이라면 플랫이 완성되는가 했더니 이어서 지그재그가 나타나고, 이제는 끝났다고 생각하면 또다시 불규칙 조정이 시작되는 등 도대체 지금 어떤 패턴이 진행되고 있는지 도무지 알 수가 없기 때문이다. 하지만 어떡하랴. 그런 것들도 모두 다 엘리어트 이론의 한 부분인걸. 머리가 아파 오고 눈이 침침해져 오더라도 하는 수 없이 익혀 두어야 하는 것이 우리의 운명인 것을……

그러나 엘리어트 이론을 일찍이 연구한 여러 선각자들은 나름대로 혼합형을 알아보는 방법을 강구해 두었다.

첫째로, 엘리어트는 혼합형을 이중 3파(double three) 또는 삼중 3파(triple three)라고도 이름붙이고 있다. 이중 3파라는 것은 이중 지그재그나 이중 플랫을 의미하는 말이다. 즉 이중 지그재그의 경우를 예로 든다면 a파동이나 c파동이 각각 완전한 지그재그의 형태를 띠고 있고, 또 두 개의 지그재그가 모두 3개의 파동으로 구성되고 있으므로 이중 3파가 되는 것이다. 이중 플랫의 경우도 마찬가지다. 그런데 이중 지그재그나 이중 플랫을 포함하여, 이중 3파로 구성되는 혼합형을 한 등급 낮은 파동으로 세분하면 모두 7개의 파동으로 나눠질 수 있다. 그리고 지그재그, 플랫, 불규칙 조정이 서로 뒤엉켜서 나타나는 삼중 3파는 모두 11개의 한 등급 낮은 파동으로 세분된다. 그러므로 "조정 파동에서 혼합형은 모두 7개의 파동이거나 11개의 파동으로 세분될 수 있다."라고 기억해 두면 좋을 것이다. 이것만 알고 있더라도 조정 파동의 와중에서 길을 잃고 헤매는 수고는 다소간 덜 수 있을지 모른다.

둘째로, 혼합형으로 나타나는 조정 파동이 모두 7개의 파동이거나 11개의 파동이라고 했을 때, 마지막으로 나타나는 7번째의 파동이나 11번째의 파동은 반드시 충격 파동의 방향과는 반대 방향으로 진행된다는 것도 알아 두면 유익하다. 무슨 말인가 하면, 1번 파동에서 출발하는 충격 파동이 전체적으로 상승 추세였다면, 그 충격 파동을 조정하는 파동으로 진행되는 조정 파동의 끝은 항상 하락의 방향으로 진행된다는 것이다. 따라서, 조정 파동의 패턴이 잘 분간되지 않거든 조정 파동이 시작된 처음으로 돌아가서 파동을 차례대로 하나, 둘, 셋,…… 하는 식으로 세어 나가고, 마지막으로 진행되는 7번째 파동, 또는 11번째 파동이 기존의 충격 파동과 반대되는 파동으로 진행되고 있다면 그 파동을 조정 파동의 마지막 파동으로 생각하면 된다.

그러나 앞에서 이야기한 한두 가지의 '비결'이 있다 하더라도 조정 파동이 이중 혼합형이나 삼중 혼합형의 형태로 진행된다면, 그 조정 파동의 끝을 정확하게 집어내는 일이 매우 힘들다는 것은 솔직히 말해서 틀림없는 사실이다. 그렇다면 어떻게 하는 것이 최선인가? 결국 최상의 해결책이라면 엘리어트 이론에 애정을 가지고 열심히 연구하고 파동의 움직임을 지켜 보는 수밖에 없다.

마지막으로 딱 한 마디만 더하고, 이 지루하고 머리 아픈 조정 파동에 대한 설명을 마치기로 하자.

전체적으로 상승 추세라면 우리가 통념상 알기로도 상승 움직임은 빠르고 짧은 반면에 하락 움직임은 길고 완만하다. 반대로 전체적으로 하락 추세에 접어들 경우라면 하락 움직임이 빠르고 짧게 나타나며, 상승 움직임은 상대적으로 완만할 것이다. 그러면, 이제까지 길게 설명한 조정 파동은 전체적으로 어떤 추세인가? 충격 파동이 상승 추세였다면 조정 파동은 하락 추세로 나

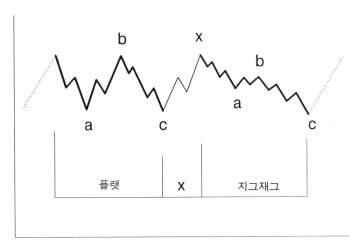

〈그림 10-3〉 이중 혼합형

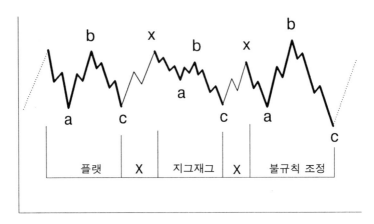

〈그림 10-4〉 삼중 혼합형

타날 것이다. 그러므로 a-b-c 파동으로 진행되는 조정 파동이 그 형태가 단순한 꼴이든 복잡한 꼴이든, 이 원칙은 변함없이 적용될 것이다. 다시 말해, 전체가 하락 추세이므로 조정 파동에서의 상승 움직임은 길고, 지루하고, 완만하게 나타나는 데 반하여 하락 움직임은 짧고, 활발하면서, 순식간에 일어날 것이다.

지그재그에서의 a 파동이나 c 파동이 활발하면서도 강력하게 나타났던 점, 반대로 지그재그에서의 b 파동은 기껏해야 a 파동의 61.8% 밖에 못 미치는 점, 플랫이 확장형으로 진행될 때 c 파동이 아주 강력하게 나타났던 점, 그리고 불규칙 조정에서 역시 c 파동이 드라마틱한 하락을 나타냈던 점 등 앞서 조정 파동에서 설명한 것들이 이제 생각날 것이다. 이 모두가 같은 원리로 설명될 수 있다. 그리고 단순한 조정 파동의 형태에서 적용되는 법칙이라면 복잡한 조정 파동이라고 해서 적용되지 말라는 법 또한 없다. 따라서, 혼합형으로 나타나는 조정 파동이라 하더라도 너무 어렵게 생각하지 말고, 이같이 단순한 원리를 기억한다면 모양이 다소 복잡하더라도 다시 보면 새롭게 보여질 게 아닌가?

어쨌든 우선 축하의 말씀을 전한다. 여러분은 이제 길고 지루한 조정 파동의 터널을 무사히 빠져나왔다. 애초부터 건너지 못할 강은 없듯이, 어떤가? 지나고 나니, 그래도 아직 조정 파동이 어렵고 힘들게 느껴지는가?

조정 파동이 어렵고 힘들어서 완전하게 이해할 수 없다고 너무 실망할 것도 없다. 어차피 조정 파동인 것이다. 주식 시장이 조정 국면에 접어들면 주가는 결국 옆으로 기게 마련이고, 옆으로 기는 시장에서는 거래를 열심히 해 보았자 큰 이익이란 애당초 기대하기 힘든 일임은 분명하다. 그러므로 설령 엘리어트의 조정 파동을 완전히 이해하지 못한다 하더라도 실망하지 말고 긍정적으로 생각하자. 잘 모르겠으면 쉬어라. 일단 주식 시장에서 빠져나와 전체를 쳐다보면, 의외로 시장은 잘 보이게 되어 있다.

생각을 보다 단순화한다면, 조정 파동은 잘 모르겠지만, 그래도 충격 파동의 움직임이나마 이만큼이라도 알게 된 것은 커다란 수확이 아닌가?

제11장
파동을 올바르게 매기는 방법

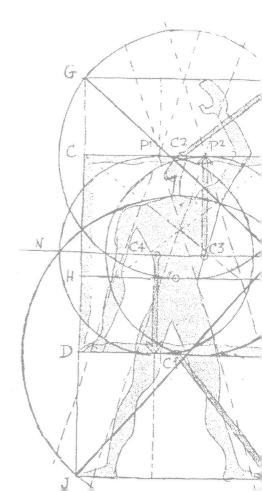

짧은 읽을거리
0.5 포인트의 오차

엘리어트 이론은 참으로 복잡하고 이해하기 어려운 이론이기는 하지만, 그래도 우리들이 이를 악물고 배우는 이유는 바로 우리 앞에서 엘리어트 이론을 이용한 사람들이 보여 준 뛰어난 업적에 있다고 해도 과언이 아닐 것이다.

이 책의 첫머리에서 엘리어트가 자신의 이론을 토대로 1930년대의 주가 움직임을 정확하게 예측한 일이라든지, 1987년 '암흑의 월요일' 날의 주가 대폭락을 프레히터가 엘리어트 이론을 토대로 예언한 일 등은 엘리어트 이론을 공부하는 우리들에게 든든한 위안이 되는 사례이다.

이와 같은 예는 수없이 찾을 수 있다. 엘리어트 이론을 자신이 발간하는 잡지인 '신용 분석(Bank Credit Analyst)'에 게재함으로써, 자칫하면 사장되고 말았을 엘리어트의 뛰어난 이론을 세상에 널리 알리는 데 결정적인 공로를 세운 해밀튼 볼턴(Hamilton Bolton)은 엘리어트 이론의 신봉자답게 주가 예측에 혁혁한 공로를 남기고 있다.

후세의 한 연구에 따르면, 볼턴은 미국 주가 지수의 변동을 거의 99% 이상의 적중률로 예측했다고 전해진다. 그리고 실례로, 1960년에 들어서 볼턴은 그 때 당시 1949년부터 이어지고 있던 미국 주식 시장의 강세가, 다우존스 산업 평균(Dow-Jones Industrial Average, DJIA)을 기준할 때 999로 끝날 것이라고 예측하였다. 1966년에 접어들자 과연 미국의 다우존스 산업 평균은 상승을 거듭하여, 정확하게 999에는 못 미쳤지만 볼턴이 예측한 수준 근처까지 접근하였다. 즉 볼턴이 6년 전에 예측하였던 것처럼 999까지는 상승하지 못하고, 998.5까지만 상승하고 하락세로 반전되었던 것이다.

이와 같은 정확 무비의 예측 능력은 어디서 나오는가? 당연한 이야기지만, 결론은 엘리어트 이론이다. 여러분들도 "사랑하면 알게 되고, 알면 보이나니, 그 때 보이는 것은 전과 같지 않으리라".

이번 장에서는 주가의 움직임에 따라 파동을 정확하게 매겨 나가는 요령을 설명하고자 한다.

일반적인 원칙

엘리어트 이론을 연구하는 사람마다 느끼는 결정적인 어려움의 하나는 시시각각으로 변하는 주가의 움직임을 어떻게 엘리어트 이론에 맞게 매겨 나가느냐(count) 하는 데 있을 것이다. 사실 파동(wave)이야말로 엘리어트 이론의 가장 중심적인 개념이며, 파동이라는 단어가 없다면 엘리어트 이론도 존재하지 않는다. 그럼에도 불구하고, 사람들이 파동을 매겨 나가는 데 어려움을 겪는 이유는 현실적으로 엘리어트가 이야기하는 5파-3파로 구성되는 '이상적'인 주가의 움직임을 찾기가 매우 어렵기 때문일 것이다. 이 책의 첫머리에서 밝힌 것처럼 주식 시장의 움직임이란 '토라지기 쉬운 사춘기 소녀의 마음'과 같다. 주식 시장에서는 언제 어떤 일이 벌어질지 모르며, 또한 주가의 움직임이 얽히고 설켜서 한 눈에 척 하니 알아보기가 상당히 힘든 것은 부인할 수 없는 사실이다.

더구나 앞에서 이미 익혀 온 것처럼, 비교적 간단하다는 충격 파동에서도 연장이다, 미달형이다, 삼각 쐐기형이다 하면서 제대로 된 정상적인 파동보다는 비정상적인 변형이 여기저기서 출몰하는 판이며, 더 나아가 조정 파동은 또 왜 그리도 복잡한지 지그재그, 플랫까지는 그렇다 치더라도, 불규칙 조정이네, 이중 지그재그네, 이중 혼합, 삼중 혼합형 운운할 때는 정말 머리가 지끈지끈 아파올 지경이다.

그러나 엘리어트 이론의 성패는 파동을 얼마나 정확히 매기느냐에 있음은 확고 부동한 사실이다. 우리가 각 파동의 성격에 대해서 아무리 정통하다 할지라도, 또 우리가 파동의 연장에 대해 아무리 잘 알고 있다 하더라도, 그리고 우리가 지그재그, 플랫, 불규칙 조정 등에 대해 아무리 해박한 지식을 자랑한다 하더라도, 파동을 정확히 매길 수 없다면 그런 것들은 다 소용없는 공허한 지식에 불과하다. 역설적으로 말하여 이제까지 우리가 어렵고 힘들게 엘리어트 이론을 공부하였던 이유는 바로 파동의 진행을 정확히 매겨 나가기 위한 과정인 것이다.

나는 사교춤을 어떻게 추는지 잘 모른다. 그리고 카바레나 댄스 홀 같은 데도 아직 구경하지 못한 처지이다. 하지만 영화 속에 나오는 댄스 파티 같은 것은 퍽이나 근사해 보인다. 그런데 요즘 TV 연속극에 나오는 '서울, 대전, 대구, 부산, ……'이라든지, 귀동냥 눈동냥으로 얻은 지식을 총동원해 보면, 사교춤에도 일정한 원칙과 규범이 있는 것 같다. 그러길래 사교춤에 정통한 '춤꾼'들은 자기가 스텝을 어떻게 밟으면 상대방의 다음 동작은 어떻게 될 것인지 환히 알 수 있는 모양이다. 엘리어트 이론도 이와 같다. 사교춤에서 스텝을 순서에 맞게 하나씩 밟아 나가듯 파동을 순서대로 매겨 나가기만 하면, 다음의 파동이 어떻게 될지 환히 알 수 있는 것이다. 이렇게 좋은 엘리어트 이론을 단지 어렵고 힘들다는 이유만으로 포기할 것인가?

다른 기술적 분석 기법과 마찬가지로 엘리어트 이론에서도 파동을 매기는 방법에 대하여 일관되고 전지전능한 간단한 법칙은 존재하지 않는다. 오히려 엘리어트 이론은 수많은 예외들을 인정하고 있으므로, 법칙들을 기계적으로 암기하는 것은 혼란만을 가중시킬지 모른다. 그러나 엘리어트가 오랜 관찰과 경험에 의하여 '삼라만상을 지배하는 법칙'인 그의 이론을 만들어 냈듯이, 우리도 경험과 관찰에 의해 파동을 정확하게 매기는 몇 가지 기준은 만들 수 있을 것이다.

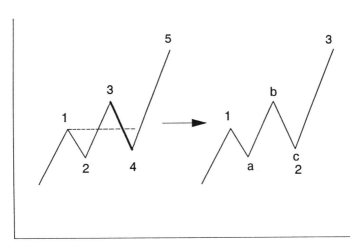

〈그림 11-1〉 파동을 올바르게 매기는 법(1) : 엘리어트의 절대 불가침의 법칙은 반드시 지켜져야 한다.──4번 파동은 1번 파동과 겹칠 수 없다.

기준 1 : 엘리어트 이론의 절대 불가침의 법칙은 반드시 존중되어야 한다.

엘리어트 이론의 절대 불가침의 법칙이라도 정확히 알고 있으면, 파동을 매기는 데 있어 어려움은 절반 이상 해결할 수 있다. 엘리어트 이론의 절대 불가침의 법칙을 다시 한 번 상기해 보자.

첫째, 2번 파동은 1번 파동의 바닥 이하로 내려갈 수 없다. 둘째, 3번 파동은 가장 짧은 충격 파동일 수 없다. 셋째, 4번 파동의 바닥은 1번 파동의 꼭지점 아래로 내려갈 수 없다.

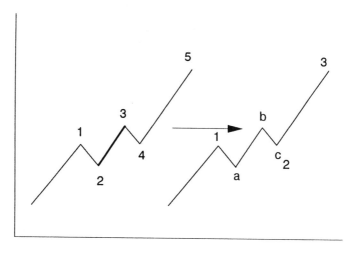

〈그림 11-2〉 파동을 올바르게 매기는 법(2) : 엘리어트의 절대 불가침
의 법칙은 반드시 지켜져야 한다.──3번 파동은 제일 짧은 충격 파
동이어서는 안 된다.

기준 2 : 충격 파동이 연장될 가능성을 항상 염두에 둔다.

파동을 매겨 나갈 때 혼동되기 쉬운 일 중의 하나는 충격 파
동이 연장(extension)되는 것이다. 특히 주식 시장에 있어서는 3
번 파동의 움직임이 종종 강력하게 나타나서 정상적인 파동의 움
직임을 벗어나는 일, 즉 연장이 발생되는 일이 많아서 무턱대고
1번, 2번, 3번…… 하는 식으로 파동을 매겨서는 낭패를 당하
기 쉬우므로 주의해야 한다.

기준 3 : 갭이 나타났는지 살펴본다.

갭은 주식 시장의 움직임이 급변할 때에 나타나는 것이다. 그

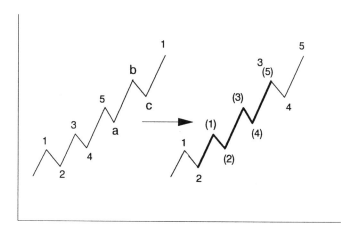

〈그림 11-3〉 파동을 올바르게 매기는 법(3) : 충격 파동이 연장될 가
능성을 항상 염두에 둔다.

러므로 애당초 조정 파동에서 갭이 나타나는 일은 드물며, 대부
분 충격 파동에서 갭이 나타난다고 보아야 할 것이다. 또 같은
충격 파동이라 할지라도 1번 파동은 그 파동의 성격상 갭이 나
타나기가 힘들다. 그러므로 일단 갭이 나타났다면, 그 파동을 3
번 파동이나 5번 파동으로 간주하는 것이 타당할 것이다.

그런데 가끔 c 파동에서도 갭이 나타날 수 있다. 즉 c 파동이
야말로 주가의 추가 상승을 기대했던 투자자들의 희망이 산산이
부서지는 시기이므로, 실망에 따른 투매의 결과로 주가가 갭을
나타내면서 급격하게 하락할 수도 있는 것이다.

그러므로 정리한다면, 상향 갭(gap up)이 나타나면 3번 파동이
나 5번 파동일 것이고, 하향 갭(gap down)이 발생하면 그 파동

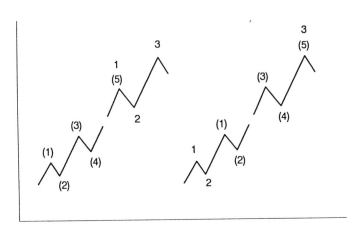

〈그림 11-4〉 파동을 올바르게 매기는 법(4) : 갭은 파동을 매기는 데 도움을 줄 수 있다.

을 c파동이라고 간주해야 할 것이다.

기준 4 : 보편적인 것을 먼저 생각한다.

엘리어트 이론에 따르면 여러 가지 패턴들이 변형된 꼴로 나타난다. 예를 들면 5번 파동이 삼각 쐐기형(diagonal triangle)의 형태가 된다든지, a-b-c 파동에서 가속 조정(running correction)이 나타난다든지 하는 것들이다. 그런데 이러한 것들은 엘리어트가 주식 시장에서 만의 하나라도 나타날 수 있는 모든 현상들을 설명하기 위하여 언급한 것이지, 그런 비정상적인 파동의 움직임이 엘리어트 이론의 주류는 아니다. 따라서, 파동을 매길 때에는 우선 보편적인 경우를 먼저 상정해 보고, 이후의 진행에서 논리

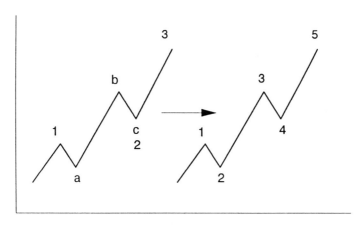

〈그림 11-5〉 파동을 올바로 매기는 법(5): 나타날 빈도 수가 높은 것
부터 생각해 본다. 그림에서처럼 조정 파동을 가속 조정으로 간주하는
것은 가속 조정이 출현할 확률이 미미하므로 틀리기 쉽다.

적인 모순이 생길 때에만 예외적인 것으로 파악해야 할 것이다.
　엘리어트의 이론에 너무나 정통한 나머지, 자신의 지식을 뽐
내기 위하여 남들이 모르는 이상한 파동을 고집하는 것은 자기
도취에 불과하다는 것을 잊어서는 안 될 것이다.

거래량에 따른 기준

　엘리어트는 주가가 상승하는 추세를 나타낼 경우, 충격 파동
이 진행 중일 때에는 주식 시장의 거래량이 늘어나고, 조정 파

동이 진행중일 때에는 거래량이 줄어든다고 하였다. 그러므로 거래량의 증감만을 살피더라도 파동을 매기는 데 적잖은 도움을 얻을 수 있다. 일반적으로 말해서, 조정 파동인 2번 파동의 거래량은 충격 파동인 1번 파동의 거래량보다는 적으며, 3번 파동의 거래량은 1번 파동의 거래량보다 많다. 그리고 4번 파동에 접어들면 거래량은 줄어들게 되며, 5번 파동에 이르면 거래량은 다시 증가한다. 그리고 특히 5번 파동에서의 거래량은 3번 파동에서의 거래량보다 많아져서 최고조에 이르게 된다. 이와 같이 파동과 거래량과의 관계를 나타낸 것이 〈그림 11-6〉이다.

그런데 거래량의 증감을 살펴보는 것은 파동의 진행이 '정상적'이 아닐 경우, 파동을 올바로 매기는 데 결정적인 도움을 주게 된다. 다음의 〈그림 11-7〉을 살펴보자. 바닥에서 출발한 상승 추세가 7개의 파동을 형성하고는 지금 잠시 주춤한 상태이다(그

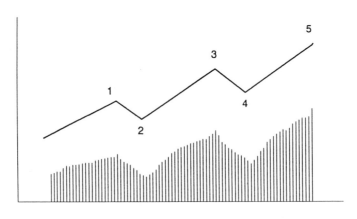

〈그림 11-6〉 거래량과 파동과의 관계

림에서 실선으로 표시한 마지막 부분). 그런데 이러한 파동의 진행을 3번 파동이 연장된 형태로 간주할 수도 있고(위쪽 그림), 아니면 불규칙 조정으로 여겨서 c파동이 진행중인 것으로 생각할 수도 있을 것이다(아래쪽 그림). 하지만 여기서 문제는, 두 가지

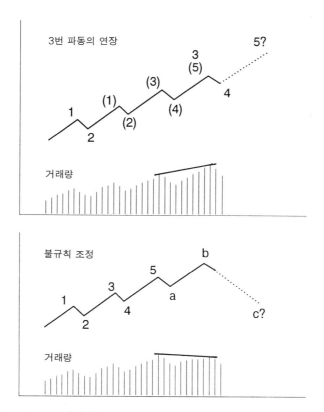

〈그림 11-7〉 거래량은 5번 파동에서 최고조에 달하며, 연장에서도 마찬가지다. 따라서, 각 파동의 거래량을 살펴보면 파동을 매기는 데 결정적인 도움을 얻을 수 있다.

경우에 따른 의사 결정이 서로 정반대로 이루어진다는 것이다. 즉 지금의 상태를 3번 파동이 연장된 형태로 생각한다면, 아직도 또 한번의 상승 기회가 있으므로 매도를 얼마 동안 자제해야 겠지만, 그렇지 않고 불규칙 조정으로 생각한다면 지금이라도 주식을 얼른 팔아야 한다. 파동이 완성된 다음에는 누구나 알 수 있을 것이나, 지금 현재 의사 결정을 내린다면 과연 사야 할 것인가? 아니면 팔아야 할 것인가?

이럴 때 거래량의 움직임을 살펴보는 일이 도움을 준다는 말이다. 즉 앞서 거래량은 5번 파동에 이르러 최고조에 이른다고 하였으므로, 그림에서 5번째 파동과 7번째 파동의 거래량을 한번 비교해서 살펴보자. 파동이 연장되기 위해서는 7번째 파동 (일단 3번 파동 안의 (5)번 파동으로 간주)의 거래량이 5번째 파동(3번 파동 안의 (3)번 파동)보다 많아야 한다. 〈그림 11-7〉의 위쪽 그림처럼 실제의 거래량도 7번째 파동에서의 거래량이 5번째 파동보다 많았다면 틀림없이 3번 파동이 연장된 것이고, 따라서 주가는 또 한 번의 추가 상승을 나타낼 것이다. 그런데 만일 〈그림 11-7〉의 아래쪽 그림처럼 7번째 파동에서의 거래량이 5번째 파동의 거래량보다 적게 나타났다면, 지금 현재의 상황은 파동이 연장된 것으로 보아서는 안 되고, 불규칙 조정으로 생각해야 한다.

로버트 벡크만(Robert C. Beckman)은 그의 명저 '수퍼 타이밍 (Super Timing)'에서 앞서 밝힌 방법 이외에도 거래량을 통해 파동을 알아내는 몇 가지 방법을 다음과 같이 제시하고 있다.

첫째, 거래량은 늘어나는데 주가가 하락하고 있다면 현재의 주식 시장은 이익을 실현하는(profit taking, liquidating) 국면이다. 따라서, 이미 꼭지점은 형성되었고 조만간 하락 추세가 이어질 것이다. 그리고 이러한 추세는 거래량과 주가의 관계가 다시 거꾸로 나타날 때, 즉 주가는 하락하지만 거래량은 늘어날 때에 이르러 반전된다.

둘째, 상승 추세가 어느 정도 지속되었는데, 어느 날 갑자기 거래량이 급격하게 늘어난다면 파동의 진행이 막바지에 이르렀다는 신호이다.

셋째, 주가가 급격한 상승을 나타낸 이후, 다시 완만하나마 상승하기는 하지만 거래량이 줄어들고 있다면 강력한 반전 신호로 간주해야 한다.

넷째, 주가가 재차 상승하는데도 거래량이 뒷받침하지 않는다면 하락 추세는 지속된다고 보아야 한다.

다섯째, 어느 하루 주식 시장의 거래량이 비정상적으로 늘어났다면 파동의 진행은 클라이맥스에 다가섰다는 경고 신호이다. 그리고 사흘 안에 거래량이 늘어나지 않는다면 꼭지점이 확인된 것으로 생각해야 한다.

파동의 세분

파동을 정확하게 매기는 데 도움을 얻는 방법으로는 개별 파동들을 한 등급 또는 두 등급 낮은 파동들로 세분해 보는 방법이 효과적일 것이다. 우리는 대체적으로 충격 파동은 5개의 파동으로 구성되고, 조정 파동은 3개의 파동으로 구성된다는 사실을 알고 있다. 그러므로 전체적인 시장의 움직임을 조감한 다음에, 현재의 파동이 시장의 대세와 같은 방향으로 움직이는지 아니면 반대 방향으로 움직이는지를 파악하여 개별 파동들을 세분해 보면 된다. 즉 전체적인 시장의 움직임과 같은 방향으로 움직이는 파동은 충격 파동이므로 5개의 파동으로 세분되어져야 하고, 반대로 대세를 거슬러 움직이는 파동은 조정 파동으로서 3개의 파동으로 세분되어야 한다. 그런데 만약 대세와 같은 방향으로 움직이는데도 3개의 파동으로밖에 세분되지 않는다든지, 또는 대세와 반대 방향인데 5개의 파동으로 세분된다면 이제까지의 파

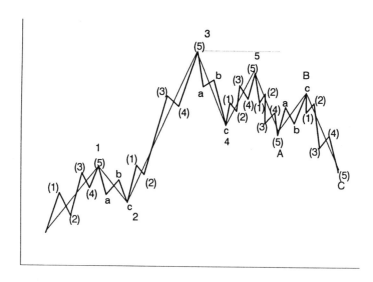

〈그림 11-8〉 파동을 세분해 보면 미달형 같은 예외적인 파동이라 할 지라도 쉽게 파동을 매길 수 있다.

동 매김에서 무엇인가 잘못되고 있다는 것을 판단할 수 있을 것이다.

앞 장에서 배운 미달형의 경우가 대표적인 예로서, 파동을 한 등급 또는 두 등급 낮은 파동으로 세분해 보기 전까지는 미달형이라는 것을 파악하기 힘들지만, 일단 파동을 잘게 세분해 보면 미달형이 아니고서는 어떤 파동 매김도 적당하지 않은 꼴로 나타나게 되는 것이다.

제 12장
엘리어트 파동을 이용하는 실전 거래 전략

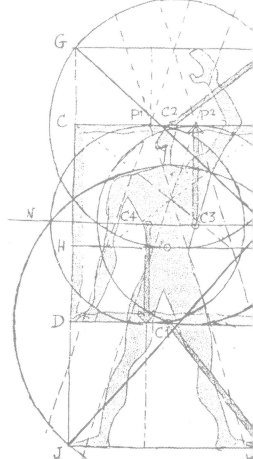

짧은 읽을거리
필자가 한 독자에게 받은 항의

얼마 전에 졸저 '국제 금융 시장의 기술적 분석'의 독자라고 자처하는 분에게서 문의 전화를 한 통 받았다. 이 분은 그 책에도 실려 있는 엘리어트 이론을 토대로 주식 거래를 한 모양인데, 질문의 요지는 다음과 같다. "책에 있는 엘리어트 이론을 공부하고 모 회사의 주식이 3번 파동이라고 생각하여 매입했는데, 어째서 다른 회사의 주식은 올라 가는데도 내가 산 회사의 주식은 떨어지기만 하느냐? 혹시 엘리어트 이론이 틀린 것 아니냐?" 전화를 받고 솔직히 무척 난감하였다. 왜냐 하면, 이 분은 엘리어트 이론을 잘못 이해하고 있는 것이 분명하기 때문이었다.

엘리어트 이론은 이제까지 누차 설명하다시피 '삼라만상'의 비밀을 알려 주는 이론이다. 그런데 우리가 상식적으로 판단해 보더라도, 우리를 둘러싼 삼라만상의 움직임이 모두 똑같은 것은 아니다. 가령, 한날 한시에 태어난 사람들 중에도 똑똑한 사람이 있는가 하면 어리석은 사람도 있기 마련이며, 지금 이 시간에 지구촌 어디엔가는 햇볕이 쨍쨍 내리쬘 것이지만 또 어느 구석에는 비바람이 몰아치고 있을 것이다. 주식 시장도 마찬가지다. 종합 주가 지수가 하루에 30 포인트 이상 상승하는 초강세 국면에서도 주식 시장에서 거래되는 주식 중에는 하락하는 종목이 필연적으로 존재하기 마련이다. 똑같은 주식 시장에서도 상승하는 주식이 있는가 하면 하락하는 주식도 있고, 옆으로 기는 주식이 있는가 하면 아예 시장에서 거래되지 못하는 주식도 있다. 그리고 이런 저런 모든 주식들을 뭉뚱그려서 우리는 '주식 시장'이라는 말로 표현하고 있는 것이다.

엘리어트 이론은 이처럼 저마다 제각각으로 바뀌는 개별 주식들의 움직임을 한데 모아서 전체 주식 시장의 움직임을 예측하려는 기법이다. 그리고 엘리어트가 그의 이론을 정립하기 위해 긴 시간 연구하였던 대상도 모토롤라나 아이비엠 같은 개별 종목의 주가 움직임이 아니라, 바로 이들 개별 주가의 움직임을 뭉뚱그려 놓은 다우존스 산업 평균 같은 '주가 지수(index)'였던 것이다. 그러므로 개별 종목의 주가 움직임을 엘리어트 이론으로 예측한다는 것은 매우 어려운 일이다. 앞서 99% 이상의 적중률로 주가 변동을 예측하였다는 해밀튼 볼턴도, 언젠가 엘리어트 이론을 이용하여 개별 종목의 움직임을 예측하려고 시도한 적이 있었지만, 그 결과는 실망스러웠다고 한다.

따라서, 엘리어트 이론은 우리 나라의 '종합 주가 지수'를 살피는 일이나 또는 '은행업 지수' 같이 개별 산업의 지수를 예측하는 데만 이용되어져야 할 것이다. "아니, 개별 종목의 주가 변동이 중요하지 종합 주가 지수가 실제 투자하는 데 무슨 의미가 있다는 말인가."라고 항변해 온다면 솔직히 나로서는 할 말이 없다. 그러나 전체 주식 시장의 분위기를 모르고서야 어찌 개별 종목에의 투자가 가능할 것이며, 또 한 가지 종목만을 집중 매입하기보다는 여러 종목에 분산 투자함으로써 주가 지수의 움직임을 정확하게 예측하기만 하면 소기의 성과를 달성할 수 있는 것 또한 분명한 사실이 아닌가?

각설하고, 마지막으로 이 장에서는 엘리어트의 이론을 이용하여서 각 파동에서 실전적으로 거래하는 전략에 대해서 알아보기로 하자.

1번 파동에서의 거래 전략

엘리어트의 이론은 주가가 상승하거나 하락할 때 어떤 경우에나 성립한다. 시장의 추세가 상승 국면을 나타낼 때의 거래 전략과 하락 국면일 때의 거래 전략이 서로 다를 수는 없다. 하락 추세에서의 거래 전략이란 상승 추세의 거래 전략을 반대로 생각하면 된다. 그러므로 앞으로 설명할 각 파동에서의 거래 전략도 상승 추세와 하락 추세를 각각 나누어서 설명하지 않고, 한 가지 경우만을 설명하기로 한다. 누구에게나 주식 시장의 주가는 오르는 것이 좋은 일이므로, 지금부터는 주가가 상승 추세를 보일 때의 경우만을 설명하기로 하겠다.

주가가 오랜 기간의 하락 움직임을 나타낸 이후라면 주식 시장에 관심을 기울이고 있는 대부분의 투자자들은 이미 몸과 마음이 상당히 지친 상태에 있을 것이다. 몇 번인가 바닥이라고 생각했던 수준들이 맥없이 무너져서 실망과 함께 금전적으로도 상당한 손실을 입었던 경험들이 누적되어 있을 것이다. 따라서, 주가가 잠시 동안 하락 추세를 멈추고 바닥을 다지면서 서서히 상승하는 기미를 나타내더라도, 과연 지금이 진정한 바닥인지 아니면 또 한 번의 반짝 장세인지 가늠하기 힘들 것이다. 그러나 이제까지 여러분들이 읽어 오고 이해한 것처럼 엘리어트 이론에서는, 1번 파동부터 시작하여 끝없이 갈 것만 같던 하나의 상승추세는 5번 파동을 고비로 하여 하락 추세로 전환되게 되며, 또한 a파동으로 비롯된 지루한 하락 조정 장세도 c파동을 마지막으로 하여 다시 1번 파동으로 이어지게 되는 것이다. 삼라만상은 변화하기 마련이다. 상승 국면이 있으면 하락 국면이 찾아오는 것이 도리이고, 마찬가지로 하락 국면이 있으면 언젠가는 강력한 상승 추세가 이어지게 되는 것이 또한 자연의 섭리인 것이다. 따라서, 언제까지나 하락 추세가 끝없이 이어져야만 한다는 법은 없으므로, 지금의 상승 장세가 1번 파동이 될 가능성은 항상 존재한다.

바닥에서의 상승 움직임이 1번 파동이기 위해서는 전제 조건이 있다. 그것은 상승 움직임에 선행하는 하락 움직임이 c파동이라는 것이 확인되어야 한다. c파동은 충격 파동이므로 반드시 5개의 한 등급 낮은 파동으로 세분될 수 있다. 우리가 살펴본 a-b-c 조정 파동으로는 지그재그(5-3-5), 플랫(3-3-5), 불규칙 조정(3-3-5), 그리고 삼각형이 있었는데 그 가운데 삼각형만을 제외하면 모두 예외 없이 c파동은 5개의 파동으로 구성되어 있었다.

그런데 삼각형은 4번 파동에만 나타나는 패턴이고, 5번 파동까지 진행된 이후에 나타나는 a-b-c 조정에서는 나타나지 않는 패턴이다. 따라서, 조정이 어떤 형태로 이루어지더라도 1번 파동에 선행하는 c파동은 반드시 5개의 파동으로 세분되어야 한다는 사실에는 변함이 없다.

만약 앞선 하락 파동이 5개의 파동으로 구성되고 상승 움직임이 이어진다면, 이제 이 상승 파동은 1번 파동이 될 가능성이 매우 높다. 그러나 앞선 하락 파동이 5개의 파동으로 구성된다고 해서 모든 것이 끝난 것은 아니다. 다시 말해, 1번 파동이 진정한 의미의 1번 파동이기 위해서는 다시 한 번 상승 파동을 세분해 보는 노력이 필요한 것이다. 1번 파동은 충격 파동이므로 5개의 파동으로 구성되어야 한다. 따라서, 마지막 하락 파동이 5개의 파동으로 구성되고, 이어지는 상승 파동이 다시 5개의 파동으로 구성되어져야만 비로소 하락 국면은 끝났고, 현재의 파동을 1번 파동이라고 확인할 수 있는 것이다.

1번 파동으로 의심되는 파동이 5개의 파동으로 구성되는지를 살피는 일은 상당히 중요하다. 왜냐 하면, 이제까지의 장세가 하락 국면이었으므로 현재의 상승 국면이 하락 추세에 대한 단순한 조정이 될 가능성도 있기 때문이다. 이 때 현재의 상승 파동이 진정한 의미의 충격 파동으로서 1번 파동이 될지, 아니면 단순한 조정에 그칠지를 판별하는 것에 파동을 세분하는 것이 대단히 유용하다는 이야기다. 만약 상승 파동이 3개의 파동으로밖에 세분되지 않는다면 그것은 틀림없이 하락에 대한 조정 파동에 불과하다. 전체 시장의 대세가 하락 국면이므로 하락 파동은

5개로 구성되나, 상승 파동은 3개의 파동으로 구성되어야 하기 때문이다. 만약 그렇지 않고 상승 파동이 5개의 파동으로 구성되어 있으면, 이제는 새로운 추세의 시작을 알리는 충격 파동으로 간주해야 한다.

누구나 1번 파동의 바닥에서 매입하고 싶어한다. 바닥에서 매입하는 것은 기술적 분석가가 아니더라도 누구에게나 짜릿한 쾌감을 안겨 주는 일이 될 것이다. 하지만 여기서 문제는 1번 파동이 완성되기 전에는 지금의 파동이 5개의 파동으로 구성되어 완성될지, 아니면 단지 3개의 파동으로 끝나 버릴지를 가늠하기 어렵다는 것이다. 따라서, 1번 파동으로 의심되는 상승 파동이 진행된다 하더라도 과감하게 매입하기가 쉽지 않다.

유감스럽지만 1번 파동의 바닥을 알아내는 일은 엘리어트 이론에는 존재하지 않는다. 다만 파동의 움직임을 꾸준히 관찰하여 1번 파동이 시작되기 전부터의 파동 움직임을 순서대로 잘 매겨 오는 일 이외에는 정답이 없다. 따라서, 보통 수준의 투자자라면 1번 파동의 바닥에서 매입한다는 꿈을 버리고, 그 다음에 이어질 2번 파동이나 3번 파동에서 매입하는 일도 그리 늦지 않은 일이라고 생각된다. 지금이 1번 파동이라면 앞으로 주가는 5번 파동을 향하여 꾸준하게 상승할 것이라는 사실을 알아낸 것만 하더라도 우리에게는 행복한 일이 될테니까.

2번 파동에서의 거래 전략

2번 파동에서의 거래는 1번 파동에서의 거래와는 달리, 보다 확실한 증거에 의해서 움직일 수 있기 때문에 일반 투자자들에게는 상대적으로 안전한 거래가 될 것이다.

1번 파동으로 생각되는 상승 파동이 5개의 파동을 완성하는 것으로 끝나면, 이제 또 한 번의 하락 파동이 진행된다. 대부분의 투자자들은 이제까지 지루하게 진행되었던 하락 국면의 악몽이 되살아나서 하락 추세가 다시 이어질 것을 두려워한 나머지, 그나마 1번 파동이 진행중일 때 매입하였던 주식들을 서둘러 팔아 버릴 것이다. 그러나 2번 파동이야말로 주가는 하락 추세를 지속하지만, 바야흐로 강력한 상승 추세를 나타낼 3번 파동을 눈앞에 두고 있는 시점이므로 적극적으로 주식 매입에 나서야 할 적기이다.

일반적으로 2번 파동은 1번 파동의 상승 움직임을 38.2% 또는 61.8% 되돌리는 파동이다. 따라서, 1번 파동의 바닥과 꼭지점의 수준을 헤아려 상승 움직임의 38.2% 또는 61.8% 수준을 매입의 목표 수준으로 설정해야 할 것이다. 두말 할 것도 없이 61.8% 수준이 유리한 것은 물론이다.

그런데 엘리어트의 법칙에 따르면, 2번 파동의 바닥은 1번 파동의 바닥 이하로 내려가서는 안 된다. 그러므로 2번 파동이라고 생각하여 매입하는 것은 매우 바람직한 일이 되겠지만, 만약 2번 파동으로 생각되던 하락 파동이 1번 파동이라고 생각했던 상승 파동의 바닥을 지나쳐서 내려가는 일이 발생한다면 즉시 손절매(stop loss selling)를 해야 하는 것도 더불어서 대단히 중요한 일로 꼽힌다.

만의 하나라도 2번 파동으로 믿었던 하락 파동이 1번 파동의 바닥을 지나쳐서 하락하는 사태가 발생한다면, 이제까지 우리가 믿었던 1번 파동과 2번 파동이 알고 보니 1번 파동이나 2번 파동이 아니었다는 것을 말해 주는 증거이다. 그러므로 즉시 손절매를 하는 것은 절대적으로 필요한 일이며, 상승할 것이라는 근거 없는 희망이나 미련 때문에 얼른 손절매를 못하면 점점 손실의 규모만 늘어난다는 사실을 명심해야 할 것이다.

그런데 매입한 시점과 손절매를 반드시 해야 하는 1번 파동의 바닥 수준과의 차이가 너무 커서 이에 따른 손실을 감당 못할 경우라면, 주가의 움직임이 1번 파동을 70% 이상 되돌리는 수준에서 손실 중지를 하여도 크게 나쁘지는 않을 것이다. 초단기 사이클에서는 종종 2번 파동의 움직임이 1번 파동을 거의 100% 되돌리는 수준까지 하락하기도 하지만, 이제까지의 경험으로 미루어 볼 때 대부분의 경우에서는 2번 파동으로 의심되는 하락 움직임이 1번 파동의 움직임을 70% 이상 되돌린다면 하락 움직임이 곧장 이어진 예가 많았기 때문이다.

그런데 여기서 한 가지 참고할 만할 것이 있다. 즉 2번 파동은 조정 파동으로서 3개의 파동으로 구성되어야 한다. 그런데 여기서 파동 균등의 법칙을 원용하여 a 파동의 길이와 c 파동의 길이가 같게 나타나는 경향이 높다는 사실을 알아 두면 유익하다. 이 원리를 이용하면 2번 파동이 언제쯤 끝날지 미리 알아낼 수 있는 것이다. 따라서, 이 원리를 이용하여 구해 낸 2번 파동의 바닥 수준이 마침 1번 파동을 61.8% 되돌린 수준과 일치하게 된다면, 우리는 보다 더 큰 확신을 가지고 주식을 매입할 수 있다.

조정 파동의 특성상, 2번 파동에 나타날 수 있는 조정 패턴은 플랫이거나 지그재그일 가능성이 높다. 플랫과 지그재그를 제외한 나머지 조정 패턴 중에서 삼각형은 애당초 4번 파동에만 나타나는 패턴이므로 2번 파동에는 나타날 수가 없고, 불규칙 조정은 5번 파동이 끝난 다음에 진행될 확률이 높기 때문이다. 따라서, 2번 파동이 진행되는 초입에서 완성되는 a파동의 구성을 살펴보면, 앞으로 어떤 조정 패턴이 진행될 것인지 가늠하기 쉽다. 즉 a파동이 5개의 파동으로 세분된다면 틀림없이 앞으로 지그재그 모양이 진행될 것이고, 반대로 a파동이 3개의 파동만으로 완성되었다면 플랫 모양이 진행될 것이 확실하기 때문이다. 이 또한 2번 파동에서의 매입 수준을 결정하는 데 유용한 정보가 될 것이다.

3번 파동에서의 거래 전략

주지하다시피 3번 파동은 세 개의 충격 파동 중에서 가장 강력한 상승 파동이다. 따라서, 현재의 파동이 3번 파동이라는 확신이 들면 주저하지 말고 주식을 매입해야 한다. 3번 파동이라고 생각하였음에도 불구하고 조금이라도 싼 가격에 주식을 매입할 욕심으로 매입하는 시기를 늦추는 것은 바람직한 전략이

못된다. 3번 파동에서는 시간을 끌면 끌수록 점점 주가는 올라가 버리기만 할 뿐이고, 따라서 기다리는 전략을 취하는 투자자들은 영영 매입할 기회를 놓치게 될 것이다. 3번 파동은 기다려 주지 않는다. 이른바 '상투'를 잡는 한이 있더라도 무조건 사고 본다는 자세로 적극적인 투자를 하는 것이 중요하다.

그리고 3번 파동에서는 오로지 매입만을 생각할 일이다. 물론 3번 파동이 끝난 다음에는 다시 하락 조정이 시작되는 4번 파동이 진행되기는 한다. 그렇지만 4번 파동에서의 하락을 미리 기대하여 3번 파동의 꼭지점을 찾고자 노력하는 행위는 지나치게 위험천만한 일이다. 3번 파동의 꼭지점은, 엘리어트의 이론에 따르면 1번 파동의 1.618배의 길이 정도로 진행되는 경향이 높긴 하지만, 우리가 이미 앞 장에서 배운 것처럼 3번 파동은 당초의 목표점을 넘어서서 연장(extension)되는 일도 드물지 않으므로 너무 수식적인 계산에 얽매여서 '1번 파동의 1.618배' 같은 목표점 계산에 연연하는 것은 바람직하지 않다.

일반적으로 이야기하여 3번 파동을 인식하는 시점은, 2번 파동에서 비롯된 주가의 하락이 끝나고 시장에서의 주가가 다시 상승 분위기를 타기 시작하여 이전에 1번 파동에 의해서 형성된 꼭지점을 통과하는 순간이 될 것이다. 물론 2번 파동의 움직임을 잘 관찰한다면, 2번 파동이 3개의 파동으로 완성되고 주가가 상승 움직임으로 돌아서는 순간을 3번 파동의 시작이라고 생각할 수도 있겠지만, 대부분의 일반 투자자들로서는 2번 파동의 움직임이 막 완성된 순간을 매입의 타이밍으로 잡기가 현실적으로 매우 어려울 것이다. 그러므로 보다 안전한 거래를 원하는 투자자들이라면 1번 파동의 꼭지점이 돌파되는 순간을 매입의 시점으로 인식하면 된다. 그리고 설사 우리가 엘리어트 이론을 전혀 도외시하고 전통적인 차트 분석 기법에 따른다 하더라도, 기존의 고점이 돌파되고 새로운 고점(new high)이 형성되는 순간을 매입 시점으로 인식하면 무리가 없을 것이다.

그런데 아무리 우리가 1번 파동에서 시작한 파동의 움직임을 잘 따라 왔다고 생각하더라도 자신의 파동 매김이 틀릴 가능성은 항상 존재한다. 그리고 파동을 잘못 매겨 왔음이 확인되는 순간, 즉시 손절매를 통해 손실을 최소화해야 한다는 것도 어김없이 지켜져야 하는 거래의 원칙이다. 여기서 3번 파동이라고 믿었던 것이 사실은 아니었다라는 것이 밝혀지는 순간이라면, 새로운 고점을 형성하면서 상승하던 주가 움직임이 꺾여서 기존의 1번 파동의 고점을 다시 하향 돌파해 버리는 순간이 된다. 근본적으로 3번 파동의 움직임은 크고 강력하므로 일단 새로운 고점이 형성되면 그 고점은 그대로 유지되어야 하며, 또한 주가의 움직임은 다시 계속적인 상승 추세를 지속하여 새로운 고점을 연속적으로 만들어 내야 한다. 그런데 불행히도 주가의 상승세가 그리 강력하지 못하고, 새로운 고점이 한번 만들어진 이후에 기존의 고점마저 위협받는 사태가 발생한다면, 우리가 믿었던 3번 파동은 사실은 3번 파동이 아니었다는 결론이 되는 것이다.

또한 3번 파동에서는 갭(gap)이 발생하는 예가 많다고 하였다. 3번 파동에서 나타나는 갭은 그 본질상 급진 갭(run away gap)이거나 또는 최소한 돌파 갭(break away gap)이어야 한다. 그리고 이들 갭들은 일단 발생하면 채워져서는(gap filling) 안 된다. 그러므로 갭이 채워지는지의 여부를 관찰하는 것도 지금의 파동이 3번 파동인지를 확인하는 데 유용할 것이다. 다시 한 번 말하지만, 3번 파동에서의 주가 상승 움직임은 멈칫거림 없이 강력하고도 급격해야 한다. 따라서, 갭이 채워질 정도로 주가의 등락이 심하다면 이 파동은 3번 파동이 아니라 5번 파동이 될 공산이 크다. 이 때 3번 파동이라고 생각하는 상승 움직임에서 매입한 주식의 손실 중지점은 갭이 생겨난 바로 아래쪽으로 생각하는 것도 현명한 판단이 될 것이다.

4번 파동에서의 거래 전략

4번 파동은 3번 파동에서의 상승 움직임에 반발하여 나타나는 하락 조정 파동이다. 그러나 4번 파동의 움직임이 하락 방향으로 진행된다고 하여 매도 기회를 노리기보다는, 차라리 4번 파동의 바닥 수준에서 앞으로 다가올 5번 파동을 대비한 매입 전략을 생각하는 것이 보다 더 적극적인 거래 전략일 것이다.

어떤 의미로 보면 4번 파동이야말로 가장 안전한 투자 기회를 제공해 주는 파동이 된다. 왜냐 하면, 첫째로 이제까지 1번 파동부터 2번 파동, 3번 파동을 거쳐 4번 파동까지 진행되어 왔으므로 파동을 애당초 잘못 매겨 왔을 가능성은 그만큼 적게 되는 것이고, 둘째로 4번 파동이라는 것은 본질적으로 또 한 번의 상승 기회가 되는 5번 파동을 전제로 하는 것이니 만큼 언젠가는 5번 파동으로 표현되는 상승 움직임이 있을 것이 확실하며,

셋째로 엘리어트의 절대 불가침의 법칙에서 이야기하는 바와 같이 4번 파동의 바닥은 1번 파동의 꼭지점 아래로는 하락할 수 없으므로 적절한 손실 중지점을 쉽게 찾을 수 있다는 등의 여러 가지 이유 때문이다.

특히 각 파동의 성격을 설명할 때 이미 언급한 것처럼, 4번 파동은 그 성격상 바로 앞의 3번 파동을 세분했을 때의 한 등급 낮은 네 번째 파동과 바닥이 서로 일치하는 경향이 많다. 따라서, 5번 파동의 상승을 기대하고 4번 파동에서는 주식을 매입해야겠지만, 매입하는 주가의 수준은 앞선 3번 파동을 한 등급 낮은 파동으로 세분해서 참고하는 것이 바람직할 것이다.

그리고 여기서 다시 한 번 강조하거니와, 항상 자신의 파동 매김이 틀릴 수도 있다는 유연한 사고를 가지는 것이 중요하다. 4번 파동이라고 생각하는 파동이 사실은 아니었음이 밝혀지는 순간이라면, 4번 파동으로 믿었던 하락 움직임이 1번 파동이라고 생각했던 파동의 꼭지점을 통과하여 하락을 지속하는 순간이 될 것이다. 그러므로 무작정 주가가 오르기만을 기다려서 점점 손실이 커지는 것을 피하려면, 자신이 생각했던 파동의 매김이 틀렸다는 것을 확인하는 순간 과감하게 손절매를 해야 한다. 물론 손실을 확정시킨다는 것은 말처럼 쉬운 일도 아니고, 아무리 과감하게 손절매를 하라고 책에서는 이야기하지만 현실적으로 손절매를 하기가 썩 내키는 일도 아닐 것이다. 그러나 어쩌랴, 고집을 부리고 미련을 버리지 못한 채 마냥 기다리기만 하다가는 손실이 점점 눈덩이처럼 불어나는 것을……

누구나 틀릴 수 있다. 세상에 완벽한 사람은 존재하지 않는다.

그러나 문제는 틀렸다고 생각했을 때 누가 먼저 자신의 잘못을 인정하느냐이다. 고집을 부리면 결과는 참담한 패망뿐이다. 우리가 이제까지의 골치 아픈 엘리어트 이론에서 배운 것이 하나 있다면, 상승이 있으면 하락이 있기 마련이고, 또 하락이 있으면 마침내 상승 장세가 찾아들게 되어 있다는 진리일지도 모른다. 오늘 틀렸다 하더라도 너무 실망할 것은 못된다. 내일은 또 새로운 날(Tommorrow is another day)이므로, 다음 번에 정확하게 파동을 읽고 큰 이익을 내면 된다. 그러므로 결국 결론은 "틀렸다고 생각할 때 지체없이 손절매하라."는 것이다.

5번 파동에서의 거래 전략

이제까지 각 파동이 진행되면서 매입한 주식들은 5번 파동이 진행되는 과정에는 모두 매도되어 이익으로 실현되어야 한다. 5번 파동은 상승 장세의 마지막 상승 파동이므로 이 기회를 놓치면 영영 매도할 기회를 잃어 버릴 가능성이 크다. 물론, 각 파동이 진행되는 과정에서 아주 단기적인 관점으로 주식을 매입하였다가 파동이 진행되는 동안 주식을 매도할 수도 있으므로, 꼭 5번 파동에서만 주식을 매도하라는 이야기는 아니다. 그러나 지금까지의 거래 전략이 다 최종적인 꼭지점을 형성하게 되는 5번 파동을 목표로 해 왔으니 만큼, 이제껏 매입 거래에만 치중해 왔던 거래 전략이 5번 파동에서는 매도 거래로 바뀌어야만 할 것이다.

전형적인 5번 파동은 파동 균등의 법칙에 따라 1번 파동과 비슷한 크기로 형성되거나, 또는 최소한 1번 파동의 61.8%의 길이로 결정되는 경향이 높다. 또한 우리는 채널 기법에 따라 5번 파동의 최종 목표 수준을 미리 알아볼 수도 있다. 그러므로 이상에서 밝힌 여러 가지 정황을 종합하여서 5번 파동의 꼭지점을 미리 산정하였다가 주가가 그 수준에 접근하면 미련없이 팔아 치우는 것이 중요하다. 또 한 번의 기우일지도 모르지만 사족을 달면, 5번 파동에서 너무 욕심을 부리는 것은 금물이다. 5번 파동은 마지막 상승 파동이므로 설사 주가가 좀더 상승할 가능성이 있다 하더라도 앞날을 위하여 미리 미리 앞질러 주식을 처분하는 것이 보다 현명한 선택이 될 것이다.

5번 파동은 1번 파동에서 출발한 기나긴 상승 추세가 마지막으로 한 번 더 힘을 쓸 수도 있는 국면이므로, 거래량이 급격하게 늘어나면서 주가가 기대 이상으로 상승할 수도 있다. 엘리어트가 이미 밝힌 바와 같이 5번 파동에서의 거래량은 3개의 충격 파동 중에서 가장 많게 나타난다. 따라서, 주식 시장의 거래량을 살펴보는 것도 5번 파동을 판별하는 데 도움이 될 것이다.

또한 5번 파동에서는 종종 주가가 하루 사이에 급등하는 일로 인하여 갭이 나타나기도 한다. 이 갭은 전통적인 차트 분석법에서 말하는 소멸 갭(exhaustion gap)이다. 3번 파동에서 나타나는 돌파 갭이나 급진 갭과는 달리 소멸 갭은 채워지는 것이 일반적이며, 또한 소멸 갭이 채워지는 것을 보고 기술적 분석가들은 주가의 오랜 상승 추세가 종막을 고했다고 판단한다. 따라서, 5번 파동에서 적절한 매도 시점은 갭이 나타난 바로 그 수준이 되어야 한다. 갭이 나타난 수준 이하로 주가가 다시 하락하면서 갭이 채워지는 순간이 상승 추세가 끝났다는 것을 알려 주는 순간이 되기 때문이다.

또한 갭이 나타난 수준 바로 아래를 매도 수준으로 생각하는 것은, 만의 하나 우리가 3번 파동을 5번 파동으로 잘못 생각하여 성급하게 주식을 매도하는 위험도 막아 준다. 왜냐 하면, 3번 파동에서 나타나는 갭은 돌파 갭이거나 급진 갭으로서 채워지지 않는 특징을 가지고 있으므로, 우리가 파동을 잘못 계산하여 3번 파동을 5번 파동이라고 오해하고 있다 하더라도 그 갭은 채워지지 않을 것이고, 따라서 성급하게 매도할 위험성도 없어지게 된다. 다시 말해서, 5번 파동에서는 갭이 채워지는 순간 매도하기만 하면 안전하다.

a 파동에서의 거래 전략

1번 파동에서 출발한 기나긴 상승 추세가 5번 파동을 고비로 끝나게 되면 이제부터는 지루한 조정 장세가 찾아든다. 조정 장세는 a-b-c 파동으로 구성되며, 조정의 형태에 따라 지그재그, 플랫, 불규칙 조정, 삼각형의 형태로 나누어진다는 것은 여러분도 이미 알고 있을 것이다.

사실 a 파동에서의 거래 전략이라는 것은 별게 없다. 앞선 5번 파동에서는 꼭지점을 찾아 매도 거래에 치중해야 하는 것처럼, a 파동에서도 매도 거래에 치중해야 한다. 만약 5번 파동의 막바지에 매도하는 타이밍을 놓쳐 버렸다면, a 파동이 시작되는 초기에라도 즉시 주식을 매도해야만 한다. 그렇지 않으면 점점 더 매도 기회가 날아가 버릴 가능성이 커진다.

백보를 양보하여, 주저주저하다가 5번 파동에서 매도하지 못하고, 또한 a 파동의 초기에서도 매도하는 타이밍을 놓쳐 버렸다면, 무리해서 a 파동의 바닥에서 매도할 필요는 없다. 물론, 5번 파동에서나 a 파동의 초기에 매도해 버리는 것이 가장 바람직한 일이긴 하지만, a 파동의 바닥에 주식을 매도하기보다는 차라리 이제까지 기다린 참에 조금 더 기다리는 것이 현명한 일인지도 모른다. a 파동이 완성되고 나면 상승 쪽으로 방향을 잡는 b 파동이 대기하고 있으므로 a 파동의 바닥보다는 b 파동의 꼭지점 부근이 그래도 조금은 유리하다는 이야기다.

아주 적극적인 사고 방식을 가진 투자자라면 b 파동에서의 상승을 바라보고 a 파동의 바닥에서 매입하는 전략을 생각해 볼 수도 있다. 그러나 이러한 전략은 아주 단기간에 그쳐야지, 장기적인 관점에서 단순히 주식이 '싸다'는 이유만으로 매입하는 것은 대단히 위험한 일이 될 것이다. 사실 a 파동의 바닥이라는 것도 a 파동이 끝나 보아야 확인할 수 있는 일이다. 따라서, 보다 안전한 거래를 하려면 a 파동의 바닥이 완성되는 것을 확인한 다음에 b 파동의 초입에서 단기적인 매입 전략을 구사하는 것이 더 나은 선택일 것이다.

b 파동에서의 거래 전략

b 파동은 a 파동에 반발하여 주가가 다소간 상승하는 파동이다. 따라서, b 파동에 접어들면 일반 투자자들은 혼동하기 쉽다. 그들은 1번 파동에서 시작된 오랜 상승세에 대한 미련을 버리지 못하고 있던 참이었는데, 마침 주가가 b 파동에 접어들면서 서서히 상승하기 시작하면 다시 한 번 상승세가 시작되는 것으로 오인하여 주식을 덜컥 매입하기 십상이다. 그러나 b 파동이야말로 5번 파동에서나 a 파동에서 처분하지 못하고 기다리고 있던 주식을 매도할 마지막의 기회이다. 그러므로 b 파동에서는 매도 거래 위주로 방향을 잡아야 할 것이다.

a 파동에서의 거래와는 달리 b 파동에서의 거래는 그래도 참고할 만한 파동이 있다. 즉 이미 몇 번인가 반복하여 설명하였지만, a 파동이 몇 개의 파동으로 구성되어 있는지를 살펴보는 일이 b 파동에서의 거래 전략을 결정하는 중요한 변수로 작용한다. 우리는 조정의 패턴이 지그재그, 플랫, 불규칙 조정, 삼각형의 네 가지 형태가 있다는 것을 알고 있다. 그리고 이러한 조정의 형태는 a 파동의 구성에 따라 서로 다르게 전개된다는 것도 이미 숙지하고 있을 것이다. 다시 말해서, a 파동이 5개의 파동으로 구성된다면 앞으로 전개될 a-b-c 파동은 반드시 지그재그(5-3-5)의 형태를 나타낼 것이고, 그렇지 않고 a 파동이 3개의 파동으로밖에 세분되지 않는다면 앞으로 전개될 모양은 플랫이거나 불규칙 조정, 또는 삼각형의 형태를 띠게 될 것이다.

그러므로 a 파동의 구성을 잘 살펴서 각각 이에 걸맞는 수준에서 매도 시점을 선택해야 한다. 즉 a 파동이 5 개의 파동으로 구성된 것이 확인되었다면 앞으로는 지그재그의 모양이 전개될 것이므로, b 파동은 잘 해야 a 파동의 61.8 % 정도 상승하는 수준에 그칠 것이다. 그렇지만 만약 a 파동이 3 개의 파동이라면 앞으로 전개될 조정의 모양은 플랫 내지는 불규칙 조정, 또는 삼각형이 될 것이므로 조금 더 욕심을 내어서 a 파동의 꼭지점(플랫), 또는 그 이상의 수준(불규칙 조정)까지도 기다려 봄 직하다. 그러나 항상 이것 하나만은 머리 속에 명심해야 하는데, 그것은 b 파동에서는 너무 욕심을 부리지 말라는 것이다. 왜냐 하면, b 파동이 끝나면 이제 c 파동이 찾아드는데, 이 c 파동이야말로 강력하고 빠른 하락세가 이어지므로 이제까지 그나마 조금이라도 벌었다고 생각했던 투자 이익이 하루 아침에 사라지는 불행한 사태가 종종 빚어지기 때문이다.

c 파동에서의 거래 전략

c 파동에서의 거래 전략은 오직 하나뿐이다. 즉 매도, 매도, 매도이다. c 파동은 b 파동으로 인해 생긴 상승세가 다시 꺾이면서 주가가 하락 추세로 돌아서는 파동으로서, 혹시나 상승 추세가 재연되지 않을까 하고 기대하던 대중의 기대가 산산이 찢어지는 순간이다. 따라서, 이들 일반 투자자들은 주가가 상승하지 못하는 데에 따른 실망감과 더 하락할 것 같은 두려움으로 주식을 있는 대로 내다 팔기 쉽다. 이에, c 파동은 충격 파동에서의 3 번 파

동과 비슷하게, 강력하고 급격하게 진행되는 특징을 보인다.

　그러므로 c파동은 하락 일변도로 주가가 움직이게 되며, 주식
시장의 분위기는 돌변하여 모든 사람들이 '팔자!'를 외치게 된
다. 따라서, 엘리어트 이론을 알고 있는 여러분들의 거래 전략도
당연히 매도 위주의 거래 전략이 되어야 한다.

　c파동에서는 주저하거나 머뭇거려서는 금물이며, 비록 지금이
바닥이라고 생각하는 한이 있더라도 과감하게 주식을 팔아 버려
야 한다. '조금만 오르면 팔 것'이라는 생각은 c파동에서는 통
하지 않는다. 좀 과장해서 말한다면, 일단 먼저 매도하고 나서
그 다음에 생각해야 할 것이다.

　우리가 살펴보았던 지그재그나 플랫, 그리고 불규칙 조정 등
어떤 패턴에서건 c파동은 강력한 하락세를 나타내고 있다. 따라
서, c파동에서는 다른 것은 생각할 것도 없이 오직 매도에만 중
점을 두어야 한다.

글을 마무리하면서

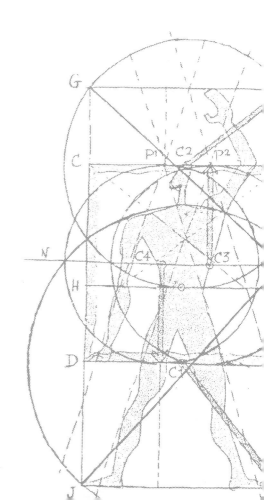

글을 마무리하면서

　이제까지 여러분들은 엘리어트라는 한 천재가 밝혀 놓은 대자연의 법칙을 배웠다. 이 책을 다 읽은 소감이 어떤가? 사람에 따라 쓸데없이 황당한 이론을 배우느라고 시간만 낭비했다는 이도 있을 것이고, 반대로 이처럼 좋은 이론을 이제야 알게 되었음을 아쉬워하는 사람도 있을 것이다. 그러나 당신이 이 책을 읽는 도중 어렵고 힘들어서 몇 번이나 중도에서 집어치워 버릴까 하는 유혹을 물리치면서 이 책의 마지막 부분까지 도달했다면, 당신의 미래는 이미 성공적이라고 말해도 지나치지 않을 것이다. 그리고 이 책의 모두에서 이미 말한 것처럼, 이 책을 다 읽는 순간 대부분의 사람들은 이미 엘리어트 이론의 열렬한 신봉자가 되어 있을 것이라고 믿어 의심치 않는다.

　사실 엘리어트 이론은 자연의 신비를 체계화하여 법칙으로 정리한 것이다. 엘리어트가 이미 지적한 것처럼, 우리는 그 이유를 알 수 없으나 자연에서 어떤 현상들이 계속해서 반복적으로 일어나고 있음을 이미 경험에 의하여 알고 있다. 자연의 일부인 주식 시장이 엘리어트 이론의 대상이 되는 것처럼, 우리가 논의를 넓혀 간다면 단지 주식 시장뿐 아니라 가격을 가지고 움직이는 모든 것들이 엘리어트 이론의 대상이 되는 것이다. 따라서, 외환 시장에서의 환율 움직임도 엘리어트 이론으로 예측할 수 있으며,

나아가 이자율의 움직임, 채권 가격의 동향, 금이나 은 또는 곡물 등의 움직임도 예측할 수 있다. 심지어 우리들이 중동 국가의 입김에 의해 움직인다고 철석같이 믿고 있는 원유가의 움직임에도 엘리어트 이론이 적용될 수 있다. 그러므로 단순히 주식 시장의 움직임으로만 시야를 좁혀 생각하지 않는다면, 우리가 엘리어트 이론을 이용할 대상은 무궁 무진할 것이다.

그렇지만 여러분들이 이 책을 읽는 도중에, 책의 중간 중간 설명이 부족하거나 또는 명확하지 못하여 잘 이해되지 못하는 부분도 없지 않았으리라 생각된다. 이제까지는 엘리어트 이론이라는 것이 으레 난삽하고 어려운 이론인 양 슬쩍 넘어갔으나, 이제 와서 솔직히 고백하거니와 엘리어트 이론이 어렵게만 비친 것은 순전히 필자의 잘못임을 밝히면서, 독자 여러분들의 넓은 해량을 바란다. 그러나 필자의 잘못이 다소간 있더라도, 그러한 잘못이 엘리어트 이론의 참된 가치를 가리지는 못할 것이다.

마지막으로 한 마디. 예를 들어 끌과 대패의 구조 역학적인 문제에 통달하여 박사 학위를 받은 사람이 있다고 하자. 그러나 이 사람이 아무리 끌과 대패의 구조와 힘의 전달 체계에 대해 잘 안다고 할지라도, 이론적으로 박식하다는 것만으로는 일급 목수가 될 수 없다. 일급 목수가 되려면 끌과 대패가 어떻게 생겼는지도 잘 알아야 하거니와, 아울러 힘을 어떻게 조절해야 하는지, 나무에 따라 나뭇결을 어떻게 살려야 하는지에 대한 실전적 경험이 필요하다. 일급 목수는 이 양자를 잘 알아야 한다.

엘리어트 이론은 여기서 말하는 '끌이나 대패' 같은 도구에 지나지 않는다. 그리고 이제 여러분들은 엘리어트 이론이라는 '도구'에 대해 많은 것을 알게 되었다. 그러나 그것이 바로 성공을 보장해 주지는 않는다. 여러분들은 이제 '목수'의 길에 입문하면서, 바야흐로 두고 두고 손에 쥐고 쓰게 될 연장의 생김새와 힘의 원리에 대해 공부를 마친 셈이다. 앞으로 커다란 원목을 잘 다듬어서 튼튼한 대들보를 만들어 내는 명인이 될지, 고작해야 나무 젓가락이나 다듬는 사람이 될지는 전적으로 여러분들의 노력에 달려 있다.

초보자를 위한 길잡이

근본적 분석법과 기술적 분석법
기본 중의 기본
패턴 분석 기법
추세 분석법
시장 특성 분석법
시장 구조 이론
왜 엘리어트 이론이어야 하는가?

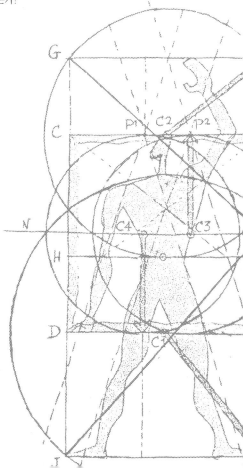

근본적 분석법과 기술적 분석법

기본 중의 기본

필자는 지금까지 주가의 움직임을 예측하는 데 탁월한 결과를 얻는 것으로 알려진 엘리어트의 파동 이론에 대해 가능한 자세하게 소개하였다. 엘리어트 이론은 여타 기술적 분석 기법(technical analysis)과 마찬가지로, 오로지 과거와 현재 주가의 움직임만을 주시하여 앞날을 예측하는 기법이다. 그러므로 엘리어트 이론은 요즘 유행하고 있는 주당 수익 비율(PER : Price Earning Ratio)이나 배당 성향 등을 검토해 본다든지, 아니면 그 회사의 재무 구조, 수익성 등을 살펴보아서 주가의 움직임을 예측하는 근본적 분석 기법(fundamental analysis)과는 말 그대로 근본적으로 다르다.

먼저, 기술적 분석 기법의 개념부터 알아보기로 하자.

주가가 앞으로 어떻게 움직여 나갈지 예측하는 기법으로는 크게 근본적 분석 기법과 기술적 분석 기법의 두 종류로 나누어진다. 첫째로 근본적 분석 기법은 주가의 움직임에 영향을 미칠 만한 요소들을 분석하여 주가의 미래를 점치는 기법이다. 통상 우리가 상식적으로 주가에 영향을 미치리라고 생각하는 요인들이란, 예를 들자면 그 회사의 재무 구조, 영업 전망, 수익성, 배당률, PER 등과 같이 그 회사에만 국한된 요인들부터 시작하여 우리 나라 경제 전체의 요인들, 예컨대 자금 사정, 국내 물가, 금리, 경기 전망 등에 이르기까지 다양하다. 즉 근본적 분석 기법이란, 이와 같이 다양한 요인들을 분석하여 앞으로 주가는 어떻게 움직일 것이다라고 예측하는 기법이다. 실례를 들자면, "갑 회사는 이제까지 매년 영업 손실만 내다가, 올해 들어 흑자로 반전할 것이 예상되므로 갑 회사의 주가는 앞으로 상승할 것이다."라고 예측하거나, 또는 "최근 시중의 금리가 상승하는 추세에 있으므로 회사의 금융비 부담이 늘어날 것이고, 따라서 전체적인 주식 시장의 주가는 하락할 것이다."라고 예측하는 방법이다. 우리가 흔히 증권 회사나 신문 지상에서 접하게 되는 주가 예측의 대부분이 이러한 '상식에 바탕을 둔' 근본적 분석 기법을 택하고 있다. 아마도 대부분의 일반 투자자들이 '을 회사는 재무 구조가 튼튼하므로 앞으로 상승할 것'이라든지, 아니면 '병 회사는 대미 수출이 늘어날 전망이므로 매입하는 것이 좋을 것'이라는 말을 들었을 것이고, 또한 그것을 당연하게 생각하고 있을 것이다.

　둘째로, 기술적 분석 기법은 근본적 분석 기법과는 주가를 예측하는 관점부터 차이가 난다. 기술적 분석 기법을 믿는 사람들은 그 회사의 재무 구조나 영업 전망, 또는 시중의 물가나 회사의 자금 사정같이 주가에 영향을 미치리라고 생각되는 요인들을 분석에서 아예 무시해 버린다. 이들의 주장은 다음과 같다.

"근본적 분석가들이 말하는 요인들이 주가에 영향을 미친다는 사실은 인정한다. 그러나 주식 시장에서는 근본적 분석가들이 중시하는 요인들도 주가에 영향을 미치기는 하지만, 그 외에도 사람들의 심리, 희망, 불안, 정치적인 요소 등과 같이 근본적 분석 기법에서 다루지 못하는 요인들도 주가에 영향을 미치고 있다는 것 또한 사실이다. 따라서, 숫자로 나타내어 분석하기 편한 것만 분석하는 근본적 분석 기법이란 반쪽의 분석이 아닌가?"

따라서, 기술적 분석가들은 주가에 영향을 미치는 요인이 무엇이든 상관하지 않는다. 근본적 분석 기법처럼 숫자로 나타내어 분석하기 편리한 요인들만 골라서 분석하느니, 차라리 안 하는 것이 낫다는 생각인 것이다. 오히려, 과거로부터 시작하여 현재까지 진행되고 있는 주가의 움직임이란 결국은 시장의 모든 요인들이 영향을 미친 데 따른 결과이기 때문에, 그 나타난 결과만을 분석하는 편이 더 정확한 분석을 할 수 있다는 주장이다.

기술적 분석 기법이 더 타당하다는 예를 우선 하나만 들어 보자. 제일은행의 주가는 최근 10,000원 이하로 내려간 적이 없다. 아마도 사람들이 제일은행의 주가는 10,000원 근처가 바닥인 것으로 생각하는 것처럼 보여지며, 따라서 제일은행의 주가가 10,000원 근처까지 하락하면 재빨리 사자는 세력이 나타나기 때문일 것이다. 그렇다고 하면, 근본적 분석 기법에서 말하는 대로

10,000원이라는 주가와 제일은행의 주가에 영향을 미치는 요인들 사이에는 무엇인가 상관 관계가 있어야 한다. 하지만 냉정하게 판단해 볼 때, 제일은행의 수익성, 제일은행의 배당률, 제일은행의 PER 등등과 10,000원과는 별 상관이 없는 것처럼 보인다. 그럼에도 불구하고 제일은행의 주가 수준이 10,000원 이상을 유지하는 것은 그냥 사람들의 심리일 따름이다. 주가가 10,000원에 접근하면 웬지 싼 것으로 보이므로 매입하게 되고, 그것이 제일은행의 주가를 10,000원 위에 머무르게 하는 주된 요인인 것이다. 이러한 것들은 근본적 분석 기법으로는 절대 분석할 수 없다.

또 다른 예를 들자면, '주가 지수 1,000 돌파', '주가 지수 900선 무너져' 등과 같이 신문 지상의 제목을 장식하는 주가 지수의 움직임도 그 중의 하나이다. 통상 우리의 경험으로는 주가 지수가 700, 800 등과 같이 큰 숫자 부근에 접근하면 금방 위로 뚫고 올라가거나, 아니면 선뜻 아래로 뚫고 내려가지 못하고 한동안 그 부근에서 움직임을 멈춘다. 그렇다면 주가 지수가 800선을 뚫지 못한다는 것과 근본적 분석에서 이야기하는 시중의 경기나 시중의 자금 사정, 우리 나라의 수출, 국내 물가 등의 요인들이 무슨 상관이 있어야 하지 않겠는가? 하지만 유감스럽게도 이와 같은 '요인'들과 주가 지수 800이라는 것과는 아무런 상관도 없다. 역시 사람들의 심리 상태일 따름이다. 이러한 주가의 '현실적'인 움직임은 아무리 컴퓨터 모델이 훌륭하다 하더라도 근본적 분석 기법으로는 결코 예측할 수 없는 현상인 것이다. 우리가 조금만 유심히 살펴보면, 이처럼 근본적인 분석 기법으로는 도저히 설명할 수 없는 수많은 경우를 주위에서 쉽게 찾아볼 수 있다.

설명이 약간 길었지만, 근본적 분석 기법은 바로 이러한 한계를 지니고 있다. 따라서, 아무리 주가에 영향을 미치는 요인들을 완벽하게 분석한다 하더라도 분석이 미치지 못하는 분야는 있기 마련이므로, 차라리 요인들이 무엇인지는 잊어버리고, 나타난 결과만을 중시하는 것이 더 옳은 일처럼 보인다. 왜냐 하면, 현재 시장에서 형성되고 있는 주가야말로 시장에서의 모든 요인들——분석할 수 있는 것과 분석할 수 없는 것을 통틀어서——이 반영된 결과이기 때문이다.

결국 기술적 분석 기법이란, 주가에 영향을 미치리라고 생각되는 요인(cause)들은 무시하고 그 요인들이 영향을 미친 결과(result)로 나타난 주가의 움직임, 그 자체만을 분석하는 기법이라고 요약할 수 있겠다.

이러한 기술적 분석 기법에는 분석의 방법이나 대상에 따라 패턴 분석 기법(price pattern analysis), 추세 분석법(trend following analysis), 시장 특성 분석법(character-of-market analysis), 그리고 시장 구조 이론(structural theory)의 네 가지 종류가 있다. 그러면 각 기법들을 하나씩 살펴보도록 하자.

패턴 분석 기법

우리는 왜 역사를 공부하는가? 입사 시험에서나 필요한 '상식'을 넓히기 위해서 역사를 배우는 것은 분명 아닐 것이고, 직선적으로 이야기하여 민족 정기를 되살리거나 우리 나라의 전통을 이어받기 위해서 역사를 배우는 것도 물론 아닐 것이다. 하지만 우리가 고조선 시대부터 면면히 이어져 내려오는 우리의 역사를 구태여 공부하는 것은, 현재의 일을 과거의 역사적 사실에 비추어서 생각해 보고, 나아가 앞으로의 보다 더 나은 삶을 위해서라고 생각된다. 우리는 역사를 배워 나가면서 "역사는 반복된다."라는 말을 곧잘 쓴다. 그 이유는 지나간 역사를 돌이켜 살펴보면, 시대가 바뀌더라도 이전과 꼭 같은 역사적 사건이 되풀이되는 것을 어렵지 않게 찾아볼 수 있기 때문이다. 역사는 왜 되풀이되는가? 그것은 역사를 움직여 가는 주체가 바로 사람이고, 사람들은 특성상 잘 변하지 않는다는 가정에서 비롯된다.

우리의 관심사인 주식 시장의 경우를 한 번 살펴보자. 주식 시장의 주가를 결정하는 주체는 무엇인가? 물론 사람이다. 주가는 컴퓨터나 기계에 의하여 결정되는 것이 아니라, 결국은 주식 시장에 참여하는 인간(human being)들에 의하여 결정된다. 따라서, 사람들이 만든 인류의 역사가 되풀이된다면, 마땅히 사람들이 결정한 주가의 움직임도 반복되어야 당연한 것 아닌가?

패턴 분석 기법은 바로 이러한 원리에서 출발한다. 즉 현재의 주가 움직임을 살펴봐서, 그 움직임이 과거 어떤 움직임과 유사하게 움직인다면, 앞으로의 움직임도 결국 과거의 움직임과 같이 될 것(왜냐 하면, 역사는 반복되므로)이라고 추론하는 것이 패턴 분석 기법의 기본 원리이다. 다른 말로 한다면, 패턴 분석 기법은 주가 움직임의 역사를 연구하여, 현재의 움직임을 과거의 '역사'에 비추어 보아 미래를 예측하고자 하는 기법이라고 말할 수 있겠다.

그러므로 패턴 분석 기법은 과거 주가 움직임을 연구하는 것에 주안점을 두는데, 통상 우리가 주가의 '패턴'이라고 부르는 특정한 모양들을 연구한다. 패턴이란, 주가의 움직임을 차트로 나타냈을 때 주가 차트상에 계속적, 반복적으로 나타나는 특정한 모양꼴을 말한다.

다음의 〈그림 1〉과 〈그림 2〉를 살펴보기 바란다. 주가의 움직임이 현재 〈그림 1〉과 같은 수준에 머물러 있다고 한다면, 앞으로 주가의 움직임은 어떻게 될까? 패턴 분석에 의존하는 기술적 분석가들은 현재의 움직임과 유사한 '형태'를 과거의 주가 움직임 중에서 찾아본다. 그것이 〈그림 2〉이다. 그림에서 알 수 있듯이 주가는 두 번의 천정(top)을 기록한 뒤에 곧장 내림세로 반전

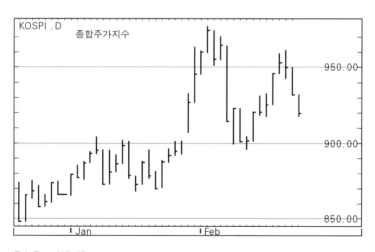

TeleTrac U2.4E

〈그림 1〉 패턴 분석의 실례 : 현재의 주가 움직임

〈그림 2〉 패턴 분석의 실례 : 과거의 주가 움직임

하였다. 그러므로 현재의 움직임도 과거의 움직임과 유사하므로,
앞으로의 주가 움직임도 하락할 것으로 예상하는 것이다. 이것
이 바로 패턴 분석 기법이다.

추세 분석법

사과나무에서 만유 인력을 발견한 뉴턴이라는 사람이 만유 인
력 이외에도 관성의 법칙이라는 것을 발견하였다는 것쯤은 중학
교 시절에 배웠을 것이다. 관성의 법칙이란, "움직이는 물체는
이제까지 진행하던 것과 반대의 방향으로 움직이기보다는 이제

까지 진행하던 방향으로 계속 움직이게 된다."라는 말로 요약된다. 그런데 이 관성의 법칙이라는 것이 복잡한 물리학에서만 적용되는 것이 아니라, 우리를 둘러싼 모든 현상에도 적용된다는 점을 알아야 한다.

주가의 움직임도 마찬가지다. 우리가 경험적으로 생각해 보더라도 주식 시장의 추세가 상승 분위기를 타고 있다면 앞으로의 주가는 계속적으로 상승할 확률이 많은 것이고, 반대로 주가가 하락 추세에 있다면 별다른 요인이 없는 한 주가는 계속 곤두박질치기 마련인 것이다. 따라서, 굳이 거창한 관성의 법칙을 들먹이지 않더라도, 시장에서의 추세를 알아보고 그 추세와 같은 방향으로 거래를 하는 것이(왜냐 하면, 추세란 관성의 법칙처럼 계속 지속되기 마련이므로) 타당해 보인다. 이런 기법이 바로 추세 분석법인 것이다. 한 마디로 말해서 추세 분석법이란, 지금이 상승 추세로 판단되면 매입하고, 반대로 하락 추세로 생각되면 매도하는 기법인 것이다.

얼핏 보기에 이 방법은 아주 간단해 보인다. "강세일 때는 사고, 약세일 때는 팔아라." 얼마나 손쉬운가? 하지만 여기서 중요한 것이 간과되고 있다. 즉 지금의 추세가 강세인지 약세인지를 먼저 알아야 사든지 팔든지 할텐데, 지금이 무슨 추세인지 모른다면 매입이나 매도의 의사 결정을 내릴 수 없게 된다. 따라서, 추세 분석법의 핵심은 이처럼 지금의 추세가 어떤 추세인지 분석하는 방법으로 모아진다.

일반적으로 추세 분석법은 이동 평균법을 사용하고 있다. 이동 평균이란 매일 매일 시간이 경과할 때마다 가장 오래된 주가는 버리고, 가장 최근의 주가를 더하여 주가 평균을 내는 방법을 말한다. 예컨대, 3일짜리 이동 평균을 구한다면 오늘(6월 9일)의 이동 평균은 6월 9일, 6월 8일, 그리고 6월 7일의 주가를 평균한 것이 될 것이고, 그 다음날인 6월 10일의 이동 평균은 가장 오래된 6월 7일의 주가는 버리고 가장 최근인 6월 10일의 주가를 더한, 즉 6월 10일, 9일, 8일의 주가 평균을 구하면 된다.

이처럼 시간이 경과함에 따라 변수를 달리하여 평균값을 내는 이유는, 주가의 변동이라는 것이 대체로 오르락 내리락하여 종잡을 수 없기 때문에 그 평균값의 움직임으로 대세의 흐름을 판

〈그림 3〉 골든 크로스와 데드 크로스 : 단기 이동 평균 곡선이 장기 이동 평균 곡선을 상향 돌파하면 매입의 신호(골든 크로스)가 되고, 반대로 하향 돌파하면 매도의 신호(데드 크로스)로 인식한다.

별하고자 하는 데 있다. 즉 이동 평균의 값이 기간이 경과하면서 서서히 오르는 모습을 보이고 있다면 지금의 추세는 상승 추세인 것이고, 이동 평균의 값이 점점 하락하고 있다면 현재의 추세는 하락 추세라고 판단할 수 있는 것이다.

그런데 이동 평균을 이용한 추세 분석법은 통상 장기간의 이동 평균 곡선과 단기간의 이동 평균 곡선을 그려서 두 곡선이 서로 교차하는 시점을 매입이나 매도의 타이밍으로 잡는다. 그것은 장기간, 예컨대 200일짜리 이동 평균이 전체적인 시장의 흐름을 보여 준다고 한다면 단기간, 예를 들어 25일 간 이동 평균은 최근 한 달 간의 움직임을 대표한다고 할 수 있으므로, 두 곡선이 서로 교차한다는 것은 최근 시장의 흐름에 중대한 변화가 있다는 것을 예고해 주는 신호이기 때문이다.

상식적인 용어로 단기 이동 평균 곡선이 장기 이동 평균 곡선을 상향 돌파하면 이를 매입의 신호로 생각하며, 또한 이러한 경우를 골든 크로스(golden cross)라고 부른다. 그 반대의 경우, 즉 단기 이동 평균 곡선이 장기 이동 평균 곡선을 하향으로 돌파하는 것은 매도의 신호가 되며, 또한 이를 데드 크로스(dead cross)로 부른다.

시장 특성 분석법

주식 시장에는 수많은 투자자들이 존재한다. 그런데 이들 투자자들의 면면을 살펴보면, 전문가로 불리는 프로 투자자들부터 이른바 '마바라'라고 불리는 초보 투자자, 또는 거액의 큰 손부터 소액 투자자들까지 다양한 구성을 보여 주고 있다. 그런데 이들 투자자들이 모두 언제나 냉철하고 합리적인 의사 결정을 하는 것은 아니며, 가끔은 시장의 분위기에 휩쓸려서 부화 뇌동하는 경향도 종종 있다는 사실을 우리는 알고 있다.

주식 시장에는 항상 '시장의 분위기'라는 것이 존재한다. 예를 들어, 주가가 지속적인 상승 추세를 보일 때에는 주식 시장의 분위기는 달아오르게 되어 있으며, 반대로 주가가 계속 하락 추세를 면치 못할 때에는 주식 시장의 분위기가 싸늘하게 식어 버리

〈그림 4〉 시장 특성 분석의 예──RSI : 시장 지표에 의거, 시장의 분위기를 판별해 보아서 시장이 과열 상태라고 판단되면 매도하고, 그 반대의 경우는 매입하는 방법을 사용한다.

는 것이다. 그런데 중요한 것은, 이와 같은 주식 시장의 분위기가 종종 그 정상적인 상태를 넘어가는 경우도 많다는 사실이다. 예컨대, 건설주가 중동 붐을 업고 상승의 길로 매진할 때에는 모든 사람들이 앞뒤 가리지 않고 건설주를 매입하는 데 혈안이 된 적도 있었으며, 반대로 주가가 맥없이 주저앉던 시기에는 너도나도 '깡통'을 면하기 위해 하한가 아니라 더 낮은 가격에라도 주식을 팔아치우려고 덤비는 사태 또한 있었던 것이다.

하지만 다 지나고 나서 생각해 보면 건설주의 주가가 끝없이 오를 것처럼 보였을 때가 바로 천정이었고, 너도나도 주식을 투매하고 명동의 객장에서 데모를 벌일 때가 바로 바닥이었던 것이다. 그 당시 만약 시장의 분위기를 알려 주는 지표라도 있었다면, 그 지표를 잘 살피고 있다가 시장의 분위기가 '과열'이다 싶으면 얼른 남보다 먼저 발을 뺄 수도 있었을 것이고, 또 시장이 너무 식었다고 생각되면 남보다 한 발 빠르게 재빨리 매입할 수도 있었을 것이다.

이처럼 시장의 분위기, 다른 말로 하여 시장의 특성을 알아보고자 하는 기법이 바로 시장 특성 분석법이다. 그러므로 시장 특성 분석법은 시장의 분위기를 알려 주는 여러 가지 지표들을 구하여, 이들 지표상에 시장이 너무 과열이거나 혹은 너무 식어 버렸다는 신호가 나면 재빨리 매도하거나 매입하는 방법을 택한다. 이 때 시장 특성 분석법에서 사용하는 주요한 지표들로는 RSI (Relative Strength Index, 시장 강도 지표), 스토캐스틱(stochastics), 파라볼릭(parabolic), MACD(Moving Average Convergence Divergence) 등이 있다.

시장 구조 이론

지금까지 이 책에서 설명한 엘리어트 이론은 기술적 분석 기법 중에서 시장 구조 이론에 속하는 기법이다. 그런데 시장 구조 이론은 이제까지 설명한 세 가지 방법, 즉 패턴 분석 기법, 추세 분석법, 그리고 시장 특성 분석법과는 근본적인 출발점에서부터 그 궤를 달리하고 있다. 다시 말해, 이들 세 방법이 모두 논리학적인 용어로 말하여 귀납법적인 방법을 사용하고 있다면, 시장 구조 이론은 연역법적인 방법을 사용하고 있다고 할 수 있겠다. 좀더 구체적으로 말한다면, 패턴이나 추세, 또는 시장 특성 분석법은 모두 '이러이러하기 때문에 어떻다'라는 설명 방법을 택하고 있다. 역사는 되풀이되기 때문에 패턴도 반복되는 것이고, 관성의 법칙처럼 추세는 계속 진행되기 마련이므로 추세에 편승하는 것이 옳은 방법이라고 설명하는 식이다.

그렇지만 시장 구조 이론은 "왜 주가의 움직임이 그렇게 되어야 하는지?"보다는 "원래 주가의 움직임이란 그렇게 되게 되어 있다."라는 생각에서 출발한다. 그리고 주가의 움직임이 그럴 수밖에 없는 까닭을 마치 운명적인 것처럼 설명하고 있다. 예를 들어, 엘리어트 이론은 "주가의 움직임은 상승의 5개 파동과 하락의 3개 파동으로 구성되어 있다."라는 명제에서 출발한다. 왜 상승의 파동이 7개나 10개가 아닌, 하필이면 5개의 파동이 되어야 하는지, 또는 하락 파동이 왜 굳이 3개의 파동으로 국한되어야 하는지에 대해서는 그 이유를 명확하게 설명하지 않고 있는 것이다. 따라서, 항상 이유가 먼저 있고 그 이유에 따른 결과를 도출하는 데 익숙해진 우리들에게는 다소간 황당하게 비쳐지는 이론이기도 하다.

그러나 좀더 깊이 생각하여, 이처럼 얼핏 보기에 황당해 보이는 이론임에도 불구하고 왜 주식 시장에서 주목을 받는 기법이 되는지를 살펴볼 필요가 있다. 그것은 두말 할 것도 없이 이와 같은 이론을 이용한 예측의 정확성에 있다. 어떤 분석가는 엘리어트 이론을 이용하여 미국의 주가 움직임을 99%가 넘는 확률로 예측하였다는 기록도 있으며, 가까운 예로는 1987년 미국의 주가 대폭락을 정확하게 예측한 것도 엘리어트 이론이었다. '엘리어트 파동'이라는 책을 쓴 바 있는 프레히터(Robert Prechter)는 1980년 중반에 들어 주가 예측에서 믿기 어려운 적중률을 보임으로써 주식 시장의 주목을 받았는데, 그는 1984년에 열린 미국의 투자 경연 대회(United States Trading Championship)에서 4달 만에 네 배의 수익률을 올려 1등상을 수상한 적도 있다. 그가 바로 엘리어트 이론에 정통한 투자자였던 것이다.

왜 엘리어트 이론이어야 하는가?

앞에서 이미 밝힌 것처럼 엘리어트 이론을 이용한 주가의 예측이 우리가 상상하는 이상의 정확도를 나타낸 것은 분명 사실이다. 하지만 단지 예측이 정확하고 수익률을 높이는 방법이라고 하여 무턱대고 따를 수는 없는 노릇이다.

이런 예를 한 번 생각해 보자. 동전을 던져서 앞면과 뒷면이 나오는 것에 따라서 이기고 지는 경기가 있다고 하자. 그리고 그 게임에서 1등한 사람에게는 거액의 상금을 준다고 하자. 아마도 처음에는 많은 사람들이 이 게임을 시작할 것이다. 하지만 처음에 아무리 많은 사람이 경기에 참가한다 하더라도 경기가 진행됨에 따라 두 사람 중 한 사람은 반드시 탈락하게 될 것이고, 그런 과정을 반복하다 보면 결국에는 어느 한 사람만이 최후의 승자가 될 것이다. 그리고 그 최후의 승자에게 어떤 방법을 사용하였기에 이처럼 수많은 경쟁자들을 물리치게 되었냐고 물어 봤다고 치자. 아마도 그 사람은 나름대로의 방법이 있었을 것이다. 예를 들어——지저분한 이야기지만——손바닥에 침을 뱉고, 이것을 쳤을 때 침이 튀는 방향에 걸었다든지 하는 방법일지도 모른다.

그렇지만 만약 이런 게임이 또 한 번 있다 하더라도, 우리는 이 최후의 승자가 사용하던 방법을 무턱대고 따를 수가 없다. 그 이유는 아마 명백하리라고 생각한다. 그러한 방법이 계속적, 지속적으로 통한다는 보장이 없기 때문이며, 또한 그러한 방법에는 논리의 일관성이라는 측면이 결여되어 있기 때문이다.

따라서, 엘리어트 이론도 "그 방법을 써 보니까 잘 맞더라."는 단순한 생각으로 배워서는 안 된다. 왜냐 하면, 우리들이 그런 순진한 생각에서 엘리어트 이론을 배우기로 결심했다면, 시작하여 한두 번 틀린 예측 결과를 나타냈을 때 엘리어트 이론을 또한 쉽게 포기해 버릴 위험성이 있기 때문이다.

그러면 엘리어트 이론이라는 것은 과연 어떤 것이길래, '블랙 먼데이' 같은 주가의 대폭락을 정확하게 알아맞힐 수 있었다는 말인가? 다른 기술적 기법에 비하여 엘리어트 이론은 다음과 같은 장점을 가진다.

첫째로, 엘리어트 이론은 우리를 둘러싸고 있는 삼라만상의 법칙을 체계화한 것이다. 해가 뜨고 해가 지고, 또 달이 뜨고 달이 지며, 비가 오고 바람이 불고, 무더운 여름이 있는가 하면 추운 겨울이 있는 등 삼라만상은 어떤 일정한 법칙에 의하여 움직이게 된다. 만약 그러한 법칙이 없다면 세상의 모든 일들은 혼란과 혼돈 속에 빠질텐데, 그렇지 않은 것을 보면 자연을 움직이는 어떤 법칙이 있는 것은 분명해 보인다. 엘리어트 이론은 바로 이러한 자연의 법칙을 조직적으로 정리하고 분석한 것이다. 우리가 거래하는 주식 시장도 결국 자연의 일부이며 삼라만상의 하나이므로, 엘리어트 이론이 당연히 적용될 수 있다.

어떤 사람들은 엘리어트 이론의 신비성만을 너무 강조하거나, 어떤 사람들은 엘리어트 이론이 단순히 경험에 토대를 둔 법칙이라고 평가 절하하기도 한다. 하지만 엘리어트 이론은 단순한 신비의 대상이거나 경험의 축적이 아니다. 엘리어트 이론이야말로 우리가 살고 또 숨쉬는 자연의 법칙을 체계화한 법칙인 것이다. 그러므로 이러한 자연의 법칙을 우리가 알아내는 순간, 자연의 일부인 주식 시장의 움직임도 저절로 알 수 있게 되는 것이다.

둘째로, 증권 시장의 격언 중에 "숲을 보고 나무를 보라."는 말이 있다. 엘리어트 이론은 바로 이처럼 주식 시장이라는 '숲'의 움직임을 보여 주는 이론이다. 따라서, 엘리어트 이론을 이용하면 종합 주가 지수처럼 주식 시장 전체의 움직임을 알려 주는 지표들의 움직임을 매우 정확히 예측해 낼 수 있다. 그러나 이쯤에서 슬슬 고백해야 할 것으로 생각되는데, 엘리어트 이론만으로 개별 주가의 움직임을 정확하게 예측하기란 매우 어려운 일일 수 있다. 따라서, 혹자는 엘리어트 이론이라는 것은 탁상 공론에 불과한 이론이라고 치부할지도 모른다. 우리가 관심을 기울이는 것은 개별 주가의 움직임이지, 종합 주가 지수나 또는 업종별 지수를 매매하는 것은 아니기 때문이다. 하지만 다음의 간단한 예를 하나 생각해 보자.

매년 봄이 지나가면 틀림없이 여름이 찾아오게 되어 있다. 이것은 변함없는 진리다. 그런데 어떤 해의 여름은 이상 저온 현상을 나타내는 경우도 있고, 또 어떤 해의 여름은 찌는 듯이 덥기만 할 수도 있다. 그렇지만 매년 다소간의 차이는 있겠지만, 여러 해 동안의 여름을 지내 본 다음, 우리는 한 마디로 "여름은 덥다."라는 법칙을 도출해 낼 수 있을 것이다. 엘리어트 이론이라는 것은 이처럼 "여름은 덥다."라는 법칙과 같은 이론이다. 물론, 이 "여름은 덥다."라는 원칙을 우리가 잘 알고 있다 하더라도 바로 내일의 기온이 섭씨 30도가 될지 25도가 될지는 알 수 없을 것이다. 하지만 지금이 여름이고 또 "여름은 덥다."라는 법칙을 알고 있다면, 최소한 내일 무슨 옷을 입을까를 결정할 때 모피 코트를 꺼내 입으려 하지는 않을 것이 아닌가!

여름은 덥다는 사실을 누가 모르냐고 반문할지 모르지만, 눈을 돌려 우리 주위를 조금만 살펴보면 그런 간단한 법칙조차 모르는 사람이 도처에 있는 것을 발견할 수 있다. 마치 여름에 겨울 옷을 꺼내 입는 사람처럼, 주가의 하락이 뻔히 보이는데도 무턱대고 단지 싸다는 이유만으로 덜컥 주식을 매입하는 사람이 우리 주위에는 얼마나 많은가! 이 책을 읽는 여러분 중에서도 그런 사람을 어렵지 않게 찾을 수 있을 것이다.

셋째로, 엘리어트 이론의 장점을 이야기하자면, 현재 진행되고 있는 주가의 움직임이 객관적으로 어느 수준까지 진행될 것인지를 일러 준다는 것도 큰 장점의 하나이다. 엘리어트 이론의 기본 골격의 하나로 피보나치 수열이라는 것이 있다. 이것은 고대 이집트의 피라미드나 그리스 파르테논 신전의 건축에 쓰였던 황금 분할 비율에 바탕을 둔 것인데, 황금 분할 비율이 인간의 눈에 가장 편안하고 안정되며 아름답게 보이는 비율인 것처럼, 피보나치 수열은 인간의 행동을 구석구석 지배한다고 믿어지는 것이다. 따라서, 모든 주가의 움직임도 인간의 행동에서 비롯된 것이며, 이 행동 또한 피보나치 수열의 지배를 받기 때문에 주가의 움직임도 피보나치 비율에 따른다는 해석이 가능하게 된다. 실제로 피보나치 수열을 이용하면, 현재의 주가 상승 추세가 정확하게 어느 수준까지 이어질 것인지, 또 주가는 어느 수준에서 바닥을 형성할 것인지 예측할 수 있게 된다. 필자가 아는 한, 어떤 기술적 분석 기법도 이와 같은 장점을 지닌 것이 없다. 오직 엘리어트 이론만이 이처럼 주가의 '목표점'을 예측해 내는 기능을 가지는 것이다.

넷째로, 엘리어트 이론은 마치 앞날의 주가 움직임을 일러 주는 지도와 같다. 우리가 모르는 길을 찾아갈 때, 지도가 없으면 지금 제대로 목적지를 찾아가고 있는지 몰라서 무척이나 불안할 것이다. 그러나 목적지까지 자세히 그려져 있는 지도 한 장만 있다면 길을 잃을 염려도 없을 것이고, 길을 가면서 그때 그때 마주치는 지형 지물과 지도를 서로 비교해 보아서 지금까지 얼마나 왔는지, 그리고 앞으로 얼마나 더 가야 목적지에 닿을지 쉽게 알아볼 수 있을 것이다. 엘리어트 이론도 마찬가지다. 엘리어트 이론은 주가의 움직임을 일러 주는 지도와 같다고 했거니와, 엘리어트 이론만 확실히 알고 있다면 주가의 움직임이 앞으로 어떻게 될지 환히 알 수 있으므로 투자자들은 안심할 수 있게 된다.

우리가 주지하다시피, 주가의 움직임은 변화 무쌍하여 상승하는가 했더니 금방 하락세로 돌아서 버리고, 또 하락의 끝없는 나락으로 빠지는가 했더니 어느새 손살같이 상승의 길로 치닫는 경우가 비일비재하다. 그러므로 주가가 어느 방향으로 움직일지 모르는 채 오직 '감'만으로 거래하는 것은 마치 어둠 속 캄캄한 길을 헤드라이트도 없이 달리는 것과 마찬가지로 위험하기 짝이 없는 행동이다. 그러나 엘리어트 이론은 이처럼 '캄캄한 어둠' 속을 걸어갈 때 도움이 되는 지도의 역할을 하는 것이다.

엘리어트 파동 이론

1994년 8월 5일 1판 1쇄
2024년 12월 27일 1판 31쇄

지은이 김중근

편집 관리 인문팀
제작 박홍기
마케팅 김수진·강효원·백다희
홍보 조민희

출력 블루엔
인쇄 천일문화사
제책 다온바인텍

펴낸이 강맑실
펴낸곳 (주)사계절출판사
등록 제 406-2003-034호
주소 (우)10881 경기도 파주시 회동길 252
전화 031) 955-8588, 8558
전송 마케팅부 031) 955-8595, 편집부 031) 955-8596
홈페이지 www.sakyejul.net   **전자우편** skj@sakyejul.com
페이스북 facebook.com/sakyejul
블로그 blog.naver.com/skjmail
트위터 twitter.com/sakyejul

ⓒ 김중근, 1994

사계절출판사는 성장의 의미를 생각합니다.
사계절출판사는 독자 여러분의 의견에 늘 귀기울이고 있습니다.

ISBN 978-89-7196-240-4 93320